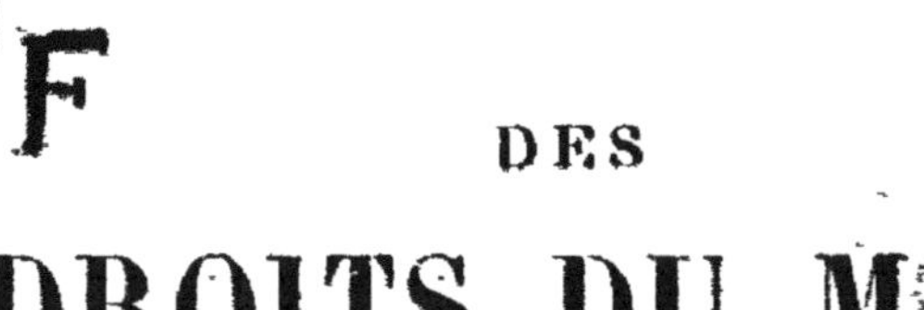

DES

DROITS DU MARI

SUR LA

PERSONNE DE LA FEMME

ÉTUDE DE LÉGISLATION

PAR

JEAN DUBRULLE

Licencié ès lettres
Docteur en droit
Avocat à la Cour d'appel de Paris

PARIS
A. MARESCQ AÎNÉ, LIBRAIRE-ÉDITEUR
20, RUE SOUFFLOT, 20
(Au coin de la rue Victor-Cousin)

1879

DES

DROITS DU MARI

SUR LA

PERSONNE DE LA FEMME

PARIS. — IMP. [illegible] GOUPY ET JOURDAN, RUE DE RENNES, 71.

DES
DROITS DU MARI

SUR LA

PERSONNE DE LA FEMME

ÉTUDE DE LÉGISLATION

PAR

JEAN DUBRULLE

Licencié ès lettres
Docteur en droit
Avocat à la Cour d'appel de Paris

PARIS
A. MARESCQ AINÉ, LIBRAIRE-ÉDITEUR
20, RUE SOUFFLOT, 20
(Au coin de la rue Victor-Cousin)

1879

DES DROITS DU MARI

SUR LA PERSONNE DE LA FEMME

INTRODUCTION

Sub viri potestate eris, et ipse dominabitur tui.
Genèse, III, 16.

Nous ne pouvions trouver comme épigraphe de ce travail une parole qui résumât d'une façon à la fois plus concise et plus complète ce que nous nous proposons d'étudier en détail : « les droits du mari sur la personne de la femme. » Autorité d'une part, obéissance de l'autre, tel est le résultat de l'association conjugale. Cette idée a été, surtout à notre époque, vivement combattue par d'éminents esprits. — La puissance du mari, dit-on, est injuste, car le mariage, équitablement parlant, ne peut être envisagé que comme une association d'égalité « *individuam vitæ consuetudinem continens* ». La force physique n'est pas un principe de droit.

Sans vouloir entrer ici dans une discussion qui trouvera mieux sa place à un autre endroit, nous pouvons cependant d'ores et déjà établir que, dans toute association, il faut un moyen de former une majorité, et quand cette association, quelque belle et idéale qu'elle soit, est formée de deux personnes, ce moyen assurément ne peut être que d'attribuer la prépondérance à l'un des associés, que de lui donner ce pouvoir dirigeant qui imprime le mouvement commun. Ceci une fois admis, ne serait-il pas absolument déraisonnable d'accorder à la femme cette suprématie dans le ménage, lorsque, tant par la nature que par les traditions, le mari est désigné pour diriger les intérêts si importants de l'association conjugale et de la famille?

Et d'abord, la nature elle-même donne le pouvoir à l'homme et enseigne l'obéissance à la femme. Pourquoi? Parce que la force est l'apanage du mari, la faiblesse celui de la femme. « L'homme, dit Cicéron, est plus propre aux travaux extérieurs, la femme convient davantage aux travaux intérieurs et aux soins domestiques (1). » Aussi à l'homme la force, le sang-froid, l'énergie; à la femme la délicatesse des sentiments, la grâce et la pudeur, mais en même temps la timidité et la faiblesse. C'est au plus fort à protéger le plus faible, mais c'est en obéissant que le plus faible doit reconnaître cette protection.

Nous avons dit que l'homme tient ce pouvoir des traditions pour ainsi dire unanimes de l'histoire. Depuis l'Éternel, dès les premiers jours du monde, imposant à la mère du genre humain l'obéissance à l'époux qu'il lui a donné, jusqu'aux législateurs de notre temps, à toutes les époques, et chez presque tous les peuples, l'homme se présente revêtu de cette puissance, dite puissance maritale.

Le pouvoir, l'autorité du mari sur la personne de la femme variera suivant les temps et suivant les lieux. Comme la raison le fait pressentir, et comme l'histoire des nations le démontre surabondamment, les liens de la famille seront d'autant plus forts, que la société politique sera moins solidement constituée. L'État est-il faible, la famille est fortement organisée, car elle est alors, et par la force des choses, un petit État qui doit vivre, se gouverner et se défendre par lui-même. Au sein d'une telle famille, la femme sera sinon opprimée, du moins tenue à l'égard de l'homme dans un assez grand état d'infériorité. La faiblesse n'étant pas alors protégée contre la force, la plus grande somme des droits sera du côté du plus fort, la plus grande somme des obligations du côté du plus faible. Il faut du temps, et il faut une société politique assise sur des bases bien solides, pour que les progrès de la civilisation substituent à un rapport en quelque sorte de maître à esclave, un rapport d'égalité proportionnelle, en assignant à chacun des deux époux sa part légitime de droits et d'obligations, et en en calculant l'équilibre, d'après la destination que chacun remplit dans la société conjugale.

1. Cic., *Œconomie*, I.

Notre tâche est donc d'examiner quelle fut sur ce point la législation à Rome, quelle est aujourd'hui celle du code civil, sans oublier les époques intermédiaires. Nous étudierons les diverses solutions qui ont été données à cette grave question des droits du mari sur la personne de la femme; et si nous nous permettons parfois de les critiquer, nous nous efforcerons toujours de le faire avec impartialité, sans idée préconçue pour ou contre la plus ou moins grande émancipation de la femme (réservant pour la fin de notre travail la discussion de cette dernière question). Nous reprocherons parfois aux hommes, qui ont fait la loi, de n'avoir pas toujours tenu la balance égale entre les deux sexes, mais nous pourrons aussi constater que, quand l'homme a rabaissé la femme, il n'a pas outragé impunément, l'histoire l'atteste, celle qui lui a été donnée par Dieu même, comme compagne et non comme servante : « *Faciamus ei adjutorium simile sibi* ». Par une juste punition, il s'est toujours alors rabaissé lui-même. Et nous ne pouvons finir mieux ces quelques mots d'introduction qu'en citant les belles paroles qu'a écrites sur ce sujet M. Gide dans sa remarquable étude sur la condition privée de la femme (p. 7) :

« Nul changement ne s'est accompli dans la condition particulière de la femme, sans réagir aussitôt sur la constitution de la société tout entière. Partout où l'homme a dégradé la femme, il s'est dégradé lui-même; partout où il a méconnu les droits de la femme, il a perdu lui-même ses propres droits.

« Ainsi, dans tous les pays où la femme est traitée en esclave, l'homme a perdu le sentiment et jusqu'à la notion de la liberté. On le voit par ces pays d'Orient, où règne la polygamie et qui sont, comme dit Montesquieu, « la vraie patrie du despotisme ». La femme y appartient à l'homme, mais l'homme à son tour appartient au despote; tyran dans son sérail, il est esclave partout ailleurs....

« Partout, au contraire, où les institutions ont assuré à la femme sa liberté, sa capacité civile, sa dignité morale, on a vu fleurir, comme sur un sol propice, les vertus domestiques et les vertus civiques, les libertés de l'homme privé et les libertés du citoyen. »

LIVRE PREMIER

DROIT ANCIEN

PRÉLIMINAIRES

L'étude qui fera l'objet de ce travail ne nous semblerait point complète, si avant d'exposer les principes et les effets de la puissance maritale à Rome, nous ne disions quelques mots de cette même puissance chez les peuples qui antérieurement au peuple romain occupèrent une place importante dans l'histoire de l'humanité.

Si nous remontons aux temps les plus reculés, à ces époques ensevelies encore dans les ténèbres de la légende et de la fable, nous trouvons le principe du mariage à peine connu chez les peuples de l'Orient. D'après les témoignages d'Hérodote, de Diodore de Sicile, de Xénophon et de bien d'autres, témoignages corroborés du reste par les récits des voyageurs qui ont visité les peuplades sauvages de l'Afrique et de l'Océanie (1), l'union conjugale était loin d'être en honneur chez ces populations grossières, et la famille n'y existait même pas à l'état rudimentaire. Au dire de ces historiens, les hommes, semblables aux animaux dépourvus de raison, ne cherchaient qu'à assouvir leurs passions bestiales. Chez ces peuples évidemment, il n'est point question de puissance maritale; la femme est absolument indépendante de l'homme : point de famille, donc point de pouvoir domestique. Nous ne voyons comme rapport entre l'homme et la femme qu'une simple union d'un jour que la passion forme, et qu'elle brise à son gré.

Au milieu de cette dégradation effrayante qui devait être enfin châtiée par le courroux du ciel, un peuple seul avait

1. Plusieurs voyageurs de nos jours sont d'une opinion toute différente.

conservé les vraies doctrines du mariage que l'Éternel avait révélées à l'homme aux jours de la création : nous avons nommé les Hébreux ; nous dirons dans un instant quelques mots sur la législation de ce peuple ; mais auparavant nous voudrions parler d'une nation qui eut dans les temps antiques des siècles de grande prospérité et à qui l'histoire réserve une place tout à fait à part : nous voulons parler de l'Égypte.

Législation égyptienne.

Chez les Égyptiens, la femme, ainsi que le rapportent les historiens de l'antiquité, n'occupe point dans la famille la place un peu secondaire qui lui est généralement attribuée par la raison et par la loi positive. Hérodote (livre II, § 35), raconte que ce sont les hommes qui, renfermés dans leurs maisons, s'occupent du ménage, soignent les enfants, et tissent les toiles, tandis que les femmes président aux affaires extérieures, à la culture des champs, et vont vendre sur les places publiques les travaux de leurs maris.

Sophocle (Œdipe à Colonne, v. 332), exprime les mêmes idées. Diodore (livre I, § 37), va plus loin encore ; il nous dit que par contrat le mari promettait fidélité à sa femme.

Plutarque, en sens inverse, prétend qu'une loi défendait aux Égyptiennes d'avoir les pieds chaussés, afin qu'elles ne sortissent jamais de leurs maisons.

Quelle est la vérité sur ce point ? Les assertions d'Hérodote et de Diodore sont évidemment exagérées, et le récit de Plutarque est démenti par les hiéroglyphes. Jusqu'à ces derniers temps, on n'avait pu recueillir sur la famille égyptienne que des notions assez confuses, mais depuis quelques années le musée du Louvre possède presque tous les papiers d'une famille thébaine depuis le règne du dernier Darius jusqu'à la vingtième année du règne de Ptolémée Evergète. On voit pendant trois générations les femmes accaparer la totalité des biens de leurs maris au moyen d'une série de contrats habilement combinés. Après la donation à sa femme de tous ses biens présents et à venir, l'époux en était réduit à spécifier expressément que c'était désormais à sa compagne qu'il appartiendrait de prendre soin de lui, de le vêtir, de le nourrir, de le loger, de lui donner la sépulture et de lui consacrer une chapelle funéraire.

De ceci, on peut tirer une conclusion, c'est que le mari dépossédé de sa fortune par sa femme devait s'occuper moins activement des affaires de la famille.

Quant au contrat dont parle Diodore, nous l'avons sous les yeux, que dit-il? Que le mari assure d'ordinaire à sa femme une dot considérable, en outre une pension annuelle pour la toilette, et, ce que nous appelons aujourd'hui l'argent de poche, enfin, des dommages-intérêts pour le cas où il la mépriserait. Le mari ne pouvait d'ordinaire s'acquitter de ses charges.

Alors, quelques années après le mariage, la reconnaissance d'une dette assez forte intervenait; un peu plus tard, la reconnaissance était convertie en une cession définitive de tous les biens à la femme. Il est donc vrai qu'en ce cas, l'homme se livrait graduellement aux mains de sa compagne, et devenait en quelque sorte son homme lige et son obéissant serviteur. On voit dans quel sens, il convient d'entendre, et de corriger les paroles d'Hérodote et de Diodore. Les historiens grecs ont donc exagéré la réalité de la situation des hommes vis-à-vis des femmes dans le mariage, mais cette exagération repose sur un fond de vérité que l'on peut dégager par l'étude des documents dont nous avons parlé plus haut.

(Nous avons puisé ces derniers renseignements dans le compte rendu d'une séance de l'Académie des inscriptions et belles-lettres. *Étude des papyrus démotiques de l'époque des Ptolémées*, par M. E. Révillout. Séance du 15 mars 1878.)

On a voulu nier cette suprématie qu'avait en Égypte la femme sur le mari, en disant que la répudiation de la femme par le mari était permise, et on a cité l'exemple de Ptolémée Philadelphe répudiant son épouse Arsinoé. Nous pouvons répondre que cet exemple royal n'est pas probant, vu l'absolutisme des rois d'Égypte qui savaient se mettre sans scrupule au-dessus de la loi.

Diodore nous dit encore, objecte-t-on, que les lois concernant les femmes Egyptiennes étaient très-sévères (livre I, § 2 et 78). A cela, nous pouvons répondre que nous avons du même auteur un texte cité plus haut qui contredit celui-ci. De plus, il n'y aurait rien d'impossible à ce que les Egyptiennes fussent traitées très-sévèrement comme femmes au point de vue politique, et fussent fort libres, comme épouses, dans la famille.

Ère patriarchale.

Et maintenant, nous allons passer à l'histoire de ces peuples qui ont, d'après les études philologiques de ces derniers temps une origine commune; ils doivent, et l'histoire du droit le démontre également, descendre d'une même race que la plupart des auteurs désignent sous le nom de race Aryenne. Ces peuples composent la famille Indo-Européenne, ce sont les Hindous, les Grecs, les Latins, les Celtes, les Gaulois, etc. Bien que les Hébreux soient d'une race toute différente, nous en parlerons en même temps, car au point de vue du droit, le seul qui nous occupe, ces nations ont toutes eu une ère juridique commune, ère pendant laquelle nous trouvons chez ces différents peuples des lois et coutumes d'une similitude frappante, non pas seulement pour les personnes, les biens, les successions, etc., mais encore pour les cérémonies symboliques qui accompagnent les grands actes de la vie : cette époque est généralement appelée ère patriarchale.

Aussi loin que les travaux publiés jusqu'à nos jours nous permettent de remonter dans l'histoire des peuples de la famille Indo-Européenne, nous y trouvons le fait de la famille patriarchale. Cette famille est caractérisée par deux traits principaux : 1° la famille n'est pas seulement une société domestique, elle est encore une véritable société politique, un petit État ; 2° elle est aussi une société religieuse.

La famille forme alors une sorte d'association indépendante qui a ses dieux, son autel, son gouvernement, et son dépositaire du pouvoir, le père de famille. Le père ici n'a pas seulement en partage les droits et devoirs de la paternité, il est en même temps le prêtre de cette famille dont il est le chef, il en est le législateur, et il en sera le juge; il prononcera sans appel sur le sort de sa femme et de ses enfants. Le vrai lien de cette famille antique c'est la religion, et c'est surtout le culte des morts. La langue grecque appelait cette famille τὸ *ἐπίστιον* ce qui est autour du foyer, autour de l'autel; le lien du sang n'est rien, le lien religieux est tout. Une fois l'autel quitté, on n'est plus de la famille (MM. Fustel de Coulanges, *De la cité antique*. Gibelin, procureur général à la cour de Pondichéry, *Études sur le droit civil des Hindous*. Auriol, conseiller à la même cour, *Les successions des Hindous*.)

Cette ère patriarchale laissa de profondes traces chez les peuples de la race Hindo-Européenne; on en retrouve aussi de nombreux vestiges chez les Hébreux, et voilà pourquoi, comme nous l'avons dit, nous nous sommes permis de les faire rentrer, en quelque sorte, dans cette classification.

Législation hébraïque.

Nous avons vu, dans notre rapide étude sur l'Égypte, la femme occupant dans le ménage un rang supérieur à celui du mari, c'est, du moins à ce que nous sachions, le seul pays où, en l'état de mariage, la femme ne soit point la subordonnée de l'homme. Chez les Hébreux, cette loi universelle de l'obéissance due par la femme au mari est inscrite à la première page des livres sacrés. Après la faute originelle Dieu impose l'obéissance à la femme coupable « sub viri potestate eris, et ipse dominibitur tui. »

On a beaucoup discuté la question de savoir si, chez les Hébreux, la femme était réellement achetée par son mari. Il nous paraît certain que cette coutume a existé à l'origine de presque toutes les législations, et nous reviendrons sur cette question à propos de la coemptio romaine. Chez les Hébreux cependant, malgré l'affirmative soutenue par M. de Pastoret (*Histoire de la législation*, tome IV, ch. XXXII, et ce nous semble par M. Gide (*Condition de la femme*, pages 28, 29), nous croyons l'opinion contraire plus conforme à la vérité : cette opinion du reste est soutenue par bon nombre d'écrivains, entre autres par M. Salvador (*Histoire des institutions de Moïse et du peuple Hébreu*). La première opinion s'appuie sur bon nombre de textes (*Genèse*, XII, 16, XX, 16, *Exode* XXI, 10, XXII, 16, 17, *Deutéronome*, XXII, 29, *Lévitique*, XXVII, 3). Nous avons étudié avec soin ces différents passages, l'idée de vente véritable ne ressort d'aucun d'eux. On en peut tirer seulement que le mari lors de la célébration du mariage doit à sa femme 1° le prix de sa virginité, 2° une donation analogue à la donatio ante nuptias des Romains.

Plusieurs parmi les textes cités plus haut ne sont d'aucun poids dans la question qui nous occupe, ils n'édictent que des amendes ou des réparations civiles dans des hypothèses données. Donc, à notre avis, la femme juive n'est pas achetée par le mari, et celui-ci ne peut la regarder comme un objet de propriété.

Ce n'est point cependant, comme sous notre législation, égalité civile entre les deux sexes, la femme est inférieure à l'homme; sa valeur intrinsèque, s'il m'est permis de m'exprimer ainsi, est moindre que celle de l'homme : on en trouve des exemples curieux dans le *Lévitique*, XXVII, 2-7. L'homme de 20 à 60 ans vaut 50 sicles d'argent, la femme 30; de 5 à 20 ans, l'homme vaut 20 sicles, la femme 10, etc., etc. De même, la femme est encore inférieure à l'homme au point de vue du culte; nous en trouvons la preuve dans les §§ 9 et 14 du *Deutéronome*, livre XXX. Le mari est libre de ne pas consentir aux vœux et promesses religieuses qu'a faits sa femme, et Dieu lui donne raison.

Le mari a le droit de répudiation le plus étendu. « Si acceperit homo uxorem et habuerit eam, et non invenerit gratiam ante oculos ejus propter aliquam fœditatem; scribet libellum repudii, et dabit in manu illius, et dimittet eam de domo sua » (*Deutéronome*, XXIV, 1).

Cependant l'adultère est puni par les peines les plus sévères. « Si mæchatus quis fuerit cum uxore alterius, et adulterium perpetraverit cum conjuge proximi sui, morte moriantur, et mœchus, et adultera » (*Lévitique*, XX, 10). La mort est donc le châtiment non-seulement de la femme, mais aussi du mari coupable. Si nous enlevons la sévérité de la peine, la législation hébraïque est en ce point bien en avance sur la nôtre, si injuste et si partiale en matière d'adultère.

Chez les Hébreux, comme le dit Tacite, « l'amor generandi » est poussé au plus haut degré, aussi leur législation admet-elle la pluralité des femmes, et des concubines. Cette doctrine que nous repoussons aujourd'hui avec horreur, s'explique jusqu'à un certain point à cette époque, où s'était fait entendre la voix de Jehovah : « crescite et multiplicamini ».

Il fallait peupler le monde, il fallait, nation faible et peu nombreuse, résister sans cesse à de belliqueux voisins.

C'est encore par ces motifs que nous devons expliquer les incestes incroyables relatés par les livres saints (1). Loth rendant mères ses deux filles. Thamar concevant de son beau-père Juda, etc. Nous venons de parler des concubines, ne

1. Ces faits immoraux, qu'on ne l'oublie pas, tombaient sous le coup de la loi juive qui défendait l'inceste.

croyez pas que les épouses légitimes s'offensent de leur présence, bien au contraire; ce sont même elles qui les choisissent pour leurs maris, afin d'avoir ainsi un plus grand nombre d'enfants « ingredere ad ancillam meam si forte saltem ex illa suscipiam filios! » Telles sont les paroles que Sarah adresse à son époux Abraham. (*Genèse*, chapitres XVI et XXX).

Notons également comme se rapportant à cet immense désir des Hébreux, d'avoir une famille, une institution remarquable, que nous retrouverons, mais monstrueusement défigurée chez les Hindous, c'est l'institution du *Lévirat*. Quand le mari mourait, le plus proche parent du défunt devait, sous peine d'affronter la vindicte publique, épouser sa veuve afin de donner ainsi des enfants au parent mort.

Inférieure à l'homme, la femme n'est pas une esclave.

Elle doit obéissance à son mari, mais elle jouit sur ses enfants et sur ceux des concubines d'une certaine autorité (*Deut.*, chap. XX, 15, 18). Elle est honorée et respectée dans la famille « Surrexerunt filii ejus, et beatissimam prædicaverunt; vir ejus, et laudavit eam » (*Prov.*, XXXI, 10-31).

On voit déjà apparaître, comme dans le lointain, la femme égale à l'homme, sa confidente, son amie, son soutien, la femme enfin, telle que le christianisme nous l'a faite.

Écoutez ces paroles du texte sacré :

« Qui possidet mulierem bonam inchoat possessionem, ad-« jutorium secundum illum est, et columna ut requies » (*Ecclesiast.*, XXXVI, 26).

Mulier diligens corona est viro suo (*Prov.*, XII, 4).

Mulieris bonæ beatus vir, numerus enim annorum illius duplex (*Ecclesiast.*, XXV).

« Sicut sol oriens mundo in altissimis Dei, sic mulieris bonæ facies in ornamentum domus ejus. »

Honorare soceros, diligere maritum, regere familiam, gubernare domum et se ipsam irreprehensibilem exhibere (*Tob.*, X, 13), tel est le rôle de l'épouse juive.

Que nous sommes éloignés de l'état d'esclavage et d'abjection dans lequel croupit la femme chez tant de peuples de l'antiquité.

Du reste, nulle législation peut-être ne protégea plus efficacement la femme contre la violence et la passion des hommes.

En voici quelques exemples. Un mari qui insulte sa femme

en disant qu'elle ne s'était pas conservée vierge avant le mariage, est condamné si son accusation est reconnue fausse, à être battu de verges ; il devra payer en outre cent sicles d'argent aux parents de son épouse, et ne pourra jamais répudier cette dernière (*Deutéron.*, XXII, 13-21).

La jeune fille séduite doit être épousée par le ravisseur qui paiera aux parents, à titre de réparation, la somme de 50 sicles d'argent, et le divorce lui sera interdit à jamais (*Deutéron.*, XXII, 28-29).

La femme esclave elle-même a droit à des égards. Le maître, après en avoir fait sa concubine, ne peut, si elle vient à lui déplaire, ni la vendre, ni la replonger dans l'esclavage, il ne peut la renvoyer qu'en lui donnant la liberté (*Deutéron.*, XXI, 12-14).

Avant de passer à l'étude d'une autre législation, il est bon de répondre à une critique qu'on adresse souvent aux livres sacrés. Comment peut-il se faire, dit-on, que Moïse, s'il a été véritablement inspiré par Dieu, ait pu faire des lois si imparfaites ! La réponse à cette objection, Solon la faisait déjà de son temps : « Je n'ai pas donné aux Athéniens les meilleures lois qu'on pût faire, mais les meilleures qu'ils pussent supporter. » Et Notre-Seigneur lui-même, en parlant des lois de Moïse disait aussi : « *Moyses ob duritiam cordis vestri.....* » (*Matt.*, XIX, 8). C'est une vérité primordiale (et cependant bien des auteurs affectent de l'ignorer !) que le législateur doit considérer avant tout, non pas le bien absolu, mais le bien relatif, c'est-à-dire le bien actuellement possible, étant donné l'état de la nation à laquelle il va imposer des lois. Le législateur doit être essentiellement pratique, et, pour ne pas condamner son œuvre entière à l'avance, il ne doit pas édicter de règles pour lesquelles il ne puisse imposer l'obéissance. Il doit donc, en premier lieu, tenir compte des instincts plus ou moins barbares du peuple auquel il s'adresse. C'est ce qu'a fait Moïse.

Législation hindoue.

C'est, d'après l'opinion des meilleurs Orientalistes contemporains, sur les rives du Gange qu'émigrèrent les premières tribus de la race Aryenne, en quittant la Bactriane et les bords de l'Oxus, leur pays d'origine. C'est donc par une conséquence toute naturelle, que nous retrouvons chez les Hindous le plus de vestiges de cette législation patriarchale dont nous avons parlé plus haut ; et pour nous en convaincre, il nous suffira d'étudier les lois dites « Lois de Manou ». On s'accorde généralement à reconnaître (Sumner-Maine — l'*Ancien droit*) que ces lois sont une compilation des Brahmanes, et que l'ensemble des préceptes contenus dans cette collection n'a jamais eu réellement force légale dans l'Hindoustan, ce n'est en grande partie, dit-on, qu'un tableau de ce que devrait être le droit au point de vue des Brahmanes. Quelle que soit l'opinion à laquelle on s'arrête, il n'en est pas moins évident que c'est dans les lois de Manou que nous devons rechercher les mœurs, les coutumes, et les lois des Hindous.

Dans l'Inde, bien plus encore qu'en Judée, la femme se trouve à l'égard de l'homme dans un état d'évidente infériorité. Dès le berceau elle est vouée à une dépendance, à une tutelle perpétuelle qui ne finira qu'avec la mort. « Une petite fille, une jeune femme, une femme avancée en âge ne doivent jamais rien faire suivant leur propre volonté, même dans leur maison. Pendant son enfance, une femme doit dépendre de son père ; pendant sa jeunesse, de son mari ; son mari étant mort, de son fils. Si elle n'a pas de fils, des proches parents de son mari, ou à leur défaut, de ceux de son père ; si elle n'a pas de parents paternels, du souverain. Une femme ne doit jamais se gouverner à sa guise (*Manou*, livre V, slocas 147-148). Une fois mariée, la femme tombe sous la dépendance complète du mari. A l'origine, elle était même pour lui comme un objet de propriété, car le mariage n'était qu'une vente réelle de la jeune fille que les parents de celle-ci consentaient au mari. Manou (livre III, sl. 29, 51, 54) s'efforça de réagir contre cette ancienne coutume, mais il n'y put parvenir complétement. Il fit plutôt changer le nom que la chose (*E. Gibelin*, p. 56).

Le mari est donc dans le ménage maître absolu. Aucune contestation ne peut s'élever entre les époux, car le mari est sur toutes choses le juge souverain ; il peut frapper et punir. Le mari qui bat sa femme avec la corde ou le bâton ne viole pas la paix du ménage (*Digest of Hindu law.*, vol. II, p. 209).

Le législateur Hindou semble donc n'avoir que du mépris pour cette malheureuse créature ; écoutez ce qu'il en dit : « Manou a donné en partage aux femmes l'amour de leur lit, de leur siége et de la parure, la concupiscence, la colère, les mauvais penchants, les mauvais désirs, la perversité (*M.*, IX, 117). » « La surveillance du mari, ajoute-t-il plus loin, est donc nécessaire, car, si les femmes n'étaient pas surveillées, elles feraient le malheur de deux familles (IX, § 5). »

La femme est encore inférieure à l'homme au point de vue du culte. Pour elle, inutile d'étudier les livres sacrés, et d'offrir des sacrifices à la divinité. Son mari, voilà son Dieu; le respecter et l'honorer, voilà toute sa religion.

Il n'y a ni sacrifice, ni pratique pieuse, ni jeûne qui concernent la femme en particulier; qu'une femme chérisse et respecte son mari, elle sera honorée dans le ciel (*M.*, V, 155).

Notre législateur n'est pas moins curieux quand il nous décrit le rôle et les fonctions de la femme dans le ménage: « La femme doit être toujours de bonne humeur, conduire avec adresse les affaires de la maison, prendre grand soin des ustensiles du ménage, et n'avoir pas la main trop large dans ses dépenses (V, 150). Il lui est défendu de converser avec des étrangers, de sortir de la maison et d'aller dans la foule, aux spectacles publics sans permission, de rester à la porte ou de regarder fréquemment par la fenêtre (*Cibelin*, I, p. 49).

Sous le joug du mari pendant la vie de celui-ci, la femme l'est encore après sa mort. « Celui auquel elle a été donnée par son père, ou par son frère avec l'assentiment paternel, elle doit le servir avec respect pendant sa vie, et ne point lui manquer après sa mort, soit en se conduisant d'une manière impudique, soit en négligeant de faire les oblations qu'elle doit lui adresser (*M.*, V, 151).

La même idée est exprimée plus loin (§ 155).

On ne trouve dans Manou aucun texte autorisant l'usage cruel qui oblige les femmes à monter sur le bûcher, après la mort de leurs maris pour aller les servir dans la vie nouvelle qui commence pour eux.

Mais plusieurs autres législateurs les engagent à se brûler et promettent le ciel à celles qui se sacrifient (Mémoire de M. Colebrooke sur les devoirs d'une fidèle veuve, dans le 4e volume des *Recherches Asiatiques*. *Digest of Hindu law.*, vol. II, p. 45 et s.. *Mélanges asiatiques*, de M. de Rémusat, tome I, p. 386).

Manou est plus humain, il se contente de demander aux

femmes un veuvage fidèle. On a soutenu que ce précepte était un ordre. Les textes suivants prouveront péremptoirement la fausseté de cette assertion.

La femme vertueuse qui, après la mort de son mari, se conserve parfaitement chaste, va droit au ciel, quoiqu'elle n'ait pas d'enfants.

La veuve qui, par le désir d'avoir des enfants est infidèle à son mari, encourt le mépris ici bas, et sera exclue du séjour céleste où est admis son époux (*M.* v., 160-161).

Après ce que nous avons déjà vu, ce n'est pas sans étonnement que l'on trouve dans le code de Manou des paroles pleines de délicatesse, pleines de mansuétude pour la femme.

Partout où les femmes sont honorées, les divinités sont satisfaites ; mais lorsqu'on ne les honore pas, tous les actes pieux sont stériles (§ 56, liv. III).

Toute famille où les femmes vivent dans l'affliction ne tarde pas à s'éteindre ; mais lorsqu'elles ne sont pas malheureuses, la famille s'augmente et prospère en toutes circonstances (§ 57, liv. III).

Les maisons maudites par les femmes d'une famille auxquelles on n'a pas rendu les hommages qui leur sont dus, se détruisent entièrement comme si elles étaient anéanties par un sacrifice magique (§ 58, liv. III).

La loi protége donc la femme, mais si l'on réfléchit que la législation dont nous nous occupons est essentiellement panthéiste, l'on s'apercevra facilement que la loi qui punit également le meurtre d'une femme et celui d'une vache qui divinise l'herbe des champs comme l'être intelligent, on s'apercevra, dis-je, que cette loi loin de relever la femme la dégrade encore davantage.

Mais, après une trop longue digression, revenons aux obligations qui, pour la femme, découlent du mariage.

La fidélité d'abord, Manou la recommande aux deux époux indistinctement.

Un mari ne fait qu'une même personne avec son épouse, aussi qu'une fidélité mutuelle se maintienne jusqu'à la mort.

Tel est en somme le principal devoir de la femme et du mari. C'est pourquoi un homme et une femme unis par le mariage doivent bien se garder d'être jamais désunis, et de se manquer de foi l'un à l'autre (*M.* IX, 45, 101-102).

La femme cependant est plus sévèrement tenue de ce devoir que son mari, car elle lui doit toujours fidélité, quand même le mari s'en montrerait indigne. Quoique la conduite de son mari soit blâmable, bien qu'il se livre à d'autres amours, et soit dépourvu de bonnes qualités, une femme vertueuse doit constamment le révérer comme un dieu (*M.* v, 154).

Commet-elle un adultère, le mari a le droit de lui couper les cheveux et après l'avoir dépouillée de ses vêtements devant la famille assemblée, de la renvoyer ignominieusement (*Naruda*, n° 81, et *Yajnyawaleya*, n° 82). Expulsée de la caste, elle perd la qualité d'héritière de son mari.

Si une femme fière de sa famille et de ses qualités est infidèle à son époux, que le roi la fasse dévorer par des chiens dans une place très-fréquentée (*M.*, VIII, 371). L'adultère est également défendu au mari, mais sous des peines moins sévères, en général l'amende. Ces peines cependant deviennent très-graves, si l'adultère a été commis avec une femme d'une caste supérieure à la sienne (*M.*, VIII, 352-363).

Il est cependant, surtout pour le mari, des moyens de se soustraire à cette fidélité.

Le premier moyen est la répudiation. Il ne faut pas croire que le mari puisse renvoyer sa femme au gré de sa volonté et selon son bon plaisir. Manou le lui défend : le mari ne peut abandonner une femme vertueuse ; s'il le fait, il est condamné ou à la reprendre, ou à lui donner un tiers de sa fortune. (*Digest of Hindu law*, vol. 2. p. 413-420). Est répudiable la femme qui cohabite, soit avec le disciple de son mari, soit avec son père, soit avec un homme coupable d'une faute irrémédiable ou de basse condition, soit avec son fils ; qui tue son enfant, qui se fait avorter en prenant des remèdes, etc. ; qui dissipe grains et argent, qui n'est pas bonne pour les étrangers, qui dit du mal de son mari et ne lui rend pas des services. Que, après avoir refusé de lui parler et de cohabiter avec elle, et lui avoir enlevé toute autorité, son mari, lui assigne une place dans une maison voisine de la sienne, ou partout ailleurs et lui donne la nourriture et le vêtement. (*Divers manis.*).

Dans les cas les plus graves, le mari a le droit de conserver les avantages nuptiaux et la dot de la femme répudiée.

Le mari, de son côté, peut être abandonné par sa femme s'il est criminel, impotent, dégradé, affligé de phthisie, ou après une absence prolongée dans des contrées étrangères. (*Dig.*, vol. 2, p. 413-420).

La législation Hindoue autorise-t-elle la polygamie?

Nous ne le croyons pas. Manou, du reste, semble la proscrire (*M.*, livre IX, § 101). Les textes parlent bien de seconds mariages, mais ces mariages ne sont qu'un concubinage toléré par la loi au profit de l'homme et de la faiblesse humaine.

Sans doute le Devala dit bien : « Que celui qui, ayant une femme, veut en épouser une autre par excès de passion procède au second mariage, après avoir contenté la première par des présents » : mais il n'en est pas moins vrai que la première femme seule est légalement la véritable épouse, et qui puisse porter ce nom. « La première femme, dit un texte de Dacsha N° 51, est celle qui est mariée pour l'accomplissement des dettes sacrées, la seconde l'est par l'impulsion des sens. Il est certain que ce dernier mariage ne produira pas les effets moraux. » Un mot maintenant sur la capacité civile de l'épouse. Nous avons vu qu'étant soumise à un régime de tutelle perpétuelle, elle ne peut s'obliger en rien. Cependant il est permis à certaines femmes exerçant des professions et des commerces déterminés, de contracter des dettes et d'engager leurs maris par leurs actes (*Gibelin*, I, p. 44). Les femmes ont encore le droit de posséder des biens particuliers que la loi désigne sous le nom de stridhana (Laude, *Manuel du droit Hindou*, p. 16), Ces biens d'ailleurs sont d'une nature toute spéciale et n'ont en général qu'une médiocre valeur.

Nous ne pouvons en finissant passer sous silence un usage hindou que notre civilisation et nos mœurs repousseraient aujourd'hui avec horreur. Voici en quoi consiste cette institution qui a de nombreux points de ressemblance avec le lévirat hébraïque. Un époux qui ne peut engendrer d'enfants est autorisé par la loi à se substituer un parent et à lui déléguer ses droits sur son épouse. Ce parent pourra ainsi légalement donner des enfants à l'impuissant. Cet usage grossier s'explique dans l'Inde par la nécessité où l'on se trouvait d'avoir une postérité pour acquitter sa dette envers les aïeux et obtenir après la mort les félicités célestes.

D'après M. W. Jones (*Institut. of Hindu law Appendice*), ce devoir religieux serait aujourd'hui réprouvé, « car maintenant les hommes et les femmes sont adonnés au péché ». Toutefois cet usage se pratique encore de nos jours dans certaines provinces. (Note de M. Gide). S'il faut en croire le livre de monsieur Laude (*Manuel du droit Hindou*), la législation n'a guère changé depuis tant de siècles dans l'Hindoustan; et nos colonies françaises de l'Inde, sauf dans les points modifiés par notre code colonial, obéissent encore aux lois de Manou. Ces lois du reste paraîtront bien douces pour la femme, et bien restrictives du despotisme marital, si nous les comparons à celles d'autres nations de l'Asie. Pour ne parler, par exemple, que du royaume de Siam, les lois y traitent la femme comme un objet, absolument comme si elle était la propriété de l'homme. Ceci est tellement vrai que dans ce pays barbare le mari peut engager sa femme à titre de gage, de loyer, ou de servitude à son créancier, jusqu'à ce que celui-ci soit désintéressé du montant de la créance qui lui est due. Inutile d'ajouter que sous cette législation le meurtre d'une femme n'est puni que du tiers de l'amende édictée pour le meurtre d'un homme. (*Bangkok calendar, printed for the American missionary association*, 1861).

La femme n'est guère mieux traitée par les sauvages de l'Afrique.

Le mari chez les Zoulous paie sa femme comptant, le prix en est de douze têtes de bétail. Si l'union est stérile, le mari rend la femme à sa famille qui, de son côté, restitue l'argent. Tandis que les hommes se reposent ou vont à la chasse, les femmes travaillent aux champs, bêchent, labourent, sèment, récoltent, etc. Une seule occupation domestique est le monopole exclusif des hommes; seuls ils ont le droit de traire les vaches. (*Figaro* du 19 mars 1879).

Législation grecque.

Si nous jetons un regard sur les premiers temps de la Grèce, sur cette époque primitive qu'Homère nous a peinte en des vers d'une fraîcheur et d'une naïveté inimitables, nous y trouvons l'épouse occupant (*selon l'expression de Grote*, II, p. 32), dans la famille, un poste entouré de haute dignité et de grande influence. Nous n'avons qu'à nommer Pénélope, Andromaque, ces héroïques modèles d'amour conjugal et d'amour maternel. Sans doute l'usage est peut-être que le mari achète sa femme à ses parents, (*Iliade*, XI, 244; XVI, 178; XXII, 472). Aristote peut considérer cette vente comme une preuve de mœurs barbares, mais la femme de cette époque semble vivre moins isolée et jouir d'une autre sphère d'action que la femme de la Grèce historique.

Ce n'est pas Socrate lui-même qui aurait prononcé ces paroles d'Achille : « il n'est pas d'homme honnête et sensé qui ne chérisse et n'honore sa femme. » Quel Grec de l'époque classique eût jamais pensé du mariage ce qu'en dit Ulysse : « Nul bien ici-bas n'est aussi précieux que l'union conjugale où règne la concorde et un mutuel amour. » A cette époque l'époux est prêtre, juge, maître absolu au sein de la famille : il a sur sa femme et sur ses enfants la plénitude de tout droit, mais il n'est pas un tyran ; s'il sait faire respecter, il sait aussi faire aimer son autorité.

Quant à l'achat de la femme au moyen de présents qu'on appelait ἕδνα, Grote prétend que ces ἕδνα correspondaient exactement au *mund* germanique. Le *mund* consistait dans une somme payée à la famille de la fiancée pour que le droit de tutelle qu'elle possédait sur elle fut transféré à la famille de l'époux. Nous reviendrons d'ailleurs plus tard sur cette importante question.

La polygamie n'existe pas à ces époques toutes patriarcales ; mais les chefs ont presque toujours des concubines, ce qui souvent fait éclater en transports violents la jalousie de l'épouse légitime. (*Il.*, XXI, 88). Quant au divorce, il semble ne pas être alors connu : Homère du moins n'en parle pas.

A l'époque historique, Athènes et Sparte sont les deux seules cités dont le régime intérieur nous soit à peu près connu. Or, pour parler de Sparte, on est moins naïf aujourd'hui qu'à la fin du XVIIIe siècle. On s'était alors pris follement à admirer cette législation tout artificielle qui faisait sans cesse violence à la nature humaine, qui maintenait l'âme dans une sorte de tension perpétuelle, qui sacrifiait à ce qu'elle appelait l'intérêt public, la vie des enfants chétifs et celle des esclaves, la pudeur des femmes et la sainteté du mariage (Perrot, *Droit public d'Athènes*). Montesquieu, seul peut-être de son époque, tout en ne lui marchandant pas les éloges, avait entrevu la perversité de cette législation sous laquelle, dit-il, on n'est ni enfant, ni mari, ni père, et où la pudeur même est ôtée à la chasteté (livre IV, chap. VI, *Esprit des lois*).

Cette législation féroce et barbare, n'organisa point le droit privé, elle méconnut les lois les plus sacrées de la famille et de la propriété, elle rendit même la propriété mobilière impossible par la prohibition du commerce et de la monnaie. Cette législation a pu exciter l'admiration de quelques historiens : mais plus vraie peut-être est l'appréciation de Volney, disant que les Spartiates étaient les Iroquois de l'ancien temps, et leur ville une caverne de brigands.

Les documents sont peu nombreux sur la puissance maritale à Sparte, et l'on saisit facilement le motif du silence des historiens. La femme dépend plus de l'État que du mari, la véritable association conjugale est du reste peu connue dans cette cité. Voici cependant quelques détails que nous avons pu recueillir. D'après Xénophon et Plutarque (*Vie de Lycurgue*), Lycurgue considérant les femmes comme faisant partie de la maison, les soumettait à une éducation à peine moins dure que celle des hommes.

Aristote (*Polit.*, II, 5, 6, 8, 11) parle tout autrement. D'après lui, ce législateur avait essayé de soumettre les femmes, non moins que les hommes, au système de discipline qu'on connaît ; mais elles firent, ajoute-t-il, une résistance si obstinée qu'elles le forcèrent d'y renoncer.

Quoi qu'il en soit, il est certain que, loin d'être enfermées dans l'intérieur de leurs maisons, comme les femmes de la plupart des cités Grecques, les Lacédémoniennes vivaient dans la plus grande liberté. Les gynécées étaient inconnus à Sparte.

Le mariage était presque universel parmi les citoyens, quoiqu'il fût imposé plutôt par l'opinion générale que par la loi. A Sparte, les célibataires étaient tournés en ridicule, et à certains jours de fête, on les livrait à la risée publique.

Quant à la puissance maritale, elle n'existait que de nom. M. de Pastoret (*Hist. de la lég.*, V, chap. II), nous en donne un motif assez curieux. C'est, dit-il, que les maris étant presque toujours absents pour cause de guerre, à leur retour, leur tendresse plus complaisante et plus vive les conduisait à la domination des femmes. La raison paraît peu sérieuse : elle est cependant confirmée par l'autorité d'Aristote : il nous dit que les Spartiates se laissaient gouverner par leurs femmes (*Polit.*, II, chap, IX).

Se conformant à un désir qui pourrait être bon en théorie, mais ne devait donner dans la pratique que les plus détestables résultats, le législateur voulant avoir de vigoureuses générations, regardait comme un devoir d'unir les couples physiquement les mieux doués ; aussi, y eut-il à Sparte, d'après Xénophon, bon nombre de femmes qui eurent à la fois deux maris. Elles furent reconnues comme légalement maîtresses de deux maisons, et comme légalement mères de deux familles distinctes (Xénophon, *Rep. Lac.*, I, 9).

C'était pour la femme une véritable bigamie permise.

Chose bizarre, cette violation de la fidélité conjugale fut strictement interdite aux hommes : on n'en a qu'un seul exemple cité par Hérodote (V., 39, 40).

L'adultère n'était point un délit : il n'en pouvait être autrement dans un pays où le mariage est une sorte d'engagement secret, le triomphe de l'adresse et non un sentiment qui s'honore de se montrer parce qu'il s'honore d'être (*Pastoret.*, VI, 14).

En résumé, la puissance maritale est presque nulle à Sparte, mais les femmes n'en sont ni plus heureuses, ni plus honorées. Méconnaissant la force des affections paternelles, maternelles, conjugales, oubliant que ces sentiments ne sont pas incompatibles avec l'amour de la patrie, Lycurgue brisa les liens les plus sacrés de la famille. En voulant donner aux femmes des qualités qui ne sont pas de leur sexe, il leur enleva ces vertus qui forcent les hommes à s'incliner devant elles : la réserve et la pudeur, leurs titres d'épouses et de mères.

Bien différente est la législation d'Athènes. Nul droit peut-être n'atteignit une élévation spiritualiste plus remarquable. Jamais, chez aucun peuple, on ne vit un sentiment plus profond de l'idéal. Le droit Athénien s'élève dès l'origine, et comme d'un bond jusqu'à la notion du devoir : πᾶς ὁ νόμος ἐστι Θεός.

Dans la famille, la loi établit des devoirs réciproques fondés sur l'affection mutuelle. Mais il ne faut pas conclure de l'élévation de ce droit que la famille Athénienne soit le type de la famille antique.

Hélas ! non. La vie domestique est absolument inconnue à Athènes : il n'y a point dans cette cité de véritable intérieur domestique. Tandis que le mari passe les journées entières sur la place publique, la femme, elle, enfermée dans un appartement séparé, le gynécée, vit privée de toute relation extérieure. Elle ne peut paraître dans la cité qu'à des jours déterminés, et ne peut même s'asseoir à la table de famille que quand il n'y a aucun membre étranger. Elle passe enfin sa vie sous une tutelle perpétuelle.

Cette sujétion de la femme lui enlève les libertés les plus chères à la nature humaine. Fille, le père lui choisit un mari sans que la malheureuse ait aucun moyen de refuser une alliance qui peut lui être odieuse. Mariée, le mari pourra, quand il mourra, disposer de la main de sa veuve, et sa désignation semble obligatoire pour elle. (Démosth. contre Aphobos). Veuve, si son mari n'a point disposé d'elle, elle retombe sous l'autorité d'un tuteur, son plus proche héritier : s'il est parent rapproché il pourra l'épouser de force ou la marier à son gré, comme du reste il pouvait déjà le faire, s'il était son tuteur avant le premier mariage ; s'il est parent éloigné, ce soin fera partie des attributions de l'archonte (Démosth. contre Stephanos).

La femme n'occupe donc à Athènes qu'un rang secondaire, elle ne porte pas le nom du mari ; cependant, par le mariage elle entre dans sa famille sans cesser pour cela de tenir à la sienne propre. Dotée, elle conserve la propriété de ses biens, le mari n'en acquiert que la jouissance et l'administration, sous la surveillance du père ou de l'ex-tuteur (Cauvet., *Revue de législation et de jurisprudence*, année 1843, tome I(I).

La monogamie existe-t-elle à Athènes? Oui, en principe. A l'origine du temps de Cécrops, la question n'est point douteuse. Diogène Laërce (*Vie de Socrate*, § 6) nous dit qu'à la fin de la guerre du Péloponèse on permit aux Athéniens d'avoir deux femmes légitimes. Aulu-Gelle exprime la même idée (*Nuits attiques*, livre XV, chap. XX). M. Gide (*Cond. de la femme*, p. 90) est d'une opinion contraire. Quoi qu'il en soit, il est certain que, la monogamie étant admise, elle était bien imparfaite, car le mari peut avoir une concubine, et si elle est Athénienne, légitimer les enfants qu'il aura d'elle (*Diog. Laer.*, II, 16). Du reste la monogamie d'Athènes ne vaut guère mieux que la polygamie des Hébreux par exemple. On en jugera par ces paroles de Démosthène : « Nous avons des courtisanes pour le plaisir, des concubines pour avoir un soin journalier de notre personne, des épouses pour nous donner des enfants légitimes, et veiller fidèlement à l'intérieur de nos maisons. » (*Démosth. contre Néera*).

Le pouvoir du mari sur la personne de la femme est très-grand, il peut la répudier à son gré à condition de lui donner une pension alimentaire.

L'obligation de cohabitation est très-stricte pour les deux époux (Plutarque, *Erotius*, 22). La femme doit de plus suivre partout son mari, pourvu qu'il ne tente pas de l'emmener sur une terre étrangère (*Revue de législation supr.*).

Notons encore que les maris n'avaient pas seuls autorité sur leurs femmes : il y avait des magistrats appelés *gynécomes* chargés de veiller sur la conduite des femmes, de réprimer leur luxe, de les maintenir dans le devoir, et le respect des usages établis.

Le mari, nous l'avons vu, pouvait divorcer librement. Il y avait même un cas où il était presque forcé de le faire. Une jeune fille de qui il est le parent le plus proche, vient-elle à perdre son père, il doit divorcer pour l'épouser : s'il s'y refuse, la jeune fille peut le contraindre à lui faire une dot selon sa fortune.

La fidélité conjugale est sévèrement sanctionnée pour la femme. Dracon n'édictait pas de peine spéciale pour l'adultère, il déclarait seulement que le mari pouvait en tirer vengeance sans être puni (*Pausan*, IX, § 36). D'après les lois de Solon, la femme commet-elle un adultère, le mari n'est pas maître de lui pardonner, et s'il ne la répudie pas, il encourt la dégradation civique. Les Athéniens ignoraient donc la grandeur du pardon que permet notre loi pénale (art. 330, *C. pén.*). S'il prend la femme coupable en flagrant délit, il peut la tuer impunément ainsi que son complice. S'il préfère leur faire grâce de la vie, ou s'il n'y a pas eu flagrant délit, le mari peut vendre à son gré l'épouse infidèle ; s'il ne se présente pas d'acheteur elle passera au dernier rang de ses esclaves (*Démosth. contre Néera*).

La femme adultère perd sa dot qui est confisquée au profit du mari : elle est déclarée infâme, et privée du droit de porter ses plus beaux ornements. Tout le monde peut la frapper pourvu qu'on ne le fasse point avec des armes, et qu'on ne la blesse pas d'une façon sérieuse (Eschine contre Timarque). Sont seules exemptes des peines de l'adultère les femmes qui ont été élevées dans un lieu de prostitution.

L'adultère du mari n'est point puni (toujours la même injustice); à moins que l'adultère ne soit accompagné de circonstances particulières constituant pour la femme une injure grave. Dans ce cas, le mari est condamné à une amende, et la femme peut obtenir le divorce, après jugement contradictoire obtenu de l'Archonte (*Plut. Alcibiade*, § 13).

La position de l'épouse à Athènes n'est donc guère enviable. Une seule classe de femmes jouit de la faveur populaire, et attire près d'elle les plus grands hommes de guerre comme Alcibiade et Périclès, les plus illustres philosophes comme Socrate et Platon : ce sont les courtisanes; triste preuve du peu de moralité des Athéniens. Nous ne pourrions entamer un pareil sujet sans parler d'un vice infâme qui rongeait la Grèce et surtout Athènes, vice que Montesquieu lui-même rougissait de nommer. Ce vice fut peut-être la plus grande cause de l'infériorité de l'épouse athénienne. Nous préférons garder le silence sur cette dégradation et ces abaissements que le paganisme aurait dû emporter avec lui.

Nous ne parlerons pas des législations des autres peuples de l'antiquité : leurs mœurs et leurs lois nous sont trop peu connues; mais par le peu de documents que nous possédons, il est facile de voir que partout le mari possède sur la femme un pouvoir presque absolu.

A Babylone, les maris achètent leurs femmes; ces malheureuses sont vendues à la criée sur la place publique, comme l'on dit aujourd'hui, au plus offrant et dernier enchérisseur (*Hérodote*, livre I, p. 195). La religion même n'admet pas de pudeur chez la femme; chacune d'elle doit se prostituer au moins une fois en sa vie, en l'honneur de Mylitta (Vénus).

En Perse, nous connaissons ce précepte de Zoroastre : « La

femme doit honorer et respecter son époux comme une divinité. Le matin, à peine sortie du lit conjugal, elle doit se prosterner devant lui et lui demander ses ordres ».

En Chine, la femme ne peut posséder aucun bien en propre. Une fois mariée, elle devient comme la propriété de son époux qui peut faire d'elle ce qu'il veut, et la battre à son gré.

LIVRE II

LÉGISLATION ROMAINE

INTRODUCTION

Avant d'en arriver à l'étude spéciale de notre sujet, il nous semble nécessaire de résumer en quelques lignes le caractère et les principes de cette législation. Ce qui ne sera pas sans jeter quelque lumière sur le point de droit que nous avons à développer.

Rome est sans contredit la véritable patrie du droit : germe d'abord à peine sensible, il se développe sans interruption durant douze siècles. Petite cité lors de sa naissance, Rome ne compte guère que quelques centaines d'individus rassemblés pour le pillage et la guerre : aussi s'inspirant d'une semblable origine, son droit est le plus exclusif des droits. On n'a de famille, on n'a de propriété, on ne peut acquérir de droits et les faire valoir en justice que si l'on est citoyen romain. Rien à l'homme, tout au citoyen. L'étranger comme l'ennemi de la patrie est toujours un « hostis ».

Aussi, et c'est une conséquence découlant naturellement d'un principe, la famille romaine ne repose pas sur les liens du sang et de l'affection. On la voit créée de toutes pièces par la loi. La parenté du sang est à peine prise en considération dans quelques points de peu d'importance. La parenté légale, qu'on appelle l'agnation, et qui ne repose que sur des liens de puissance, voilà la seule parenté que sanctionnera le droit. Aussi la mère, si elle n'est pas *in manu*, c'est-à-dire en puissance de son mari, est regardée comme une étrangère pour ses enfants : le fils émancipé voit se briser pour lui tous les liens moraux ou pécuniaires qui le rattachent à ses parents.

Alors, le père a dans la famille un pouvoir sans limites, il a droit de vie et de mort sur sa femme et sur ses enfants. La personnalité du père absorbe la personnalité de la femme in manu, et de ses enfants. La *familia* est en un mot un monde fermé dont la conduite et la direction appartiennent exclusivement au chef suprême, au paterfamilias.

C'est avec ce droit qui mérite bien plus que le droit coutumier le nom de *jus odiosum*, c'est avec lui et grâce à lui que Rome imposera son joug à l'univers.

Chose à remarquer, ce droit est complétement esclave de la lettre, il est enfermé dans un formalisme rigoureux et étroit. Pour être légal, tout fait juridique doit revêtir une forme solennelle que donne la loi, et à laquelle on ne peut changer une syllabe sans perdre son droit. Dites *arbor* au lieu de *vitis*, votre adversaire gagne son procès, quand même il aurait tous les torts du monde.

Mais ce formalisme fit la force et la durée du droit romain, il contribua puissamment à sa grandeur. Réaction violente contre le droit grec, il empêche tout arbitraire. Le juge romain ne peut pas, comme le juge grec, juger selon son opinion plus ou moins raisonnée, plus ou moins réfléchie : il est lié par un texte formel et inflexible, la sentence est fatale. Aussi cette loi romaine, qui paraît au premier abord si dure et si tyrannique, assura pendant de longs siècles la liberté même du citoyen romain.

Une chose cependant manqua au droit romain comme aux autres législations antiques : il n'a pas su rattacher le droit à sa véritable origine : comme le droit grec, il proclama et mit en pratique ce principe que l'individu est fait pour la société et que c'est l'État qui crée le droit. Il méconnut donc lui aussi, la véritable base du droit qu'on peut résumer en cette maxime : « l'État est fait pour l'individu, et l'individu pour le devoir, c'est-à-dire pour Dieu ».

DIVISION DU SUJET

Les droits du mari sur la personne de la femme ont parcouru bien des phases différentes durant les diverses époques de la législation romaine.

Tout d'abord, c'est avec la manus un pouvoir sans limites, une autorité sans contrôle, puis les mœurs s'adoucissent, le mariage libre apparaît : rare d'abord, il devient de plus en plus fréquent, et finit par être la règle générale sous le régime dotal. Ceci nous conduit à diviser notre sujet en deux parties distinctes : dans la première partie, nous examinerons les droits du mari dans le mariage avec et sans manus ; ce sera l'exposé du droit romain, depuis la fondation de la cité jusqu'à la fin de la république. Dans une seconde partie, nous étudierons les affaiblissements successifs de cette puissance sous le régime dotal, c'est-à-dire depuis les premiers siècles de l'empire jusque et y compris la législation Justinienne.

PREMIÈRE PARTIE

CHAPITRE PREMIER

Mariage primitif et origines de la manus.

A l'origine de la législation romaine, dans ces temps préhistoriques qui virent naître la cité de Romulus, la famille romaine revêt tous les caractères de la famille patriarchale, caractères que l'on retrouve aux âges héroïques de toutes les nations. La famille est alors constituée avec une âpre et sauvage énergie, elle est la véritable unité sociale, un état dans l'état.

Et d'abord il y a dans cette famille romaine unité de culte. Les Romains ne connaissent pas à l'origine les dieux de la cité, il n'y a pour eux, que les dieux protecteurs de la famille. Le sacrifice se fait près du foyer, autour du feu sacré, le père est le pontife qui préside à ces cérémonies. Et ici, faisons remarquer combien important était dans la Rome antique ce culte domestique : c'est lui qui forme la parenté, font seuls partie de la famille, ceux qui sacrifient au même foyer; c'est le culte qui rattache les vivants aux ancêtres; c'est pour défendre leur culte et leur foyer, pro aris et focis, que les guerriers romains donnent leur vie : aussi le romain s'éprend-il d'amour pour cette maison qui contient le foyer sacré et les pénates, et Cicéron lui-même s'écrie : « Quid est sanctius, quid omni religione munitius, quam domus unius cujusque civium ? Hic aræ sunt, hic foci, hic dii penates, hic sacra, religiones, ceremoniæ continentur. — *Pro domo*, 41 ».

Il y a secondement unité de patrimoine. Les enfants, la femme en puissance de mari n'ont pas de biens personnels, et n'en sauraient avoir. Tout ce qu'ils ont pu ou pourront acquérir tombe dans le patrimoine que gère le père de famille. C'est un patrimoine commun, et le père n'est qu'un administrateur, mais avec les pouvoirs les plus étendus. A la mort du père, les enfants, la femme se partagent le patrimoine comme *heredes sui*, sans qu'ils aient besoin d'accepter la succession, car elle leur appartient en vertu d'un droit antérieur.

Enfin, comme nous l'avons déjà vu, il y a unité de volonté. Le père de famille est tout-puissant; il s'appelle le paterfamilias, et a un pouvoir absolu sur tous les membres de la domus. Sa femme, ses enfants n'ont de vie que par lui et pour lui. Il meurt, et sa volonté franchit le seuil de la tombe pour se faire obéir encore : *uti legassit, ita jus esto*. Mort, son âme plane encore au-dessus du foyer, il fait partie des dieux domestiques.

Telle est en résumé la situation de la famille romaine dans les premiers temps de Rome. Si l'on se pénètre bien de l'esprit de cette législation, on ne s'étonnera pas qu'à cette époque la femme ait été achetée par le mari, et que la coemptio, loin d'être fictive, comme elle le devint plus tard, fût alors une vente réelle. On l'a nié, en s'appuyant sur un texte de Gaius qui dit, en parlant de la coemptio employée comme moyen d'acquérir la manus : « Coemptione in manum conveniunt per mancipationem, id est, per quamdam *imaginariam* venditionem... *Gaius comm.*, I, § 113 ». Ce texte prouve que du temps de Gaius, la coemptio était fictive, mais en quoi vient-il contredire notre assertion, et les symboles ne sont-ils pas la suite et la conséquence de faits autrefois réels ? C'est du reste une vérité que démontre clairement l'observation, à savoir que l'achat des femmes fut presque toujours la première formule du mariage dans l'enfance des nations.

Nous pensons que le peuple Hébreu s'est élevé au-dessus de cet usage (page 8), mais ceci n'a rien d'étonnant : ce peuple n'avait-il pas reçu de la bouche de Dieu lui-même les pures et saintes notions du mariage?

N'est-ce pas suffisant pour expliquer la dérogation à l'usage commun?

L'achat des femmes remplaça l'état sauvage où l'homme ravissait l'objet de ses désirs et que rappelle Horace dans ces vers :

> Nam fuit ante Helenam cunnus teterrima belli
> Causa; sed ignotis perierunt mortibus illi,
> Quos, Venerem incertam rapientes, more ferarum,
> Viribus editior cædebat, ut in grege taurus.

« Ce que l'homme paya d'abord aux parents (dit M. de Kœnigswarter, *Revue de législation*, année 1849) était le prix d'une chose, car la femme commence par être considérée comme objet de volupté avant de s'élever par une émancipation lente et graduelle à être la compagne de l'homme. » Cet achat, on le retrouve sous tous les climats; Robertson (livre VI p. 822), l'indique chez les sauvages de l'Amérique; Strabon le mentionne chez les Indiens (livre XV). Le même usage se retrouve en Chine (Nien-kié-tsi-pien).

La fiancée chez les Syriens est appelée *mechiro* (fille vendue). Homère désigne les filles nubiles sous le nom d'ἀλφεσίβοιαι, c'est-à-dire rapportant des bœufs à leurs parents; Tacite retrouve la même institution en Germanie (*De moribus Germanorum*); Rome ne devait point ignorer cette coutume.

Ce qui le prouve du reste est une inscription rapportée par Heineccius (*Antiq. rom.*, I, 10). « Publ. Claud, quæst. ær. Antoniam Volumniam virginem volens, a parentibus suis coemit, et fac. ini in domum duxit. »

Aussi, la concubine qui, elle, n'est pas achetée, est appelée: « uxor gratuita, utpote quæ coempta non esset. »

Aussi, cette opinion une fois admise, il faut en conclure nécessairement que la femme est sous la dépendance la plus absolue du mari, elle est, en un mot, sous sa *manus*. Ce mot, et son étymologie l'indique bien, est synonyme de puissance, c'est comme on dit au moyen âge, une main assise sur la femme.

Nous avons cité Monsieur Kœnigswarter disant que le mari

achète sa femme, comme un simple objet de propriété, et en tant qu'objet de propriété : nous nous permettrons d'avancer sur ce point une opinion personnelle. Au lieu d'un droit de propriété, ne serait-ce pas plutôt un droit de protection sur la femme, un droit de sujétion de celle-ci que le mari achèterait à ses parents ? ce qui serait une base plus noble de la puissance maritale. A l'appui de cette assertion, nous citerons un texte de Manou qui semble confirmer cette idée : « L'autorité de l'époux sur sa femme, dit-il, repose sur le don que le père lui a fait de sa fille au moment des fiançailles (*Lois de Manou*, V, sl. 152).

En Germanie l'époux achète des parents de sa fiancée, le *mundium* qui est synonyme de pouvoir de protection : il est aussi appelé *advocatus*, c'est-à-dire défenseur de sa femme.

Nous avons vu qu'il en était de même dans les temps héroïques de la Grèce.

Pour en revenir à notre sujet, la femme est donc toujours sous la domination de son mari. Que cette puissance s'appelle alors Manus, ou autrement, peu importe : c'est le fait seul qu'il faut retenir.

N'oublions pas non plus de rappeler qu'à cette époque, comme du reste dans les premiers siècles des nations, la religion occupait dans la famille une place considérable, et d'autant plus considérable chez les Romains que ce peuple descendait des Etrusques (du moins cette opinion est assez répandue), nation religieuse entre toutes (*Varron, de re rustica*, II, 4). Le mariage donc devait être accompagné de cérémonies religieuses qui sanctifiaient les débuts de la vie conjugale, et consacraient le changement de famille, et par suite le changement de culte, de dieux et d'autel de la nouvelle épouse (Fustel de Coulanges, Cité antique. Cauvet, dr. pontifical) ces rites religieux portèrent le nom de confarreatio.

L'on sait qu'à partir d'une certaine époque (que les historiens ne sont pas encore parvenus à préciser), les Romains se divisèrent en deux classes principales profondément tranchées : les patriciens et les plébéiens.

Quelles furent l'origine et les causes de cette révolution? La constitution du pays plus régulière, les rapports plus compliqués, introduisirent-ils une différence plus grande entre les classes de la société ; les fonctions publiques et celles du sacerdoce réunies, les guerres fréquentes, le commandement et la discipline militaire établirent-ils une grande distance entre les chefs des tribus et leurs serviteurs ou clients considérés jusque-là comme de la famille, c'est notre avis : mais les opinions des historiens sont si différentes sur cette question, qu'il serait difficile de donner une solution raisonnée.

En fait, les patriciens, race religieuse et éclairée, dominèrent les plébéiens par la religion et par le droit dont ils surent longtemps conserver le mystère ; ils gardèrent le secret des symboles du culte, et des formules de la loi.

Alors changea probablement la forme du mariage : il répugnait sans doute aux fières patriciennes d'être l'objet d'une vente qui n'était certainement pas sans leur imprimer quelque flétrissure ; les plébéiens désormais usèrent seuls de la coemptio.

Les cérémonies de la confarreatio qui accompagnaient le mariage permettaient aux enfants issus de ces unions, d'obtenir les premières charges religieuses, les fonctions de flamines majeurs (G., I, § 112). Il n'est point déraisonnable de penser que les patriciens, jaloux de conserver pour eux seuls les prérogatives et fonctions tant civiles que religieuses, voulurent se réserver les cérémonies de la confarreatio. D'ailleurs les plébéiens n'ayant pas de culte domestique ne pouvaient guère user de la confarreatio.

Nous avons déjà parlé du droit si formaliste des Romains, et nous avons dit que pour être sanctionné par la loi, tout fait juridique devait être renfermé dans une formule solennelle à laquelle on ne pouvait changer une lettre sans perdre son droit.

La coemptio, application de la *mancipatio per æs et libram* (G., I, § 113), se faisait également dans des formes solennelles. Un texte de Gaius nous permet de l'affirmer, quoique la formule ne nous ait pas été conservée (G., I, § 123).

Le plébéien peu au courant de ces formules devait se tromper assez souvent dans les paroles sacramentelles qu'il fallait employer : de là vint l'usus, application de l'usucapion des choses mobilières qui permettra à l'époux d'arriver au bout d'un certain délai à cette propriété *sui generis* de son épouse qu'il aurait obtenue de suite par une coemptio régulière.

Peu à peu, cependant, avec l'adoucissement graduel des

mœurs, la coemptio devient fictive. Puis, le mariage est considéré, non pas encore comme une union contractée sur un pied d'égalité, mais on prend en plus grande considération la dignité de la femme, et le mariage se forme alors *solo consensu*. On conserve cependant la confarreatio, la coemptio, et l'usus, mais ces cérémonies deviennent distinctes du mariage, elles ne sont plus propres qu'à donner au mari les effets qui découlaient autrefois du mariage, c'est-à-dire la puissance maritale dans le sens strict et rigoureux du mot que procurait autrefois la coemptio vera. Bientôt même, et cela dès la loi des XII tables, la confarreatio, la coemptio et l'usus ne furent plus l'accessoire obligé du mariage.

Telle est notre théorie sur ce point délicat, telle est l'origine que nous donnons à la *Manus* et aux trois modes de l'acquérir : mais hâtons nous de dire que cette théorie nous est complétement personnelle. N'ayant sur ces époques reculées que des documents de peu d'importance, nous avons cru pouvoir bâtir ce système, en nous fondant sur les institutions des autres peuples de la race Indo-Européenne et sur les diverses révolutions intérieures que suscitèrent à Rome les rivalités des plébéiens et des patriciens.

Nous ne pouvons passer sous silence les autres théories qu'on a données sur ces origines si obscures de la manus.

Une opinion (M. Guérard, *Histoire du droit privé des Romains*) dit qu'à l'origine les plébéiens usèrent seuls de la manus, en souvenir de l'enlèvement des Sabines.

La manus, dit-il, aurait blessé la matrone patricienne.

Mais, après la loi des XII tables, une sorte de fusion se serait opérée entre les deux races, et la manus serait devenue une institution commune aux deux ordres.

Cette opinion nous paraît contraire à la vérité des faits, car chez les anciens Romains, la propriété, la famille, la succession, tout repose sur l'idée d'une association hiérarchique et inflexible. La manus, la patria potestas, existeraient, s'il est possible, plutôt chez les patriciens que chez les plébéiens. Les Romains sont si fiers de ces institutions !

Elles sont, disent-ils, une prérogative qui leur est toute personnelle : « et ipsum jus proprium civium romanorum est, G. I, 108. » Il importait d'ailleurs bien plus aux patriciens que leurs familles eussent en elles-mêmes un principe de vigueur et de durée qui identifiât leur conservation avec celle de l'État (de Fresquet, *Revue historique*, tome II). Il nous répugne du reste beaucoup d'admettre que les patriciens si jaloux de leur dignité aient emprunté pour eux-mêmes une institution plébéienne.

Une autre opinion donne à la manus une origine purement patricienne : elle n'aurait été accessible aux plébéiens qu'à l'époque de la loi des XII tables.

Nous ne pouvons nous rallier à cet avis : car, en premier lieu, la coemptio de la femme est universelle à l'origine des législations. De plus, on ne voit pas quand les plébéiens auraient acquis la manus : les historiens nous parlent bien des conquêtes politiques faites par les plébéiens, mais ils ne nous parlent en aucun endroit de la conquête de la manus.

Enfin, dans une troisième opinion, Mumsen dit qu'à l'origine, le mariage religieux par confarreatio, était seul connu, puis, plus tard le mariage civil fit son apparition.

Ce mariage est moins élevé que le premier : le mari acquiert une sorte de droit de propriété sur la femme, aussi a-t-il emprunté tout d'abord les principes et les pratiques des modes ordinaires d'acquérir : l'achat et la tradition formelles (coemptio) et la prescription (usus).

Ce système beaucoup plus logique que les deux premiers nous paraît défectueux, en ce sens qu'il semble refuser la manus au mariage, accompagné de la confarreatio, ce qui est certainement une erreur historique (G., I, § 110).

Notre système a, sur ces trois opinions, l'avantage de donner à la *coemptio vera* dans la législation primitive de Rome la place qu'elle occupe chez les Hindous et les Grecs, peuples qui ont tant d'affinité avec les Romains : elle explique également de quelle manière ont pu prendre naissance les modes si différents d'acquérir la manus.

Enfin, quelle que soit l'opinion qu'on choisisse sur ces questions délicates, il est un fait certain, c'est qu'à l'époque où parurent les lois des XII tables, on connaissait à Rome le mariage *cum manu* et le mariage *sine manu* que nos auteurs modernes désignent sous le nom de mariage libre.

CHAPITRE II

Du mariage cum manu.

La première pensée qui frappe l'esprit, quand on étudie le mariage cum manu, c'est que ce mariage a comme base principale l'idée de puissance maritale, et l'on peut dire qu'il n'est presque aucun de ses effets qui ne soit la consécration de ce pouvoir domestique.

La manus cependant (nous ne parlons bien entendu que des époques postérieures à la loi des XII tables) n'est pas une formalité, une cérémonie du mariage. Le mariage romain (justæ nuptiæ) se forme par le seul consentement, consentement qui n'a pas besoin d'être soutenu par une cohabitation effective : il suffit que la cohabitation soit actuellement possible, ou si elle ne l'est pas, que la femme soit mise à la disposition du mari, deductio mulieris in domum mariti (loi 5 de ritu nuptiarum).

La manus n'est donc pas une forme du mariage, elle naît à côté, mais elle est indépendante de lui : il faut pour la produire une solennité spéciale ou un fait distinct du mariage. Ces modes d'engendrer la manus sont, comme nous l'avons vu, au nombre de trois : la confarreatio, la coemptio et l'usus.

Cependant cette opinion aujourd'hui générale n'a pas toujours été admise par les jurisconsultes. Avant la découverte du manuscrit de Gaius, et même encore à l'époque où M. Troplong écrivait son article sur la puissance maritale chez les Romains, on croyait que la confarreatio, la coemptio et l'usus étaient des modes de mariage, et l'on appuyait cette opinion sur trois textes principaux : le premier d'Arnobe (*Advers. gent.*, livre IV), le deuxième de Boëce (*Sur les topiques de Cicéron*), et le troisième du grammairien Servius (*Sur les Géorgiques*, livre I). M. Troplong, pour combattre cette opinion, donne dans l'article précité (*Revue de législation*, XXI, p. 129) d'excellents et nombreux arguments qu'il serait inopportun de reproduire ici. La question du reste ne fait plus de doute aujourd'hui, car le manuscrit de Gaius est formel sur ce point : la manus est indépendante du mariage. Enfin, cette puissance n'est exercée que par un homme, et toujours sur une femme (G., I, § 108, 109).

Nous avons vu déjà les origines probables de la manus : il nous reste maintenant à examiner : en premier lieu, comment s'acquiert la manus ; en second lieu, quels en sont les effets, et enfin de quelle manière elle s'éteint.

SECTION I. — COMMENT S'ACQUIERT LA MANUS.

Gaius nous donne dans son commentaire (I, § 110) la réponse à cette première question : « Olim itaque tribus modis in manum conveniebant : usu, farreo, coemptione. »

§ 1er. — *Confarreatio.*

La confarreatio (*de cum et farreum*, gâteau de farine mangé ensemble) est peut-être le mode le plus ancien d'acquérir la manus. Tacite (*Ann.*, IV, 16) regarde cette cérémonie comme très-ancienne, mais ne fixe point de date précise.

Pothier, plus affirmatif (*Pandect.*, I, 6), la fait remonter à Numa Pompilius qui donna tant de rites religieux aux Romains. Nous ne reviendrons pas sur cette question que nous avons déjà traitée. Ce qui est hors de doute, c'est que la confarreatio se rattache aux croyances religieuses primitives, au culte du foyer : on la rencontre d'ailleurs partout chez les peuples anciens (*Lois de Manou*, livre III).

La solennité de la confarreatio consiste en certains rites religieux accomplis, et paroles sacramentelles prononcées. Cette cérémonie est entourée à Rome de beaucoup de respect : « *In sacris nihil religiosius confarreationis vinculo erat.* » (Pline l'Ancien). Mais la célébration en est difficile, dit Tacite (*loc. cit.*).

Hase (*De manu juris romani antiquioris*) nous donne la description suivante de la confarreatio : « Solemnitas maxime in eo posita fuit, ut fruges et mola salsa adhiberentur, quæ nomine farris sive farrei se, panis vero in omnibus fere solemnibus veterum sacrificiis obvenit. Præfuerunt ceremoniis Pontifex maximus et flamen Dialis qui more solemni conjuges conjungebant : sponsus ipse cum sponsa in sellis super ejecta ovis pelle, quæ hostia fuerat, et velatis capitibus resedebat. Adhibebantur et aqua et ignis, tanquam duo elementa quibus natura conjuncta habeatur, subsequebatur dextrarum conjunctio, totamque solemnitatem nullis infaustis ominibus ad finem perduci necesse erat, unde intercedens tonitru confarreationes dirimebat ». (Voir aussi *Serv., ad Georg.*, livre I., 31; *et ad Æneid.*, IV, 103; *Denys d'Halicarnasse; antiq. rom.*, II, 25, ✝ 37; *Festus* v° *farreum*. *Fust. de Coul.*, livre IV, 8).

Ajoutons que dix témoins assistaient à cette cérémonie, (*G.*, I, 112; Ulp. IX). Ils étaient sans doute destinés à représenter pour chaque époux les cinq classes du peuple romain.

Il semble que, par cette cérémonie, les époux s'engageaient au service des dieux, et leur consacraient même les enfants à naître de leur union, car seuls ces enfants (désignés sous la dénomination de patrimi et matrimi) pouvaient exercer les plus hautes dignités sacerdotales. Gaius (I, 112) nous apprend que les grands flamines de Jupiter, Mars et Quirinus ne pouvaient sortir que d'une union sanctifiée par la confarreatio.

S'inspirant de cet effet important, bon nombre d'auteurs pensent que la confarreatio n'était permise qu'aux seuls patriciens, car seuls ils pouvaient être investis des fonctions sacerdotales. Nous allons même plus loin, et croyons avec M. Cauvet (*Droit pontifical chez les Romains*, p. 20), que les mariages des patriciens ne pouvaient obtenir leur validité complète s'ils n'avaient pas été accompagnés de la confarreatio. Sans elle, en effet, il était impossible que les enfants héritassent de la noblesse de leurs parents, car seuls les enfants issus ex confarreatis nuptiis pouvaient prendre les auspices, et par suite être promus aux grandes charges dont les fonctions sacerdotales sont l'accompagnement obligé. Un passage de Cicéron : (de aruspic. resp. § 23), nous paraît confirmer cette assertion.

La confarreatio consacre l'union sainte de l'époux et de l'épouse. Dès lors, ils sont associés au même culte. La femme ainsi soumise à la manus mariti a les mêmes dieux, les mêmes rites, les mêmes prières que son époux (*Fust. de Coul.*, IV chap. VIII).

Cet usage, longtemps en honneur, commence à disparaître dès les derniers siècles de la République, et Tacite (*loc. cit.*) nous apprend que, sous le règne de Tibère, les mariages accompagnés de la confarreatio devinrent excessivement rares; le principal motif en était que la femme ne voulait plus tomber sous la manus du mari. Pour remettre en honneur les confarreatæ nuptiæ, ajoute l'historien « Lata lex, qua flaminica Dialis sacrorum causa in potestate viri, cetera promiscuo feminarum jure ageret ».

La confarreatio dès lors n'existait plus comme mode d'acquérir la manus, elle disparut bientôt complétement avec les derniers vestiges du paganisme, sous les empereurs chrétiens, et Justinien n'en mentionne même pas le nom dans ses Institutes.

§ 2. — *Coemptio.*

La confarreatio était le mode religieux d'acquérir la manus, la coemptio en est le mode civil par excellence. N'allez pas croire cependant que tout effet religieux soit refusé à la coemptio. Non. La femme par suite de la manus est soumise à la puissance et entre dans la familia du chef : il y a donc entre elle et son époux communauté d'existence, de dieux et de culte domestique, mais ici, contrairement à ce que nous avons vu pour la confarreatio, la religion n'est plus que l'accessoire.

La coemptio n'est qu'une variété de l'émancipatio (*G.*, I, § 113). A l'origine elle fut sans doute un achat fait par le mari de la personne de la femme (voir page 28 et s.); du temps de Gaius, cette vente n'est plus qu'une fiction.

Comme la mancipatio, la coemptio exige le prononcé de paroles solennelles. Nous ne les connaissons pas : elle doivent sans doute avoir de nombreux points de ressemblance avec les paroles de la mancipatio, mode d'acquérir les biens, et dont la formule est ainsi conçue : « *hanc ego rem ex jure Quiritium meam esse aio, eaque mihi empta ex hoc ære æneaque libra.* » (*G.*, I, § 119). A la coemptio comme à la mancipatio assistent cinq Romains citoyens et pubères, un homme qui porte une balance de cuivre appelé libripens, et les parties, la femme et le mari (*G.*, I, § 113). Le mari probablement comme dans la mancipatio prononce la formule consacrée (certa verba) en mettant la main sur la femme, puis il frappe la balance avec un lingot de cuivre qu'il remet ensuite à l'épouse qui s'est vendue. A l'énumération des personnes présentes à la coemptio, et que cite Gaius, il convient à notre avis d'ajouter d'autres témoins. Fille de famille, la femme ne peut consentir seule à sa propre aliénation : le père après l'avoir émancipée préalablement doit venir in ipso actu, et comme tuteur donner son autorisation (*Coll. leg. mos.* livres IV, chap, II § 3 et VII et *G.*, I, § 195). Si la fille est sui juris, il lui faut certainement encore l'autorisation du tuteur (Cic., *Pro Flacco*, 31. *Ulp.*, IX, 27).

Quoi qu'il en soit, il ressort suffisamment de la coemptio que la femme ne jouit pas de la considération qui l'entoure dans la cérémonie religieuse de la confarreatio. Ici elle est presque considérée comme une chose, chose de valeur sans doute, puisqu'elle est rangée parmi les res mancipi, mais le symbole de la coemptio n'en est guère moins odieux pour cela aussi attribue-t-on généralement aux plébéiens ce second mode d'acquérir la manus.

De nombreux auteurs ont soutenu que la coemptio était réciproque et que, dans un but d'égalité, la femme achetait son mari comme celui-ci achetait sa femme. On s'est appuyé pour soutenir cette opinion sur plusieurs textes (Voir M. Troplong, *Contrat de mariage*, préface). Le premier est de Nonius (*De proprietate*, XII, 50). Nous le transcrivons : « Nubentes veteri lege romana asses tres ad maritum veniens solebat afferre ; atque unum quem in manu tenebat, tanquam emendi causa, marito dare ; alterum quem in pede habebat, in foco Larium familiarium ponere ; tertium in sacciperio quem condiderat, compito vicinali solere resonare. » Ce texte ne prouve rien. Il a le tort d'abord d'être général : il peut s'appliquer aux mariages suivis de confarreatio et d'usus, comme à ceux accompagnés de la coemptio. Et de plus, qu'achète la femme (tanquam emendi causa)? Le texte ne prouve pas que ce soit son mari, on pourrait au contraire et peut-être avec plus de raison, dire que la femme achète la protection, la bienveillance de son mari.

On invoque en deuxième lieu un texte de Boëce (*Comment. sur les topiques de Cicéron*). « Coemptio certis solemnitatibus peragebatur, et sese *in coemendo invicem*, interrogabant, vir ita an sibi mulier materfamilias esse vellet? Illa respondebat velle. Item mulier interrogabat an vir sibi paterfamilias esse vellet? Ille respondebat velle. Itaque mulier in viri conveniebat manum et vocabantur hæ nuptiæ coemptio, et erat mulier materfamilias viro loco filiæ. »

Ce texte est sans doute formel, mais Boëce vécut plusieurs siècles après Gaius; de son temps la coemptio n'existait plus qu'à l'état de souvenir; mieux vaut donc s'en rapporter à ce dernier (I, § 113). Boëce d'ailleurs n'est qu'un littérateur, il est loin d'être un jurisconsulte. Comme le dit un auteur, Molière, Regnard et Marivaux, dans leurs comédies font toujours intervenir un notaire pour la célébration du mariage de leurs personnages, qui oserait conclure de là que dans l'ancien droit le mariage se contractait par devant notaire? Personne évidemment : Ne pourrait-on point faire ici le même raisonnement?

On invoque encore un texte d'Isidore (V., 24) qui ne nous paraît guère plus probant, et que nous réfutons de la même manière. Quant aux paroles que la femme prononçait en franchissant le seuil de la maison conjugale : « Ubi tu Caius ego Caia. » Ces paroles ne prouvent rien dans l'espèce, elles indiquent simplement l'unité de vie, l'unité de position civile, ce n'est qu'un corollaire de la définition du mariage « nuptiæ autem sive matrimonium est viri et mulieris conjunctio, individuam *vitæ consuetudinem continens Inst. Just.*, IX, § 1)

Un dernier mot sur cette controverse. Comment la coemptio engendrerait-elle la manus, c'est-à-dire un pouvoir du mari sur la femme si, dans cette cérémonie, les époux se traitaient sur un pied d'égalité, ainsi qu'on veut l'admettre dans le second système? On évite de répondre à cette question, aussi, croyons-nous la première opinion seule conforme à la logique et à la vérité des faits.

La femme est donc mancipée au mari, mais la coemptio ne rend pas l'épouse *loco servi* comme le devenait l'enfant mancipé par son ascendant à une personne étrangère. Cette différence nous dit Gaius provient de ce que la mancipation du fils et de la fille se faisait avec les mêmes paroles que celle des esclaves. Dans la coemptio au contraire, une formule spéciale est employée (*G.*, I, 123).

Il n'est pas douteux que dans la confarreatio, le consentement de la femme soit nécessaire; il suffit pour s'en convaincre de se représenter les différents détails de cette cérémonie. Quid pour la coemptio? Quand la coemptio était réelle, il paraît probable que le consentement de la jeune fille vendue par ses parents n'était point nécessaire pour la régularité du contrat. Quand la coemptio devint symbolique, nous croyons que ce consentement fut nécessaire. La manus en effet ressemble plus à l'adoption qu'au mancipium; or, si le père de famille a le droit absolu de manciper ses enfants, il ne peut les donner en adoption sans leur consentement au moins tacite; il devait en être de même pour la coemptio. (*Inst. de Just.*, liv. 1, titre XII, § 8).

Ce mode d'acquérir la manus était en pleine vigueur à l'époque de Gaius : il ne disparut qu'avec la manus elle-même lors de l'introduction à Rome du régime dotal : aussi n'en est-il point question dans la législation justinienne.

§ 3. — *De l'usus.*

Gaius nous peint en ces termes les principaux caractères de ce troisième mode d'acquérir la manus : « Usu in manum conveniebat quæ anno continuo nupta perseverabat : quæ enim velut annua possessione usucapiebatur, in familiam viri transibat, filiæque locum obtinebat : itaque lege duodecim tabularum cautum erat, si qua nollet eo modo in manum mariti convenire, ut quotannis trinoctio abesset, atque ita usum cujusque anni interrumperet; sed hoc totum jus partim legibus sublatum est, partim ipsa desuetudine oblitteratum est. » L'usus est donc une application du principe général de l'usucapion. On sait qu'à Rome, comme dans notre droit actuel, l'usucapion était un moyen d'acquérir la propriété d'une chose au moyen d'une possession plus ou moins longue et suivant certaines conditions : cette possession était sous la loi des XII tables de deux ans pour les immeubles et d'un an pour les meubles. « Usucapione dominium adipiscimur tam mancipi rerum quam nec mancipi. Usucapio est autem dominii adeptio per continuationem possessionnis anni vel biennii; rerum mobilium anni, immobilium biennii (*Ulp.*, XIX, 8). La femme était donc par l'usus plus encore que par la coemptio considérée comme une chose mobilière. De même que pour les *res in bonis* l'usucapion transformait la propriété des gens en *dominium ex jure quiritium*, de même l'usus donnait au mari qui conservait pendant un an la possession de sa femme les droits et prérogatives de la manus que ne lui attribuaient point le mariage et la simple cohabitation avec son épouse.

Quelle est l'origine de l'usus? Et d'abord, ce moyen d'acquérir la manus est-il contemporain de la confarreatio et de la coemptio; leur est-il postérieur? La question n'est pas tranchée d'une façon certaine, aussi ne peut-on pas dire avec certains auteurs qu'à aucune époque la manus n'existe comme conséquence immédiate et nécessaire du mariage : il n'est pas prouvé que les trois modes d'engendrer la manus aient toujours existé ensemble: l'usus est peut-être postérieur à la confarreatio et à la mancipatio.

Des auteurs prétendent que la théorie de l'usus fut imaginée pour régulariser le concubinat, le faire disparaître des mœurs et faire naître à sa place le *matrimonium justum*. Cette opinion ne nous paraît guère fondée en droit, car le concubinat quand le *justum matrimonium* était possible ne se distinguait de celui-ci que par l'intention (*Paul*, livre II, titre XX). Le concubinat ne devait se rencontrer que quand les justes noces n'étaient point possibles, or on sait que la manus ne pouvait exister que dans le *matrimonium justum* (G.., I, 111, 114). Le concubinat prolongé pendant un an ne pouvait donc dans ces cas faire naître la manus.

D'autres auteurs ont voulu attribuer l'origine de l'usus aux unions mixtes qui pouvaient se former entre les patriciens et les plébéiens, avant la loi des XII tables. Cette affirmation ne peut non plus nous convaincre : elle repose sur une erreur historique.

Nous savons aujourd'hui que, jusqu'au vote de la loi Canuleia en l'an 310 de Rome, c'est-à-dire bien après les XII tables, il n'y avait pas de connubium possible entre les patriciens et les plébéiens ; leur union ne pouvait donc être qu'un simple concubinat ne produisant ni patria potestas, ni manus. Du reste, pour fortifier notre assertion, nous avons les paroles du tribun Canuleius disant : « Quam enim aliam vim connubia promiscua habere, nisi ut ferarum prope ritu vulgentur concubitus plebis patrumque, ut qui natus sit ignoret cujus sanguis, quorum sacrorum sit. » (*Tite-Live*, IV, chapitre I-VI). Ce qui prouve bien qu'on ne pouvait obtenir dans ces unions ni manus, ni patria potestas

La véritable origine de l'usus est à notre avis celle que nous avons déjà donnée (page 31). Le mari dans la coemptio devait employer des formes solennelles, *certa verba*: se trompait-il d'un mot, la coemptio n'avait plus d'effet. Les plébéiens étant peu au courant de ces formules, l'usus leur était donc d'une réelle utilité. De même que l'usucapion ordinaire était un remède à la mancipatio qui n'avait pas été accomplie dans les formes voulues, de même l'usus le fut pour la coemptio, et ainsi l'ignorant plébéien put acquérir la manus sur son épouse, et empêcher le père de famille de réclamer sa fille en rompant à son gré un mariage qu'il lui avait fait contracter.

De même aussi que l'usucapion amenait à la propriété quiritaire des res mancipi qui avaient été simplement livrées sans les formalités de la mancipatio, de même l'usus procurait la manus quand la coemptio n'avait pas eu lieu. En un mot, il y a dans les deux cas une véritable analogie : le droit civil se prête ainsi lui-même à la réparation de ses propres iniquités et de ses insuffisances. La femme cependant ne tombera pas malgré elle sous la manus du mari. La loi des XII tables, d'après Gaius, donne à la femme un moyen d'échapper à cette autorité : de même que l'usucapion des objets matériels peut être interrompue, de même il est loisible à la femme d'empêcher la naissance de la manus, en interrompant la possession que le mari exerce sur elle. Que chaque année elle s'absente pendant trois nuits (trinoctium) du domicile conjugal, et la possession passée perdra tout son effet. Aulu-Gelle nous indique la manière de calculer ces trois nuits. « Quintum quoque Mucium jurisconsultum dicere solitum legi, non esse usurpatam mulierem, quæ Kalendis januariis apud virum causa matrimonii esse cœpisset, et ante diem quartum Kalendas januarias sequentis usurpatum esset. Non enim posse impleri trinoctium, quod abesse a viro usurpandi causâ ex duodecim tabulis deberet, quoniam tertiæ noctis posteriores sex horæ alterius anni essent, qui inciperet ex Kalendis. (*Aul. Gell.*, III, chap. II, § 12, 13).

Qu'on n'objecte pas que le mari pourra rendre vaine cette possibilité d'interruption de possession, en retenant de force son épouse dans le domicile matrimonial : Non. Car la possession deviendrait vicieuse, et, par suite, sans valeur. Voilà pourquoi le père de famille peut toujours interrompre l'usus en rappelant près de lui sa fille qu'il a gardée en sa puissance.

Quant au tuteur, peut-il également forcer la femme à user du trinoctium? Bien plus, dit-on, il est impossible que la femme en tutelle puisse tomber in manu par le moyen de l'usus car l'autorisation du tuteur, nécessaire aux actes de la femme *sui juris*, doit se donner *in ipso actu* : elle suppose la prononciation de paroles solennelles, ce qu'on ne peut concevoir dans l'usus. Tel est l'avis de Cicéron : « Usu non potuit, nihil enim potest de legitima tutela sine omnium tutorum auctoritate deminui. (Cic., *Pro Flacco*, 34).

Une autre opinion soutient la thèse contraire. Le tuteur, dit-on, n'a aucun pouvoir sur la personne de la femme : on comprend l'autorisation du tuteur quand il s'agit d'un acte de la femme, il est, par exemple, certain que la femme ne peut aliéner ses *res mancipi* sans l'autorisation de son tuteur. (G., II, 47). Mais ici, il ne s'agit que d'une simple inaction de la femme; le tuteur n'ayant aucun droit sur la personne de celle-ci, il ne peut empêcher l'usus de produire ses effets.

Cette opinion nous paraît beaucoup moins juridique que la première. Elle oublie que la manus est considérée par Gaius lui-même comme une res mancipi : « mancipi vero res sunt quæ per mancipationem ad alium transferuntur (G., II, 22).

L'usus qui rendait la femme semblable à une chose inanimée était trop odieux pour durer longtemps, il n'en est même plus question du temps de Gaius, et celui-ci nous dit qu'il a disparu sous les efforts du temps et des lois.

SECTION II. — EFFETS DE LA MANUS.

§ 1. — *Exposé et critique de l'opinion de M. Gide.*

Avant de parler des effets de la manus, il importe de connaître la nature et le caractère de cette institution. Jusqu'à ces derniers temps on avait universellement admis que la manus était une puissance domestique, analogue à la puissance paternelle. La manus, disait-on, a ceci de particulier qu'elle ne s'exerce que sur les femmes, mais c'est une puissance qui pèse à la fois et sur leurs personnes et sur leurs biens. Depuis quelques années, une nouvelle théorie s'est produite : cette théorie personnifiée dans son plus illustre soutien, M. Gide, a voulu renverser l'opinion admise sans contestation depuis tant de siècles. La manus, a-t-on alors affirmé, n'est pas une protestas proprement dite, c'est plutôt un droit à part différent de la puissance domestique, de la patria potestas, non pas dans ses détails, mais dans son essence même.

Pour discuter avec plus de précision cette opinion et rendre bien la force de son raisonnement, nous transcrivons ici l'argumentation si serrée de M. Gide (Condition de la femme, page 132 et s.)

« Cette différence consiste, si je ne m'abuse, en ce que la potestas a pour objet la personne même de l'enfant ou de l'esclave, au lieu que la manus, tout comme la tutelle, ne confère, par elle-même, aucun droit sur la personne de la femme et ne s'exerce que sur ses biens.

Gaius va me fournir la preuve de ce que j'avance : « Nous pouvons, dit-il, acquérir par nos fils ou nos esclaves, soit la propriété, soit même la possession. Nous pouvons également acquérir la propriété par les femmes qui sont in manu nostra ; mais il est fort douteux que nous puissions acquérir la possession par elles, car nous ne les possédons pas. » (*G.*, II, 89, 90). N'est-ce pas dire clairement que, la potestas frappant la personne et le corps même du fils et de l'esclave, tout ce qu'ils possèdent *corpore* est par cela même au pouvoir et en la possession du chef de famille, tandis que la manus, n'atteignant que le patrimoine de la femme et ne donnant aucun pouvoir sur sa personne, ne peut faire acquérir que ce qui entre dans son patrimoine et non pas ce qui est seulement possédé par elle ?

Une autre application de cette même différence, c'est que le père peut vendre son esclave ou son fils, ou, s'ils ont commis quelque dommage, les livrer en guise d'indemnité à la personne qu'ils ont lésée. Mais la femme in manu ne peut être ni vendue, ni cédée en réparation de dommage, ni donnée en adoption ; (*G.*, IV, 80). Le mari peut seulement lui donner un tuteur, car la tutelle, comme la manus, n'a que les biens de la femme pour objet. »

La conclusion de M. Gide est donc que, si le mari a des droits sur la personne de sa femme, il les tient du mariage lui-même. La manus n'ajoute rien à la puissance maritale; elle ne modifie point les rapports personnels des époux, mais seulement leurs intérêts pécuniaires.

Les arguments qu'on nous oppose sont sérieux, ils frappent tout d'abord l'esprit et semblent convaincants. Cependant, malgré la vigueur avec laquelle cette doctrine est exposée, nous ne pouvons lui donner notre adhésion, et persistons à regarder comme seule fondée l'opinion traditionnelle.

Et d'abord, avant de passer à la discussion des textes, nous mettons en avant un argument que M. Gide semble dédaigner, mais que nous regardons comme étant d'une grande force, c'est le sens étymologique du mot manus.

Ce mot, est d'après les commentateurs les plus autorisés, l'expression de la force matérielle en général : c'est, comme dit Ihering (II, p. 157), dans ce mot que se retrouve l'expression originaire pour désigner l'ensemble de la puissance du chef de la maison sur sa famille : personnes et choses (Plaute, *Mercator.*, II, sc. 3, v. 117).

La puissance paternelle, la puissance dominicale, la puissance sur les personnes (*mancipium*), la puissance maritale portèrent à l'origine ce nom générique de Manus (*Ortolan*, I, p. 78). Et cela se comprend facilement. Est-ce que dans les premiers temps de Rome, tout droit ne procédait pas de la force brutale? La manus est le signe, elle est l'instrument de cette appréhension matérielle. Le chef de famille a dans la main sa familia tout entière : un enfant sort-il de gré ou de force de cette puissance, il sort de la main du chef, *emancipatio*. Un esclave est-il affranchi, il est rejeté de la main du maître (*manumissio*). Un enfant sort-il de l'autorité paternelle pour être courbé sous un joug plus dur encore, il passe sous le *mancipium*.

Plus tard, sans doute, cette expression eut une portée plus restreinte : la puissance caractérisée par la manus ne s'appesantit plus que sur les femmes. Mais comment supposer que cette manus, d'abord synonyme de force et de puissance, ne veut plus rien dire de tout cela : comment croire que ce mot, qui embrassait autrefois dans ses acceptions l'ensemble des pouvoirs domestiques, n'a plus pour sens que celui d'un régime de biens plus ou moins étendu et n'a plus aucun rapport avec la personne? En vérité, ceci est malaisé à croire, et l'étymologie doit s'accorder difficilement avec le système de nos adversaires (Maynz, *Dr. romain*, III, § 109. — J. Christiansen, *La science de l'hist. du Dr. rom.*, I, p. 136 et s. — Rosbach, *Recherches sur le mar. rom.*, p. 14 et s.). Les raisons de douter sont d'ailleurs bien nombreuses et bien fortes.

1° Gaius nous apprend (I, 162) que la manus engendre la *minima capitis deminutio*. La manus doit donc logiquement faire naître un changement sur la personne, comme l'adoption, l'adrogation et la mancipatio qui entraînent également la minima capitis deminutio.

2° Si la manus n'avait pour résultat que de constituer une communauté universelle, pourquoi la confarreatio, la coemptio et l'usus? Si la femme est alieni juris, son père mancipera sa dot au mari; si elle est sui juris, elle le fera elle-même, avec l'autorisation du tuteur. Nous allons même plus loin : la confarreatio, la coemptio et l'usus ne se comprennent plus, ces cérémonies si compliquées n'ont plus qu'un effet contraire à leur institution, à leur caractère, si la manus ne produit qu'un pouvoir sur les biens de la femme.

Les rites sacrés de la confarreatio indiquent bien qu'il s'agit ici d'un changement de famille de la femme ; elle change de dieux, d'autels et de culte domestiques ; elle n'est plus soumise à la même personne : de l'autorité de son père, elle passe sous celle de son mari. De même pour la coemptio, le texte de Gaius n'est pas douteux.

Mais ce qui confirme encore bien plus notre opinion, c'est le caractère de l'usus. Sur quoi porte cette usucapion ? Est-ce sur les biens de la femme ? pas le moins du monde, c'est sur sa personne; et ce qui le prouve d'une façon irréfragable, c'est l'interruption de l'usus. Elle consiste dans le trinoctium : la femme pendant trois nuits retire de la possession du mari, ses biens? non, le mari peut toujours en disposer; mais, ce qu'elle lui enlève, c'est son corps, sa personne elle-même, preuve évidente que l'usus une fois accompli donne au mari, un droit véritable sur la personne de sa femme : le droit sur les biens de celle-ci ne lui est donné que par surcroît, et comme conséquence directe du droit qu'il possède sur la personne de la femme.

Ajoutons enfin que dans une foule de textes qu'il serait trop long d'énumérer ici, les jurisconsultes romains désignent la femme in manu sous le nom de *loco filiæ* : ils se seraient servis d'une expression bien impropre, pour ne pas dire fausse, si par suite de la manus le mari n'obtenait que la propriété des biens de la femme.

Passons maintenant à la discussion des textes qu'on nous oppose.

Le premier (G., II, 89, 90) ne nous semble guère probant. D'ailleurs Gaius ne paraît point sûr de ce qu'il avance (quæri solet). Si l'opinion de M. Gide était vraie, il faudrait dire que le mancipium assimilé par Gaius à la manus ne produit aucun effet sur la personne de l'individu qui y est soumis, ce qui n'est pas soutenable mancipatus deducitur in servilem conditionem (G., I, 123).

Paul du reste vient contredire Gaius : « Per eum in quo usumfructum habemus, possidere possumus, sicut ex operis suis adquirere nobis solet, nec ad rem pertinet, quod ipsum non possidemus, nam nec filium. » (*Dig.*, XLI, tit. II, loi I., § 8). Nos adversaires pousseront-ils le raisonnement jusqu'au bout; concluront-ils de ces textes que le patria potestas ne donne au père « qui *ne possède pas son fils* » aucun droit sur la personne de celui-ci ? Nous ne le pensons pas. (voy. M. Duverger, *Condit. polit. et civ. des femmes* (page 120, note 1). Le second texte qu'on nous oppose est encore de Gaius (G., IV, 80), il nous paraît moins probant encore. D'abord ce texte est mutilé, tout le monde le reconnaît; il a été reconstruit par deux commentateurs célèbres; le premier, Lachmann, donne une version favorable à l'opinion de M. Gide; il est ainsi conçu : « Quod vero ad eas personas quæ in manu mancipiove sunt, quotiens aut ex contractu aut ex maleficio earum ageretur, nisi..... in solidum defendantur, » etc.

Le second, Husehke (édition 1861), suivi par M. Giraud (novum enchiridion juris romani), appuie complétement notre opinion. Nous reproduisons le texte entier avec les parties qui sont les mêmes chez les deux commentateurs : « Hæc ita de his personis, quæ in potestate sunt, sive ex contractu, sive ex maleficio earum controversia sit; quod vero ad eas personas, quæ in manu mancipiove sunt, ita jus dicitur, ut cum ex contractu earum agatur, nisi ab eo, cujus juri subjectæ sint, in solidum defendantur, bona, quæ earum futura forent, si ejus juri subjectæ non essent, veneant. Sed cum rescissâ capitis diminutione imperio continenti judicio agitur, etiam cum ipsa muliere, quæ in manu est, agi potest. »

Il n'est plus ici question d'actions ex maleficio, et l'ensemble de ce passage, nous conduit même à penser que l'abandon noxal de la femme est autorisé.

Supposé même que ce texte fût contre nous, il ne serait encore d'aucun poids dans la controverse que nous discutons. On remarquera, en effet, que dans les textes de Gaius, comme dans ceux de Paul, il n'est point question d'abandon noxal de la fille. Ce serait donc par un pur privilége pour son sexe, et non point parce que le mari est dépouillé de tout droit sur sa personne que l'épouse in manu, lors du droit classique, ne serait plus soumise à l'abandon noxal.

En un mot, nous sommes absolument convaincus que comme les autres puissances domestiques, mancipium, dominica et patria potestas, la manus confère au mari des droits à la fois sur la personne et sur les biens de sa femme.

Nous nous sommes fort étendu peut-être sur cette controverse ; mais elle mettait en jeu la question de savoir si la manus rentrait oui ou non dans notre sujet; aussi avons-nous cru indispensable de la traiter à fond.

Nous pouvons donc diviser en deux parties les effets que produit la manus : 1° Sur la personne de la femme; 2° Sur ses biens. A proprement parler, cette partie ne rentre pas dans notre sujet; nous la traiterons néanmoins pour donner de la manus un aperçu complet.

§ 2. — *Effets de la manus sur la personne de la femme.*

La femme in manu est toujours assimilée dans les textes à une fille de famille. Elle est à l'égard du mari loco filiæ. De là, nous pouvons tirer un principe général, c'est qu'à part les exceptions qu'un texte précis nous fournira, la femme in manu doit être en droit considérée comme une fille, et avoir dans la famille la même situation juridique : « Filiæ loco incipit esse, nam si omnino, qualibet ex causa, uxor in manu viri sit, placuit eam jus filiæ nancisci. » Le père a donc sur elle les droits de la puissance paternelle. Il est bien entendu que, si le mari est lui-même en puissance, il ne jouira pas en fait des droits de la manus. Sans doute, les textes disent bien que la femme est in manu filii. (*G.*, II, 159; III, 3, *Ulp.*, XXI, 40). Mais le fils, à part les droits découlant du mariage lui-même, n'a guère entre ses mains qu'un pouvoir nominal. La puissance sur la femme du fils, comme sur la petite-fille de famille doit appartenir au père du mari, au paterfamilias. Cependant, plusieurs auteurs, entre autres Walter (*Hist. du dr. romain*, II, § 501), s'appuyant sur les textes précités, ont essayé de soutenir l'opinion contraire. Mais leur solution est évidemment en désaccord avec les principes généraux du droit romain. Gaius et Ulpien ont simplement voulu dire que le fils en puissance peut contracter un mariage avec manus, mais les droits dérivant de la manus seront l'apanage du paterfamilias : le mari n'en aura l'exercice que lorsqu'il sera devenu lui-même sui juris. Plusieurs textes, d'ailleurs, confirment notre opinion. (*Aulu-Gelle*, livre XVIII, chap. VI, § 9). — Loi 21, D. ad legem juliam de adulteriis : « In sua potestate videtur non habere qui non est suæ potestatis. »

Tel est le principe général qui régit la matière. La femme est loco filiæ : elle est par suite à l'égard de ses enfants comme une sœur agnate (sororis autem nobis loco est. *G.*, III, § 14).

Si nous descendons aux effets spéciaux de la manus sur la personne de la femme, nous sommes d'abord frappés par un fait tout particulier. La manus brise les liens de parenté légale qui rattachaient la femme à sa famille d'origine : son paterfamilias n'a plus autorité sur elle, sauf en cas d'adultère : (*Coll. leg.*, IV, chap. II, § 3). Désormais elle n'appartient plus qu'à une famille, celle de son mari.

Cette conséquence que beaucoup d'auteurs considèrent comme odieuse n'a rien cependant que de très-naturel, si l'on s'est bien rendu compte du caractère de la famille romaine primitive : cette famille, avons-nous dit, n'est pas une agglomération de parents, unis seulement entre eux comme dans notre droit par les liens du sang et de l'alliance : c'est un véritable petit état, réunissant en son sein tous les pouvoirs : judiciaire, religieux et domestique : la famille est essentiellement une. Quoi d'étonnant alors que de même qu'on ne peut appartenir à deux patries, on ne puisse appartenir à deux familles?

La femme *in manu* entre donc dans la famille de son mari : elle devient alors réellement sa compagne, *socia*, elle est soumise à sa juridiction, elle participe à ses sacrifices, elle a les mêmes dieux, le même culte, les mêmes autels (*Denys d'Halie.*, II, t. XXV). C'est vraiment au mariage suivi de manus qu'on doit appliquer la belle définition de Modestin : « Divini et humani juris communicatio (*Loi*, *I*, *D*, livre XXIII, titre II), » au point de vue du droit religieux, et du droit humain (pécuniaire) tout est commun.

Comme conséquence de ce que la femme est entrée dans la famille du mari, elle est soumise à la juridiction de celui-ci, au *jus vitæ et necis*, que le pater exerce comme juge sur tous les membres de la familia. On a soutenu que par lui-même le mari n'avait aucun pouvoir de juridiction sur son épouse, que non-seulement la coutume mais le *jus* lui-même subordonnaient ce droit de punir au concours du tribunal de famille. Jhering (tome II, p. 150 et suiv.) estime que c'est là une erreur : ce qui le prouve, dit-il, c'est l'absence de règles fixes dans la composition et la compétence de ce conseil de famille. Les tribunaux de famille, dit cet excellent auteur, naquirent de la coutume : institution peu précise, elle comprend tantôt des amis (*amici, necessarii*), tantôt des parents (*propinqui cognati*). Mais quels sont ces amis, jusqu'à quel degré peuvent être choisis les parents ? les textes gardent le silence.

L'omission de consulter ce tribunal, dans les cas où la convocation en était commandée, était une négligence qui tantôt rencontrait une désapprobation générale et des peines sévères, tantôt ne soulevait aucune réclamation.

Mais qui devait convoquer ce tribunal, qui prononçait le jugement ? Nous croyons qu'en général et conformément aux principes, c'était le mari quand la femme était *in manu*, et le père quand elle ne l'était pas, mais cette règle, dit encore Jhering, était loin d'être absolue. Ainsi par exemple, dans le cas cité par Cicéron (*De finibus*, I, 7) : c'est le père qui a donné son fils en adoption qui prononce la sentence, et les textes nous montrent que, lorsqu'il s'agissait d'une femme non soumise à la manus de son mari, celui-ci convoquait aussi souvent le tribunal que le père lui-même.

En résumé, il semble bien qu'à l'origine de Rome, le tribunal de famille n'existait pas : le mari jugeait alors la femme seul et sans appel.

Egnatius Metellus fit périr sous le bâton sa femme qui avait bu du vin, et personne ne l'en blâma (Valère Maxime). On connaît aussi ces paroles de Caton l'ancien : « Le mari est juge de sa femme, son pouvoir n'a pas de limites, il peut ce qu'il veut : si elle a commis quelque faute, il la punit, si elle a bu du vin, il la condamne; si elle a commerce avec un autre homme, il la tue (*Aul. Gel.*, livre X, chapitre XXIII). Plus tard, l'existence d'un tribunal de famille ne peut être mise en doute (*Tacite*, II, 50; XIII, 32; *Tite-Live*, XXXIX, 18).

1° Quant au droit de correction, il n'est pas douteux que le mari ne le possède amplement sur son épouse *in manu* : c'est une conséquence par *a fortiori du jus vitæ ac necis*. Bientôt cependant, comme en Grèce, les femmes eurent un protecteur naturel dans la personne des censeurs. (*Val. Max.*, II. IX, 2; *Pline l'anc.*, XIV, 14.)

2° Le mari peut aussi donner *in mancipio* sa femme *in manu*. La possibilité du fait ne peut être juridiquement considérée comme douteuse en présence des textes si affirmatifs de Gaius (I, §§ 117, 118, 123). La manus en effet procédait de la même idée que la puissance paternelle, d'une idée de souveraineté mélangée de propriété sur la femme comme sur le fils (Troplong, *Revue de législation*, XXI, 129). On comprend cependant que la coutume ait bientôt réprouvé ce droit non-seulement comme contraire au respect de la famille d'où la femme est sortie, mais aussi et surtout comme un outrage à la morale publique et à la sainteté du mariage (1).

3° Nous dirons la même chose pour l'abandon noxal dont nous avons déjà parlé (page 48). La fille était soumise à cet abandon, pourquoi y soustraire la femme *in manu* : n'est-elle pas *loco filiæ* ? Ce droit d'ailleurs disparut de fort bonne heure pour les femmes (*Inst. Jus*, IX, tit. VIII, § 7).

(1) On a soutenu qu'à l'époque où vivait Caton, le mari pouvait encore céder sa femme, et l'on s'appuie sur un texte de Plutarque (Hommes illust., trad. d'Amyot, vol. VI, Cat. d'Ut., § 35). « Caton, dit-il, céda sa femme Marcia à son ami Hortensius, qui l'en sollicitait avec insistance, et après avoir obtenu le consentement du père de sa femme. Hortensius étant mort, Caton reprit Marcia. » Mais l'historien qui raconte le fait sur la foi de Munatius, ami de Caton, trouve la chose « disputable et bien malaisée à soudre ».

4° Le mari n'a point sur la personne de sa femme *in manu* un droit de propriété, il n'a pas non plus sur elle, c'est du moins l'avis d'un grand nombre, un droit de possession, cependant le pouvoir qu'engendre la manus, analogue à la *patria potestas* est tel, qu'à l'égard du mari la femme est regardée comme une sorte de chose mobilière. Nous avons déjà mentionné ce fait en parlant de la *coemptio*, et de l'*usus*. Le père à l'époque du droit classique peut revendiquer son fils ou sa fille *in potestate* L. 1, § 2, *de rei vindicatione*).

Nul doute que ce droit ne s'étende à la femme *in manu*. Nous n'avons pas, il est vrai, trouvé de textes sur ce point; mais la situation de l'enfant en puissance et de la femme *in manu* n'est-elle point presque toujours analogue ?

Du reste, ce qui semble prouver l'exactitude de notre assertion, c'est que le mari a l'action *furti* contre qui lui a enlevé son épouse (G., III, 199). (Cette action est d'ailleurs également accordée au père de famille à qui on a ravi son enfant.)

Or, on sait qu'en principe, il ne peut y avoir vol que d'une chose *in commercio ;* une exception a été faite pour les personnes *in potestate*, et cette exception est fondée sur le préjudice matériel que le détournement cause au père de famille qui ne peut plus bénéficier du travail et des acquisitions de son enfant, ou de sa femme *in manu*. C'est également pour ce motif que la revendication a été accordée au père, pourquoi la refuser au mari qui se trouve dans les mêmes conditions que le père.

5° Quant à l'action d'injures qu'a le mari contre celui qui a insulté sa femme par paroles, actes ou autrement, la question est controversée de savoir si, à l'époque où la manus était en vigueur, le mari avait seulement cette action quand la femme était *in manu* ou dans toutes les hypothèses.

Le texte original de Gaius sur cette question délicate ne nous est point parvenu en entier. L'article (221, *Comm.*, III) tel qu'il a été retrouvé est ainsi conçu : « Pati a.... injuriam videmur non solum per nosmetipsos, sed et..... per liberos nostros quos in potestate habemus ; item per uxores nostras qua....: in manu nostra s...nt. » Lachmann rétablit ainsi le texte : « Pati autem injuriam videmur non solum per nosmetipsos, sed et per liberos nostros, quos in potestate habemus ; item per uxores nostras, quamvis in manu nostra non sint. » Huschke donne une version différente : « Pati autem injuriam etc...., item per uxores nostras, quæ in manu nostra sunt. »

La seconde interprétation nous semble meilleure : d'abord elle n'ajoute pas une négation qui ne se trouve point dans le texte authentique. De plus la concordance de la phrase nous semble meilleure. Le texte ne parle que des personnes qui sont sous l'autorité du père de famille : ce sont les enfants in potestate, et les femmes in manu.

La femme qui n'est pas in manu est une étrangère à la famille ; il semble que le mari doive être moins blessé des injures qui peuvent lui être adressées.

Plus tard, sans doute, le mari eut toujours l'action d'injures contre l'insulteur, mais alors il n'y a plus de manus, et la position de la femme est bien changée dans la famille : le droit l'entoure de protection, les conditions ne sont donc plus les mêmes.

Comme dernier effet de la manus sur la personne de la femme, nous citerons le droit qu'a le mari de donner un tuteur à sa veuve (*Tite-Live*, XXIX, 19 ; — *G.*, I, § 148 et s.).

On a encore tiré argument de ce droit pour dire que la manus n'a d'effet que sur les biens ; car, dit-on, le tuteur n'a point de droits sur la personne de la femme, il n'a autorité que sur ses biens. Sans doute, mais on oublie qu'à Rome, la femme n'est pas comme dans l'Inde sous un assujettissement perpétuel quant à sa personne : son mari mort, la femme in manu devient sui juris, le mari ne peut donc léguer à un autre le droit qu'il avait sur la personne de son épouse. La femme devant être en tutelle perpétuelle, le mari avant de mourir lui donne un tuteur, ou lui donne le droit plus ou moins étendu d'en choisir un (optio plena vel angusta).

Nous ne parlerons pas ici des droits du mari en matière d'adultère et de divorce ; comme nous devons retrouver ces deux faits aux différentes époques du droit romain, pour ne pas diviser l'étude de ces questions si importantes dans toute législation, nous croyons préférable d'en donner un aperçu complet dans un chapitre distinct.

§ 3. — *Des effets de la manus sur les biens de la femme.*

Les effets que la manus produit sur les biens de la femme sont multiples. Ils découlent cependant d'une source commune, c'est que par suite de la manus la femme change de famille. Est-elle alieni juris, elle quitte la famille de son père pour entrer dans celle de son mari. Est-elle sui juris, la famille dont elle est *et caput et finis*, disparait pour se confondre dans la famille du mari. Le premier et principal effet que produit ce changement de famille est la minima capitis diminutio, que subit la femme. Nous n'entreprendrons point ici d'expliquer ce qu'on entend à Rome par capitis diminutio (*G.*, III, 82-83). Qu'il nous suffise de dire que c'est un changement d'état qui se produit dans une personne, changement qui est plus ou moins grand (maxima, media, minima capitis deminutio) suivant que cette personne perd la liberté (maxima), le droit de cité (media), ou change de famille (minima). Quelques auteurs cependant, parmi lesquels nous remarquons M. de Savigny (*Dr. rom.*, tome II, append. VI), nient qu'il se produise une capitis deminutio dans la personne de la femme quand, avant la manus, celle-ci était alieni juris, filia familias. Il n'y a là, disent-ils, aucune diminution de capacité, et la femme in manu étant tout à fait assimilée à la fille de famille, jouit des mêmes droits et prérogatives, est soumise aux mêmes obligations que cette dernière : de plus, dit-on, les formes employées pour arriver à la « in manum conventio » n'impliquent aucune dégradation préliminaire comme l'émancipation et l'adoption.

Ces auteurs, à notre avis, se trompent grandement. La capitis deminutio n'est pas, comme ils paraissent le croire, une *déchéance* d'état, mais bien plutôt un *changement* d'état. Sans doute, le plus souvent, la capitis deminutio amoindrira, anéantira même la capacité de la personne, mais il est possible aussi que cette capacité ne soit que transformée, et même que cette transformation se résolve pour la personne en une condition de fait meilleure, en une capacité juridique plus pleine (*Accarias*, 2ᵉ éd., tom. I p. 381).

Nous avons du reste à l'appui de cette opinion des textes

indiscutables (*Ulp.*, XI, § 13, *Paul*, Loi 11, de cap. demin.; Loi 3, pr. D. de cap. dem.; *G.*, III, 81).

La femme passe donc dans la famille de son mari; elle reste ou devient alieni juris. On doit donc appliquer ici un principe aussi ancien que le droit romain lui-même, à savoir que les personnes alieni juris sont incapables d'avoir un patrimoine, et qu'elles servent d'instrument d'acquisition à ceux qui les tiennent en leur puissance (*Inst.* livre II, titre IX, pr). Une succession universelle des biens de la femme s'ouvre donc au profit du mari. N'allez pas croire pour cela que l'actif et le passif passent ainsi ipso jure de la tête de la femme sur celle de son époux. Non; par suite de ce qu'elle a subi la cap. deminutio, l'ancienne personne juridique de la femme s'est évanouie. De là les conséquences suivantes: tous les droits, créances et dettes *attachés à la personne de la femme* disparaissent. Pour l'actif ne tombent sous cette règle que les droits d'usufruit et d'usage, ainsi que les jura patronatus, et les droits déjà déduits en justice, quand le judicium est legitimum (*G.*, III, 83). Quant au passif, les dettes résultant d'un délit subsistent toujours (D. IV, 5; loi 2, § 2). Mais les dettes s'éteignent ipso jure, loi 2 § 32 et 3 de cap. demin.). Telles étaient les règles du pur droit civil; mais le droit prétorien réagit contre un tel état de choses, et vint au secours de l'équité. Les droits d'usufruit et d'usage cependant ne survécurent que depuis la réforme de Justinien (*Inst.* III., titre IX, § 1).

Pour les dettes, le prêteur, par une clause générale de l'édictum perpetuum, donna aux créanciers une action utile, dite *ficticia*, consistant à tenir la capitis deminutio pour non avenue, ou du moins à rescinder ses effets dans les rapports du créancier et du débiteur. « Introducta est contra eum eamve actio utilis, rescissa capitis deminutione, id est, in qua fingitur capite deminutus deminutave non esse (*G.*, IV, § 38).

On ne peut à Rome appartenir à deux familles; aussi en passant sous la main du mari, la femme voit se rompre pour elle tous les liens légaux de l'agnation qui la rattachaient à sa famille d'origine: elle perd donc tout espoir de venir à une succession quelconque dans cette famille. La cognation seule subsiste, mais dans les premiers temps cette parenté à peine reconnue par la loi ne produit que des effets de peu d'importance. Plus tard, le préteur, pour corriger cette iniquité, permit à la femme in manu d'invoquer la bonorum possessio unde cognati, et dans certains cas la bonorum possessio unde liberi. Mais le cas est douteux de savoir si les manus existaient encore pratiquement quand les bonorum possessiones furent organisées comme véritable système successoral.

Par une compensation analogue, la femme qui a perdu ses liens d'agnation dans la famille de son père, voit naître pour elle des droits analogues dans la famille de son mari; elle devient l'agnate des agnats de celui-ci; en un mot, elle occupe dans la nouvelle famille, la place qu'elle tenait dans la première; n'est-elle pas loco filiæ?

De là, entre elle et les agnats de son mari un droit de succession réciproque que le jus civile n'admettait pas en dehors de la manus.

De là une foule de conséquences qu'il suffit d'énumérer (*G.*, III, § 14; II § 159; *Ulp.*, *frag.*, titre XXII, § 14). Elle est heres sua et necessaria du pater familias : aussi, est-elle omise ou exhérédée, elle jouit de tous les droits accordés à la fille de famille (*G.*, II, §§ 124 et s.). Elle viendra à la succession de ses enfants, comme une sœur et, au même titre, pourra leur faire parvenir les biens qu'en se mariant elle a apportés dans sa nouvelle famille. Le mari a-t-il fait un testament avant l'acquisition de la manus, l'agnation de la femme amènera la rupture de ce testament (*Ulp.*, XXIII, § 3; *G.*, II, 139) etc., etc.

Dans un autre ordre d'idées, la femme est encore traitée comme une fille. Ses biens présents et à venir appartiennent à son mari et en vertu de la successio per universum, qui s'ouvre au profit de celui-ci (*G.*, III., 82-83; IV, 80; *Ulp.*, XI, § 13).

Incapable d'avoir des biens, elle ne peut en acquérir; toutes ses acquisitions par travail ou autrement, à titre gratuit ou onéreux appartiennent au pater. (*G.*, II, 86-90 et 163).

On a nié que la femme pût avoir un pécule. Pourquoi lui refuser ce droit qu'a toute fille de famille avec l'autorisation du pater?

Un texte de Plaute implique bien pour la femme la possibilité d'avoir un pécule.

Peculi probam nihil habere addecet
Clam virum. (Plaute, *Casina*, acte II).

Le mari peut-il acquérir la possession comme la propriété par l'intermédiaire de sa femme in manu?

On a soutenu la négative, et l'on s'est appuyé sur un texte de Gaius (II, § 90) que nous avons déjà discuté. Mais cet argument ne porte pas; car, outre que Gaius n'est pas absolument affirmatif, son assertion est contredite par un texte de Paul, et Justinien dans ses Institutes professe la même opinion que ce dernier (Per quas personas nobis adquiritur § 5).

Telle est la condition juridique de la femme in manu.

Le mari est donc pour l'épouse un chef et un juge, et à ses yeux, celle-ci légalement n'est qu'une fille.

Ne considérant que cette autorité presque sans limites que la loi donne au mari sur la personne de la femme in manu, s'inspirant des exemples de sévérité féroce que rapportent les historiens (Tite-Live, Tacite, Valère-Maxime, etc.), la plupar des commentateurs regardent la puissance maritale de l'ancienne Rome comme la plus odieuse des tyrannies.

M. Michelet a éloquemment exprimé cette idée dans une page que nous citons (*Hist. rom.*, I, 36).

« Au foyer domestique siégent deux divinités, le Lare, génie « muet des anciens possesseurs, dieu des morts, et le père de « famille, possesseur actuel, génie actif de la maison, dieu « vivant pour ses enfants, sa femme, et ses esclaves. Ce nom « de père n'a rien de tendre, il ne désigne à cette époque que « l'autorité absolue. Ainsi tous les dieux, même ceux des « morts, sont indiqués sous le nom de pères. Quelque nom- « breux que soit le cercle de la famille autour du foyer, je « n'y vois qu'une seule personne, le père de famille. Le vieux « génie de la famille barbare est un génie farouche et solitaire. « Les enfants, la femme, les esclaves sont des corps, des cho- « ses, et non des personnes. Ils sont la chose du père, qui peut « les battre, les tuer ou les vendre. La femme est la sœur de « ses fils. Dès que, selon l'ancien usage, le fer du javelot a « partagé les cheveux de la fiancée, dès qu'elle a goûté au gâ- « teau sacré (confarreatio), ou que l'époux a compté au beau- « père le prix de la vierge (coemptio), on lui dicte la formule: « ubi tu Caius, ego Caia » ; on l'enlève, elle passe, sans le tou-

« cher des pieds, le seuil de la maison conjugale, et tombe, « selon la forte expression du droit, in *manum* viri : son mari « est son maître et son juge ».

Tel n'est pas notre avis ; nous ne voulons point qu'on puisse nous appliquer le mot de M. Gide : « les plaintes sur le triste sort des femmes in manu mariti sont le refrain perpétuel de toutes les thèses des docteurs en droit sur ce sujet. » (*Gide*, p. 125, note).

Sans doute, les vieux Romains avaient juriquement tous les moyens possibles de rendre odieuse l'autorité que la loi leur donnait sur la personne de leurs femmes, mais ils n'usèrent pas, ou usèrent peu de leurs droits. Valère Maxime, (II, chap. 1), nous donne la preuve de ce que nous avançons : « Quoties vero inter virum et uxorem, aliquid jurgii intercesserat, in sacellum deæ viriplacæ quod est in Palatio, veniebant : et ibi invicem locuti quæ voluerant, contentione animorum deposita, concordes revertebantur. » N'est-ce point un tableau plein de grâce et de fraîcheur ? Il serait peut-être à souhaiter que bien des époux en France usassent d'un moyen si facile de faire renaître l'accord dans le ménage. Du reste, à cette époque, toute femme, à raison de son sexe, devant être placée sous la protection d'un homme, la manus mariti paraissait être le mode de protection qui répondait le plus naturellement au but moral du mariage. (*Marezoll. Hist. du dr. romain*, page 159). De plus, au point de vue des biens, la manus était le seul moyen donné à la mère de faire passer sa fortune propre à ses enfants, et réciproquement de venir à leur succession.

Non, la manus n'était pas une tyrannie. Le Romain ne connaissait que la monogamie, et, à l'origine, du moins, il ignore en fait ce qu'est le divorce. Dans ces conditions, la femme ne pouvait qu'être honorée et respectée. Tout était alors commun entre les époux : « Nihil conspiciebatur in domo dividuum... sed in commune conspirabatur ab utroque, ut cum forensibus negotiis matronalis industria rationem parem faceret (*Columelle*, XII, 2). Contrairement à ce que nous avons vu chez les Athéniens, la femme romaine in manu trouve estime et considération au foyer domestique : seule elle est appelée du titre honorifique de materfamilias (*Gell.*, livre XVIII, chap. VI, in fine). L'outrage fait à Lucrèce chasse les rois de Rome, et fonde la république; la séduction de Virginie fait disparaître les décemvirs. La mère de Coriolan et la mère des Gracques se voient comblées d'honneurs par leurs contemporains; enfin, la tombe elle-même nous montre combien, dans les premiers temps de Rome, la femme était honorée et aimée par son mari :

Suam. maritum. corde. dilexit. suo.
Domum. servavit. lanam fecit (Mommsen, *Corp. inscrip.*, 100,007.)
. . . .
Hic sita est Amymone Marci
Optima, pulcherrima, lanifica,
Pia, pudica, frugi, casta, domiseda (*Sepulchralia*).

SECTION III. — CAUSES D'EXTINCTION DE LA MANUS.

Les causes d'extinction sont les mêmes pour la manus que pour la puissance paternelle, sauf pourtant quelques différences que nous verrons plus loin.

Voici la rapide énumération de ces causes d'extinction:

1° Nous avons en premier lieu la mort, soit du mari, soit de la femme;

2° La perte de la civitas ou de la libertas également pour le mari ou pour la femme;

3° La manus s'éteint encore par la mancipation et l'abandon noxal de la femme à un tiers.

Il nous reste deux modes propres à la manus qui demandent quelque explication : le divorce et la remancipation.

1° Nous n'avons pas ici à faire l'historique du divorce qui trouvera sa place plus loin.

Quand le mari ou la femme veut divorcer, la manus ne disparaît pas d'elle-même; il faut, pour l'anéantir, une cérémonie spéciale qui diffère suivant que la manus a été contractée confarreatione, coemptione ou usu. Si l'on a employé la confarreatio, une cérémonie analogue, la diffarratio est nécessaire pour faire tomber la potestas du mari. Quelle est cette cérémonie, nous ne le savons pas. Plutarque nous dit seulement qu'elle était accompagnée de paroles et de rites effrayants, sans doute pour apaiser le courroux des dieux irrités de la rupture du mariage (Plutarq., quest. rom., 50). Si la manus a été produite par la coemptio ou par l'usus, il est probable qu'une mancipation suivie d'affranchissement devra la faire disparaître.

2° La remancipation. Gaius la mentionne (I, § 137), mais ce texte ne nous est parvenu qu'en partie; pour savoir ce qu'est la remancipation, il faut recourir à Festus v°, remancipatum. La remancipation est, suivant Ælius Gallus, la manière de faire cesser la manus; elle transforme la manus du pater en tutelle fidei-commissaire au profit du mari. Enfin la remancipation est surtout employée dans la coemptio fiduciaire dont parle Gaius (I, § 114, 195).

Il nous reste à dire quelles furent les causes de la disparition de la manus, et l'époque de cette disparition. Quant aux causes, elles sont multiples, il suffira d'en faire une énumération succincte.

1° La manus enlève à la femme la qualité d'agnate dans sa famille; elle perd donc l'espérance des hérédités qui auraient pu lui échoir de ce chef.

2° Si la femme est sui juris, il peut lui déplaire de devenir fille de famille, et d'un autre côté, les agnats tuteurs doivent souvent refuser l'autorisation nécessaire, car ils perdent par la manus l'espérance d'une succession. Il en est de même du père si femme est alieni juris.

3° La manus a dû devenir rare quand les divorces se multiplièrent, car, à l'origine, les biens de la femme in manu font partie intégrante du patrimoine du mari, et avant la mort de celui-ci, la femme ne peut redemander, même une partie de ses biens (Tacite, ann. IV, 16).

4° Adrien porte un dernier coup à la manus, en donnant à la mère le droit de succéder à ses propres enfants, comme mère et non plus comme sœur agnate.

5° Il faut enfin tenir compte de l'adoucissement des mœurs et du principe d'égalité entre époux qui commença à se faire jour dans les premiers siècles de l'empire.

6° Enfin, la cause la plus importante peut-être, fut l'apparition du régime dotal.

Quand les divorces commencèrent à devenir fréquents, on sentit la nécessité de restreindre les droits du mari sur les biens de la femme, et alors s'introduisirent les actions en restitution de dot connues sous le nom de cautiones et actiones rei uxoriæ, ex stipulatu.

Le père ou le tuteur stipulèrent d'abord la restitution de la dot donnée à la femme en cas de divorce ; plus tard, cette action fut étendue au cas de prédécès du mari, et de formelle qu'elle était d'abord, cette stipulation finit par devenir tacite. C'était l'avénement du régime dotal que nous étudierons bientôt. Dès lors, la manus perdant ses effets principaux n'avait guère plus de raison d'être. (Conf. *Aul. Gell.*, livre IV, chap. III).

A quelle époque disparut la manus? On ne saurait le dire d'une façon certaine.

La confarreatio n'existait plus que de nom sous Tibère (Ann. IV, 16, *Tacite*) et le sénat, afin de pourvoir au recrutement des Flamines majeurs permit la confarreatio ad sacra, c'est-à-dire ne produisant plus d'effets civils. (*G.*, I, 136). Gaius (I., 113, 114) parle encore au présent de la coemptio ; cependant il est à croire que les motifs qui firent tomber la confarreatio en désuétude, eurent encore plus de force sur la coemptio qui, elle, ne donnait pas en perspective, comme compensation, les honneurs du Flaminat pour les enfants.

Quant à l'Usus, les lois et la coutume en avaient fait justice dès l'époque de Gaius.

La manus n'existait probablement plus pratiquement sous le règne d'Adrien, sans cela la décision que nous avons mentionnée comme due à ce prince ne s'expliquerait que difficilement.

APPENDICE.

De la manus fiduciæ causa.

Nous avons parlé jusqu'ici de la manus matrimonii causa.

Nous trouvons dans les textes un autre genre de manus qui ne nous arrêtera qu'un instant, car elle n'a plus aucun rapport avec la puissance maritale, c'est la manus fiduciæ causa. Ce genre de manus ne s'établit que par la coemptio et sur la femme sui juris, et le coemptionator s'engage à remanciper aussitôt la femme à une personne qui l'affranchira par suite d'un contrat de fiducie.

La manus fiduciæ causa a lieu dans trois hypothèses :

1° *Testamenti faciendi gratia.* Cicéron nous indique le motif de la coemptio : « Si ea mulier testamentum fecit quæ se capite nunquam deminuit, non videtur ex edicto prætoris secundum eas tabulas possessio dari (Topiq. 4), (Conf. *G.* 115).

2° *Tutelæ evitandæ causa.* (*G.*, I. 115). Une femme désire avoir un tuteur de son choix. Avec l'autorisation de son tuteur actuel, la femme se mancipe à un tiers, lequel la remancipera à un homme désigné par la femme. Celui-ci, après l'avoir émancipée, devient pour elle un tuteur fiduciaire.

3° *Interimendorum sacrorum causa.* On sait que le culte domestique est à Rome l'accompagnateur obligé du patrimoine. Une femme est appelée à une hérédité; pour se débarrasser des sacra du défunt qui la gênent, elle fait coemptio avec un vieillard qui devient héritier par elle. Puis, il affranchit la femme, et lui rend les biens compris dans l'hérédité. Toutefois, d'après la règle romaine, le successeur du de cujus, l'héritier véritable, est toujours le vieillard ; il aura donc la charge des sacra ; mais il est déjà avancé en âge, et par sa mort le culte domestique qu'a refusé la femme ne tardera pas à disparaître.

CHAPITRE III.

Du mariage libre.

On ne saurait dire à quelle époque le mariage libre s'est introduit à Rome. On trouve sur ce point dans les auteurs une grande diversité d'opinions. Les uns pensent que cet usage fut permis par la loi des XII tables (*Revue de législation*, tome XLIII, p. 15) et mis en vigueur par les décemvirs. Nous ne le croyons pas, car il n'y avait pas de raison de diminuer alors la puissance maritale, et ces lois sont loin d'être favorables à la femme. Gaius du reste semble bien nous indiquer par l'interruption de l'usus que le mariage libre existait auparavant.

Une autre opinion, tout en adoptant la même date veut voir dans cette nouvelle forme de mariage un emprunt fait aux lois de Solon (*Ginoulhac. De la dot*, p. 86.) Cette opinion ne nous satisfait pas non plus. On croit généralement aujourd'hui que l'ambassade envoyée à Athènes n'a existé que dans l'imagination des historiens. (*Giraud. Hist. du dr. romain.*)

On sait d'ailleurs que les décemvirs innovèrent fort peu, ils se contentèrent de rédiger en forme de lois, des coutumes déjà sanctionnées par l'usage (*De orig. juris*, D. loi 2, § 3).

Pour nous, nous regardons le mariage libre comme une institution coutumière antérieure à la loi des XII tables. Son apparition dans la législation romaine est probablement due à deux causes aussi anciennes que Rome elle-même : 1° La volonté du père de conserver sur sa fille la puissance paternelle ; 2° le désir d'empêcher les biens de sortir de la famille agnatique. Le père ou les agnats sous le rapport pécuniaire avaient, comme nous l'avons expliqué, un grand intérêt à ce que la fille ne tombât pas *in manu*.

On dit communément que, dans le mariage libre, la femme restant dans sa famille d'origine n'est qu'une étrangère pour son mari et pour ses enfants ; et l'on ajoute que le droit romain a mal résolu le problème de la coordination des rapports de la femme et du mari ; car tantôt, il l'absorbait dans la famille du mari, comme fille, et tantôt il la laissait étrangère et complétement indépendante de son époux (M. Labbé, à son cours). Cette doctrine nous paraît vraie dans son ensemble, mais il ne faut pas la pousser jusqu'aux dernières conséquences. Sans doute, en dehors de la manus, la femme est quasi-étrangère dans la famille de son mari. « Ego sum hic hospita », dit la fille de Cicéron (*Epist. ad Attic.*, VI, 189). Mais il ne faut pas conclure de là comme le font presque tous les auteurs, que la femme soit complétement indépendante de l'autorité maritale. Il faut nécessairement entre les deux conjoints une certaine puissance de l'un sur l'autre. Chez les Romains, comme chez presque tous les peuples, l'homme domine la femme, car, comme disent leurs jurisconsultes : « Major dignitas est in sexu virili » (Dig., livre I, titre IX, loi 1).

La femme doit à son époux le respect que l'inférieur doit à son supérieur (*Dig.*, livre XXIV, titre III, loi 14, § 1),

Sexus uterque potens, sed prævalet imperio mas (Ausone).

En un mot, le mari a sur la personne de sa femme tous les droits qui sont une conséquence directe et nécessaire de l'état de mariage.

Avant d'en venir à l'étude des textes, il est bon de faire ici une observation, c'est que tous les droits que nous allons étudier appartiennent également au mari investi des prérogatives de la manus, car ces droits découlent du mariage lui-même.

En règle générale. un principe domine la matière, c'est l'obéissance et le respect de la femme pour le mari : les bonnes mœurs le veulent (Loi 14 § 1 D, liv. XXIV, titre III).

La femme doit rendre aussi à son mari certains services (operarum exactio). Quels sont ces services, la loi ne le dit pas (D., livre XXXVIII, titre II, loi 48 pr.); ce sont probablement des services domestiques, la direction du ménage, le soin de la maison, etc.

Comme dans notre législation actuelle, la femme a de par la loi le même domicile que son mari (*Dig. ad municip.*, loi 38, § 3).

Comme conséquence, la femme doit suivre son mari partout où il lui plaira d'habiter (l. 65, in fine, de judiciis) sauf cependant s'il est condamné à l'exil (*Arg.*, loi 22. C. de pœnis).

Le mari peut-il *manu militari* forcer sa femme à rentrer au domicile conjugal? La question est fort controversée dans notre droit (voy. p. 145 et s...). Nous ne trouvons dans le droit romain aucun texte qui donne au mari cette faculté. Plaute semble même affirmer le contraire :

> Uxor vero si clam egressa est foras
> Viro fit causa; exititur matrimonio.

Ce n'est donc pour le mari qu'une juste cause de divorce.

Quant à la dette d'aliments, elle est réciproque. Ce n'est pas, à proprement parler, un droit du mari sur la femme (D. solut. matrimon. loi 22 § 8).

Enfin, en vertu d'un mandat tacite, le mari a le droit de représenter sa femme en justice (Loi 21 de procurat.).

Un point important est à remarquer dans le mariage sine manu, c'est que l'autorité du mari pourra se trouver en opposition, avec la puissance paternelle, si la femme est alieni juris, avec les droits du tuteur, si la femme est sui juris. Nous n'avons pas à nous occuper de la seconde hypothèse, car le conflit ne pouvait s'élever qu'au sujet des biens. Mais il n'en était pas de même à l'égard du père. Celui-ci ayant conservé sur sa fille les droits et les prérogatives de la puissance paternelle, pouvait à son gré la rappeler près lui, et rompre ainsi le mariage le plus heureux. Les poëtes comiques font apparaître en maints endroits ce père dénaturé.

> O dignum facinus ! Adolescenteis optumas,
> Bene convenienteis, et concordeis cum viris,
> Repente viduas faciat spurcities patris (Afranius),
> Tantas viris qui absentibus nostris facit
> Injurias immerito, nosque abducere
> Ab iis volt.... (Plaute, *Stichus*, I, 1).
> Cur talem invitum invitam cogis linquere, etc., (*Cic. ad Herenn.* II, 24).

Un tel état de choses devait paraître intolérable, mais les Romains avaient un si grand respect pour la puissance paternelle, que ce droit exorbitant du père ne disparut que sous l'empire ; Paul nous apprend qu'Antonin le Pieux défendit aux pères de rompre le mariage de leurs filles, si l'union était bien assortie, bene concordans matrimonium (*Sent. Paul*, livre V, titre VI, § 15). Et l'on donna au mari pour reprendre sa femme l'interdit de uxore exhibenda « imo magis de uxore exhibenda ac ducenda pater etiam, qui filiam in potestate habet, a marito recte convenitur. (Loi 2, *D. de liberis exhibendis*).

Le père, dès lors, ne conserva plus ce droit que pour des causes graves ou quand la fille, étant atteinte de folie, ne pouvait elle-même manifester sa volonté. (Loi 4, *D. de divortiis*).

Quant au régime des biens, le mariage libre se caractérise d'un mot, il y a indépendance absolue entre les deux patrimoines du mari et de la femme.

Tels sont les droits qu'a le mari sur la personne de sa femme en dehors de la manus.

Le mariage libre dura jusqu'à la fin de la législation romaine; mais son caractère changea peu à peu. D'exception qu'il fut d'abord, quand la manus était en vigueur, il prit peu à peu une extension plus considérable; dès le règne d'Adrien, il subsista seul. Le mariage libre prit alors le nom de régime dotal.

DEUXIÈME PARTIE

Régime dotal.

Le régime dotal ne fut pas une innovation de la loi, mais bien plutôt une création de la coutume. La dot naquit avec la désuétude de la manus, et remplaça, par l'attribution volontaire d'une partie des biens de la femme, la dévolution générale, successio in universum jus), que la manus entraînait avec elle.

Le régime dotal est au fond une sorte de compromis entre deux extrêmes, entre le mariage avec manus, et le mariage libre. On corrige la manus en enlevant au mari la juridiction qu'il avait sur son épouse, en ne lui donnant qu'une partie des biens de celle-ci; on améliore le mariage libre en n'isolant plus complètement les intérêts pécuniaires des deux époux.

Le mari est d'abord propriétaire absolu de la dot, il ne la restituera même pas après la dissolution du mariage, *dotis causa perpetua est.* Mais bientôt, les divorces deviennent fréquents, les mariages ne sont plus bien souvent qu'une spéculation pécuniaire, et il est indispensable que la femme ait les moyens nécessaires pour récupérer sa dot, afin de pouvoir se remarier « interest reipublicæ mulieres dotes salvas habere, propter quas nubere possint. » (Loi 2 D. de jure dotium). Nous ne nous étendrons point longuement sur cette question qui n'est pas de notre compétence; il nous suffira de dire :

1° Que les cautiones et actiones rei uxoriæ rendirent la femme créancière contre le mari de la valeur de la dot, en cas de survivance ou de divorce (*Aul.-Gell.*, livre IV, chap. III).

2° La loi Julia, de fundo dotali, défend au mari d'aliéner ou d'hypothéquer l'immeuble dotal, sans la permission de la femme.

3° Enfin Justinien, surnommé pour ce motif imperator uxorius, complète et exagère même les garanties données à la femme pour la conservation et la restitution de l'apport dotal. (*Inst.*, livre II, titre VIII pr.; livre IV, titre VI, § 29; Loi 30 C. de jur. dot.; Loi 1 C. de rei uxoriæ actione.)

En définitive, le mari n'eut guère plus d'autre droit sur la dot, que l'administration et la perception des fruits. Quoi d'étonnant qu'avec ce fantôme de pouvoir du mari sur la dot, et encore la femme pouvait le faire disparaître à son gré par le divorce, quoi d'étonnant que l'autorité maritale se soit affaiblie de jour en jour pour ne bientôt plus exister qu'à l'état de souvenir? Une femme dotée, ce n'est plus l'épouse obéissante et fidèle, pia, lanifica, domiseda, c'est l'égale ou plutôt la supérieure de son mari.

Les textes qui affirment ces faits sont nombreux et précis,

> ...Quæ indotata est, ea in potestate est viro;
> Dotatæ mactant et malo et damno viros.
> (Plaute, *Aulul.*, IV, 5.)
>
> Argentum accepi : dote imperium vendidi.
> (*Asinaria*, V, 74).
>
> Viros subservire
> Sibi postulant, dote fretæ, feroces (*Menechmes*).
>
> Uxorem quare locupletem ducere nolim
> Quæritis; uxori nubere nolo meæ (*Martial*, VIII, 12).
>
> Intolerabilius nihil est quam femina dives.
> (Juvénal, *Satire*, VI.)

Le pouvoir du mari sur la personne de la femme, cette autorité autrefois si forte et si respectée, n'était donc plus pour la matrone romaine qu'un objet de dérision et de mépris. En vain porte-t-on contre le luxe et l'arrogance des femmes les lois les plus sévères, en vain s'efforce-t-on de réprimer les débordements de leurs vices; il était trop tard! La démoralisation était à son comble. Le Christianisme seul pouvait tirer la femme de l'état d'abandon, de dégradation et de désordres dans lequel elle était tombée; seul il pouvait relever le mariage, lui imprimer un caractère vraiment moral, et faire de lui un type idéal de société, berceau de la famille et des vertus domestiques. Une religion divine seule pouvait arriver à un tel résultat. Le Christianisme a pleinement atteint ce but, c'est là son éternel honneur.

Du divorce et de l'adultère.

Nous avons vu en un rapide tableau les droits, ou plutôt les débris des droits du mari sur la personne de la femme, sous le régime dotal.

Il nous reste maintenant à étudier, à travers la législation romaine, deux faits très-importants, dont nous n'avons pas voulu diviser l'étude : nous avons nommé le divorce et l'adultère.

I. *Du divorce.* — S'il faut en croire Denys d'Halicarnasse (II) Valère Maxime (II, 1) et Aulu-Gelle (IV, 3), le divorce, bien que permis dès les origines de la législation romaine, ne fut point pratiqué pendant de longs siècles ; et d'après ces auteurs, ce fut seulement plus de cinq cents ans après la fondation de Rome qu'eut lieu le premier divorce, celui de Sp. Curvilius Ruga, qui répudia sa femme pour cause de stérilité. Les censeurs lui avaient fait promettre qu'il épouserait une femme pouvant lui donner des enfants. Mais ce divorce, dit Valère Maxime, fut blâmé par les contemporains.

Montesquieu (*Espr. des lois*, livre XVI, chap. XVI) se refuse à croire un fait qui pour lui serait un prodige : « il n'est pas croyable, dit-il, que, la loi donnant à tout un peuple un droit pareil, personne n'en usât. » Quoi qu'il en soit, le divorce fut toujours jusqu'à cette époque excessivement rare, car pendant plusieurs siècles, Rome conserva la pureté et la sévérité de ses mœurs primitives. Romulus autorisa le divorce dans trois cas (*Plut. Vie de Romulus. Denys d'Hal.*, II, 25) : quand la femme a commis un adultère, préparé du poison ou falsifié les clefs. (Un autre texte remplaçant *κλειδῶν* par *παίδων*, il s'agirait alors du crime d'avortement). Remarquons que ce n'est pas ici le divorce proprement dit, mais bien plutôt la répudiation, car le droit n'existe que du côté du mari, la femme ne peut jamais envoyer la répudiation à son époux, quelque coupable qu'il soit.

Mais le droit du mari ne pouvait s'étendre au delà des trois cas précités, sinon la lex regia le condamnait à donner la moitié de ses biens à la femme, et l'autre moitié au temple de Cérès.

La loi des XII tables, s'il faut en croire Cicéron (*Philipp.*, II, 28) et l'intitulé de la loi 43 (*ad leg. Jul. de adult. D*) consacra le divorce soit par consentement mutuel, soit par répudiation de l'une des deux parties, indépendamment de la volonté de l'autre. Il fut dès cet époque admis que le mariage pouvait se dissoudre comme il s'était contracté, avec une entière liberté ; tout empêchement au divorce étant même considéré comme immoral. (Loi 134 *in fine*, *de verborum oblig.*, cf. D., loi 2., C. *de inutilib. stipulat.*)

Il est cependant encore des exceptions à cette règle. Et d'abord le mariage du flamine de Jupiter ne pouvait être dissous que par la mort. (A.-*Gel.*, X, ch. XV, § 23.). Denys d'Halicarnasse (II, 25) nous dit aussi que dans le principe le divorce ne pouvait avoir lieu quand la femme était tombée sous la manus du mari par la cérémonie de la confarreatio. Mais cette règle ne subsista pas longtemps : le mariage avec manus put bientôt se rompre, s'il avait été contracté avec confarreatio, par la diffarreatio, et, s'il avait été suivi de la coemptio ou de l'usus, par la remancipatio. — Cependant, quoique les textes ne nous en parlent pas, il est infiniment probable que dans les cas où le mariage avait été suivi de la manus, le divorce ne pouvait avoir lieu que par la répudiation du mari. Comment, en effet, comprendre que la femme in manu puisse, par sa seule volonté, répudier son paterfamilias? Les époux ici ne sont pas sur un pied d'égalité. Toute la puissance est au mari; la femme ne doit donc point pouvoir lui imposer le divorce.

Bientôt le mariage libre prenant une plus grande extension, le divorce devint une faculté pour chacun des deux époux. Répétons cependant ce que nous avons déjà dit, que, pendant plusieurs siècles, les divorces furent bien rares. L'opinion publique, l'autorité des tribunaux de familles que la coutume ordonnait de consulter (*Val. Max.*, livre II, ch. IX, 2), enfin l'influence des censeurs dans le rôle de surveillance des mœurs qui leur incombait, ces causes réunies empêchèrent longtemps cette liberté du divorce de dégénérer en abus.

A cette époque, ni le divorce, ni la répudiation n'étaient soumis à une forme quelconque. La formule de divorce ne variait guère cependant; voici les principales. — « Tuas res tibi habeto, » si le divorce émanait du mari; « Tuas res tibi agito, » s'il émanait de la femme. (L. II, § 1. de divort.)

« Valeas : tibi habeas res tuas ; redde meas.
(*Amphytrio*, Plaute.)

Quod tuum est, teneas tuum (*Cistellaria*. Plaute).

La loi Julia de adulteriis soumit le divorce par répudiation à certaines formalités peu importantes.

La répudiation devra être notifiée à l'autre conjoint par un affranchi et en présence de sept citoyens romains et pubères (L. IX, D. de divort. ac repud.).

Mais il semble bien que cette prescription tomba bientôt en desuétude. (Loi 8, pr. C. de repud).

Le divorce alors ne pouvait plus être tacite; on en trouve cependant quelques cas dans les lois romaines de cette époque. Par exemple, l'adoption d'un gendre ou d'une bru sans l'émancipation préalable de l'autre conjoint. (L. LXVII, § 3, *de ritu nuptiarum*. D); ou encore l'acceptation de la dignité de sénateur par l'époux d'une affranchie. (Loi 28. C. de nuptiis). Ces deux exceptions furent abolies par Justinien.

Le divorce est libre; cependant, à cette règle générale nous trouvons aussi quelques exceptions nouvelles. La liberta épouse du patron, ne peut divorcer sans perdre sa dot et le droit de se remarier avec un autre homme sans la permission de son ancien époux. (L. L. X, XI, D. de divort.).

Le mari doit répudier son épouse adultère, sinon il encourt les peines du lenocinium (Loi 29, *pr. ad leg. jul. de adult.*).

D'un autre côté, nous avons déjà vu que le paterfamilias pouvait forcer au divorce son fils et sa fille en puissance; et nous avons dit qu'Antonin le pieux lui enleva ce droit contraire à la morale naturelle et sociale.

Dès l'époque du droit classique, les divorces commencèrent à se multiplier. Plus on s'éloignait des anciennes mœurs, plus aussi se relâchèrent les liens du mariage. Maîtresses de leurs biens, affanchies ou peu s'en faut, de la domination maritale, les femmes firent de leur indépendance un scandaleux abus. La vie des hommes ne valait pas mieux, elle valait moins encore. (Duverger. Cond. civ. et polit. des femmes, p. 132).

Dès lors le divorce, si nous pouvons parler ainsi, fut mis à l'ordre du jour.

Il suffit de lire les écrivains de cette époque, prosateurs ou poëtes, pour se convaincre de cette incroyable démoralisation du peuple romain, qui regardait le mariage comme un fardeau, et les enfants comme une charge trop lourde. (*Juv. sat.*, VI).

Sénèque (*De benef.*, III, 16), raconte que de son temps les femmes comptaient les années non plus par le nombre des consuls, mais par celui de leurs maris. « *Non consulum numero sed maritorum annos suos computant.* »

Ecoutez encore Juvénal :

> « Sic crescit numerus; sic fiunt octo mariti
> Quinque per autumnos; titulo res digna sepulchri ! »
> . . . .
> Aut minus, aut certe non plus tricesima lux est,
> Et nubit decimo jam Thelesina viro.
> Quæ nubit toties non nubit, adultera lege est.
> (Martial, *Epig.*, VI, 7).

La cause la plus futile est un prétexte de divorce.

> « Tres rugæ subeant, aut se cutis arida laxet;
> « Fiant obscuri dentes oculique minores,
> « Collige sarcinulas, dicet libertus, et exi.
> « Jam gravis es nobis et sæpe emungeris; exi
> « Ocius et propera : veniet sicco altera naso.
> (Juvénal, *Sat.*, VI).

Comme le dit Tertullien (*Apologet.*, § VI), il semble qu'en se mariant les époux faisaient vœu de divorce.

A ce dévergondage effréné il fallait un remède puissant.

Les obstacles au divorce apportés par la loi Julia de adulteriis n'étaient pas sérieux.

On édicta alors de véritables peines contre l'époux qui donnait à son conjoint cause légitime de divorce.

Le mari est-il coupable, il doit rendre à la femme la dot dans un délai d'autant plus rapproché que sa faute a été plus grave. (*Ulp.*, VI, 13).

Est-ce la femme? Elle subira une retenue sur sa dot au profit du mari et des enfants, retenue qui variera aussi suivant sa culpabilité et le nombre d'enfants issus du mariage (*Ulp.*, VI, 10-13).

Les empereurs chrétiens augmentèrent considérablement ces pénalités. On distingue suivant que la répudiation a été sans cause ou non. La répudiation a-t-elle eu lieu sans cause? L'époux divorçant, si c'est la femme, est condamné à la déportation; si c'est le mari, la loi lui ôte le droit de se remarier.

Y a-t-il à la répudiation une cause, mais insuffisante,

la femme divorçante ne peut plus se remarier, le mari est condamné à deux ans de célibat.

Si, au contraire, la cause est reconnue légitime, le mari divorçant pourra se remarier immédiatement; quant à la femme elle devra attendre une année.

Telle est, en résumé, la législation des empereurs chrétiens avant Justinien, législation que nous trouvons consignée dans les lois 1 et 2 au. *Cod. th. de repud.;* nov., th., loi 8, *de repud.; C. Just.*, l. 8, *de repud.*).

Justinien abrogea cet ensemble de peines, et le remplaça par une législation plus sévère encore.

Il suffit toujours pour la validité du divorce d'une simple manifestation de volonté accompagnée du *libellus repudii* (Nov. 22, ch. IV et l. 8., *C. pr. de repud.*). Mais ce divorce ne sera impuni que s'il est motivé par des causes légitimes limitativement énumérées (Nov. 117 et 22). En voici quelques exemples : l'adultère de la femme toujours et du mari, quand il a introduit sa concubine dans la maison conjugale ou l'a fréquentée dans la même localité (Nov. 117, ch. VIII, § 2, et ch. IX, § 5.). L'attentat à la vie du conjoint (Nov. 117, ch. VIII, § 3 et ch. IX § 2). L'absence sans nouvelles du conjoint pendant 5 ans (Nov. 22, ch. VII), l'impuissance du mari (Nov. 22, ch. VI), les vœux monastiques (Nov. 22, ch. V). Le refus de la femme d'habiter le domicile conjugal (Nov. 117, ch. VIII, § 5) etc., etc.

Si le divorce a eu lieu sans quelqu'une de ces causes légales, le conjoint divorçant, mari ou femme, est enfermé jusqu'à la mort dans un couvent (Nov. 134, ch. XI, *initio*). Sa succession s'ouvre d'après des règles spéciales que nous donne la même novelle (Ch. XI. *in medio et initio*). Sa dot ou *donatio propter nuptias*, profite à l'autre conjoint (Nov. 117, ch. XIII).

S'il n'y a pas eu de dot ou de *donatio propter nuptias*, l'époux innocent a droit au quart des biens de son conjoint jusqu'à concurrence de cent livres d'or (L. 11, § 1, *C. de repud.*). S'il existe des enfants issus du mariage, ils prendront avec leur auteur innocent une part virile desdits biens de l'époux coupable (Nov. 117, ch. XIII). Le reste des biens sera dévolu pour les deux tiers aux descendants et pour un tiers au couvent. s'il n'y a pas d'enfants, la loi donne un tiers de ces biens aux ascendants, et deux tiers au couvent. A défaut d'ascendants et de descendants le couvent aura le tout (Nov. 134, ch. XI).

Si le divorce, au contraire, a lieu par consentement mutuel, les deux conjoints sont encore enfermés dans un monastère, et leurs biens sont attribués aux ascendants, aux descendants et audit monastère de la même façon que précédemment (Nov. 134, ch. XI).

Si, en troisième lieu, il y a eu juste cause de divorce, l'époux qui a fourni cette juste cause perd, au profit de l'autre, la dot ou *donatio propter nuptias*, suivant que c'est la femme ou le mari (Nov. 22, ch. XV, § 1, *in fin.* et 2) ; A défaut de ces apports, un quart des biens de l'époux coupable, jusqu'à concurrence de cent livres d'or, sous réserve d'une part virile dans la nue-propriété pour chaque enfant commun, sera attribué à l'époux innocent (L. 11, § 1, *C. de repud.*, nov. 22, ch. XVIII; nov. 117, ch. VIII, § 2 et ch. IX, § 5).

Si le divorce a eu pour cause l'adultère, des peines spéciales ont été édictées que nous verrons tout à l'heure.

Telle fut aux différents époques de Rome la législation qui réglementa le divorce. En terminant, nous demandons pardon à ceux qui voudront bien nous lire, de cette sèche énumération de textes que nous devrons encore repéter tout à l'heure, et en termes à peu près identiques, quand nous étudierons les peines de l'adultère.

II. *De l'Adultère.* — L'adultère a toujours été regardé chez les Romains comme un crime très-grave méritant les plus durs châtiments; mais à Rome, comme dans notre législation, le droit, avec une révoltante partialité sur laquelle nous reviendrons plus tard, n'a pas mis sur le même rang l'adultère du mari et l'adultère de la femme : à lui l'impunité, à elle le châtiment et le déshonneur !

On peut diviser cette étude en trois parties, et traiter de l'adultère : 1° avant la loi Julia, 2° sous le règne de cette loi, 3° quand elle ne fut plus en vigueur.

1° Pendant les premiers siècles de Rome à cette époque de puissante organisation de la famille que nous avons déjà étudiée (page 25), l'adultère de la femme est considéré comme un crime très-grave, car il peut introduire des étrangers dans la famille, et par suite faire un suprême outrage aux dieux domestiques.

Romulus (Plutarque, *Vie de Romulus*) permet au mari de tuer sa femme *in continenti*, s'il la prend en flagrant délit, ou s'il le préfère, de lui envoyer la répudiation.

La loi des XII tables autorise les mêmes châtiments, mais on voit bientôt apparaître des distinctions. Le mari peut toujours tuer sa femme prise en flagrant délit, mais il faut qu'elle soit in manu. En dehors du flagrant délit, la femme in manu sera jugée par le mari assisté du tribunal domestique (*Denys d'Halicarnasse* II 25; *Valère Maxime* VI, 1, 3-6) et la peine de mort peut être prononcée contre l'épouse infidèle (*Den. d'Hal. loc. cit*). Mais le châtiment le plus souvent appliqué était la rélégation de la femme à deux cents milles de Rome, *ad ducentesimam lapidem* (*Tac.* ann. II. 50.). Cette rélégation impliquait évidemment un divorce.

Si la femme n'est pas in manu, ce sera le père qui en principe jugera sa fille devant le tribunal domestique; cependant la règle n'est pas uniforme et des textes nous montrent le mari, même dans ce cas, convoquant le tribunal (voir page 50.)

Quant au mari, il peut impunément commettre l'adultère, sa femme est sans droit à son égard.

Caton résume fort bien en ces quelques mots la législation de cette époque: « In adulterio uxorem tuam si deprehendisses, sine judicio impune necares; illa te si adulterares, digito non auderet contingere; neque jus est. (*Aul.-Gell.* X ch. XXIII in *fine*.

Aussi les femmes se plaignent amèrement et avec raison de l'injustice de la loi :

Ecastor, lege dura vivunt mulieres
Multoque iniquiore quam viri.
Nam, si vir scortum duxit clam uxorem suam,
Id si rescivit uxor, impune est viro.
Uxor viro si clam domo egressa est foras,
Viro fit causa; exiguitur matrimonio.
Utinam lex esset eadem, quæ uxori est, viro!
Nam uxor contenta est, quæ bona est, uno viro.
Quominus vir una uxore contentus siet (*Mercator*, Plaute).

Plus tard, quand pour la restitution de la dot furent données les actions rei uxoriæ et ex stipulatu, les peines de l'adultère prirent, pour ainsi dire, un caractère plus pécuniaire. Lorsqu'un mari répudiait sa femme adulterii causa, et que la femme intentait contre lui l'action rei uxoriæ, le mari avait droit d'invoquer les *retentiones propter mores*, c'est-à-dire de conserver le sixième de la dot (*Ulp.*, VI, 125). Si, au contraire, la femme se servait de l'action ex stipulatu, il est probable que le mari pouvait par l'action *de moribus* conserver la totalité ou une partie de la dot.

L'adultère du mari fut alors également puni. Notons cependant qu'en matière d'adultère, le mari n'est jamais coupable que quand il souille le ménage d'autrui (loi 101 de verb. significatione), ou quand il a commerce avec une matrona honesta quoique non mariée; hors ces cas, le mari n'est responsable que devant sa conscience.

Dans les cas où le mari a commis un adultère *légal*, la femme aura juste cause de divorce, et le mari devra rendre de suite la dot et une portion des fruits (*Ulp.*, VI, 13).

2° Loi Julia de adulteriis coercendis. — Elle enlève au mari le droit de tuer sa femme surprise en flagrant délit d'adultère (*Sent. Paul*, II, titre XXVI, § 4), il ne peut tuer que le complice de basse condition. Si cependant, dans l'emportement d'une juste fureur, il tue la femme coupable, il aura droit, comme nous disons aujourd'hui, à des circonstances atténuantes (*Paul, loc. cit.*, § 5). Quant au père, il conserve sur sa fille le jus occidendi, car il sera moins emporté par la colère que le mari outragé, mais il faut qu'il ait surpris sa fille dans sa propre maison ou dans celle de son gendre : le père, de plus, doit tuer les deux complices, et non pas épargner l'un des deux (*Paul, loc. cit.*, § 1; l. 22, § 4 et 32 pr. D. ad leg. Jul. de adult.).

Le mari doit toujours répudier sa femme surprise en flagrant délit, sinon il encourt les peines du lenocinium (l. XXIX, § h. t.).

La femme ainsi répudiée ne pourra plus se remarier (l. XXIX, § 1, h. t.). Elle sera de plus punie de la relegatio in insulam; sa dot et le tiers de ses biens seront confisqués (*Paul, Sent.* II, XXVI, § 14).

On a soutenu, en s'appuyant sur un texte de Justinien, que la femme était punie de mort (Inst., IV, titre XVIII, § 4). Ceci semble évidemment une erreur de Justinien, qui s'ajoute à bien d'autres. L'opinion du reste ne peut tenir contre un grand nombre de textes; nous n'en citerons qu'un (loi 29, § 1, h. t.) (Voir M. Esmein, *Nouv. revue hist.*, année 1878, p. 30 et s.).

Le mari adultère sera également puni de la relegatio in insulam, et de la perte de la moitié de ses biens (*Paul Sent.*, II, XXVI, § 14).

Mais notons que les femmes ne peuvent poursuivre elles-mêmes leurs maris comme ceux-ci en ont le droit dans des cas semblables (l. I, c. ad leg. Jul. de adult.). L'adultère de la femme donnait même lieu à un judicium publicum. Tout le monde pouvait se porter accusateur, pourvu qu'on fût une personne que la loi reconnaissait capable d'accuser. Mais le mari et le père avaient un avantage en ce que seuls, pendant soixante jours, ils avaient droit de poursuivre la femme. Passé ce délai, l'accusation appartenait à tout le monde pendant quatre mois utiles (l. 4, § 1 et l. 11 § 4, ad leg. Jul.).

Notons enfin que la femme ne sera point passible des peines de la loi Julia quand elle exerçait avant le mariage une profession honteuse; le mari en l'épousant devait bien savoir à quoi il s'exposait; à lui de supporter les conséquences d'une folle passion (l. X § 2, h. t.).

3° La loi Julia dont on espérait de si féconds résultats, et que les courtisans d'Auguste prônaient si fort (Horace odes., l. IV, 5), cette loi fut peu appliquée : elle n'était qu'un bien insuffisant remède au mal dont elle voulait arrêter les progrès, aussi tomba-t-elle bientôt en désuétude, et Juvénal s'écriait déjà :

Ubi nunc lex Julia? Dormis....

...... Constantin édicte contre l'adultère les peines les plus graves. La mort est le châtiment de la femme coupable (loi 30, § 1, et loi, 9, C. *ad leg. Jul.*).

Le *judicium publicum* n'existe plus; ne peuvent désormais se porter accusateurs que les *proximi et necessarii* (loi, 30 C. h. t).
Les empereurs Valentinien et Théodose permettent au mari de répudier la femme pour adultère, de reprendre sa *donatio propter nuptias*, et de garder toute la dot (l. VIII, § 5, C. livre V, titre XVII). La femme peut pour le même motif répudier son

mari (*id.*, § 2). Elle gardera dans ce cas la *donatio ante nuptias*, et recouvrera sa dot (*id.*, § 4).

Justinien, qui changea tant de choses, édicta pour la répression de l'adultère des mesures nouvelles.

L'adultère de la femme, comme celui du mari, est toujours une cause légitime de divorce pour chaque conjoint; mais il n'y a adultère chez le mari que quand il introduit une concubine dans la maison conjugale, ou la fréquente dans la même localité.

Pour les peines corporelles, la femme seule y est soumise: Justinien la condamne à subir le supplice infamant de la flagellation, et à être emprisonnée dans un monastère. Son mari a deux ans pour la reprendre; au bout de ces deux années, si le mari garde le silence, la femme est condamnée à rester enfermée jusqu'à la mort.

Quant aux peines pécuniaires, la succesion de l'adultère, mari ou femme, est aussitôt ouverte, et le conjoint innocent commence par prélever les biens dont nous avons parlé en étudiant le divorce.

Le reste de la succession du mari adultère passe aux descendants, ascendants, ou à leur défaut, au fisc.

Quant aux autres biens de la femme adultère, ils sont acquis aux descendants pour deux tiers, et au couvent qui l'a reçue pour un tiers; subsidiairement aux ascendants pour un tiers, et au couvent pour deux tiers. Enfin, au couvent pour le tout, si la femme n'a ni descendants ni ascendants (Nov. 117, ch. VIII et IX, nov. 134, ch. X).

APPENDICE

Des droits du mari dans les unions autres que les justæ nuptiæ

Les *justæ nuptiæ* ne pouvaient être contractées qu'entre personnes jouissant du *connubium*, c'est-à-dire possédant le *jus civitatis*, et n'étant point séparées par des obstacles de parenté ou d'incapacité légale.

Nous ne ferons point l'énumération de ces obstacles, ce serait nous écarter de notre sujet, aussi renvoyons-nous aux auteurs pour ce point qui ne soulève pas d'ailleurs de difficultés sérieuses.

Les personnes qui ne pouvaient contracter de *justæ nuptiæ* étaient donc nombreuses, surtout aux premiers siècles de Rome. Aussi se trouve-t-on en présence d'autres unions, inférieures sans doute, mais revêtant néanmoins un caractère légal. L'institution qui nous frappe tout d'abord, c'est le concubinat. Ce genre d'unions doit sa fréquence aux lois qui prohibaient le mariage entre les ingénus et les affranchis, les patriciens et les plébéiens, etc. Cette union n'avait rien de honteux comme le nom de concubinat pourrait le faire croire (loi, 34, *pr. ad. leg. Jul. de adul., D.*). C'était plutôt une institution analogue à ce que nous appelons aujourd'hui un mariage de la main gauche, une union morganatique. Cette union étant moins honorée que les *justæ nuptiæ* (loi, 41, § 1, D, *de ritu nuptiarum*), en général, les effets produits entre époux par les *justæ nuptiæ*, et particulièrement la peine de l'adultère, ne trouvent pas leur application dans le concubinat (loi, 3, § 1, D. *de concubinis*). Nous connaissons cependant une exception à cette règle : la liberta, concubine de son patron, peut être poursuivie pour adultère (loi, 13 pr., D, *ad leg. Jul.*).

On ne peut également avoir à la fois une concubine et une épouse légitime (loi unique C. de concubinis), ce serait une sorte de bigamie défendue par les lois.

Mariage du droit des gens. — C'est un mariage véritable, mais formé entre deux personnes dont l'une au moins ne jouit pas du jus civitatis (*Arg. G.*, I, § 29). Cette union est certainement supérieure au concubinat ; la femme peut être poursuivie pour adultère. (L. XIII, § 1. D. ad. leg. Jul.).

Nous croyons même que dans cette union le mari avait sur la personne de sa femme des droits à peu près identiques à ceux d'un Romain sur son épouse, dans le matrimonium liberum. Cependant, comme sous Justinien, cette union n'a plus d'application pratique, nous ne pouvons contrôler notre croyance par des textes. Le grand argument qui nous fait penser que notre opinion est vraie, peut se réduire au syllogisme suivant : les droits du mari dans le mariage libre découlent de l'essence même du mariage ; or, les jurisconsultes romains regardent le mariage du droit des gens comme un véritable mariage ; donc, etc...

Reste la troisième union, le contubernium qui se contracte entre deux personnes dont l'une au moins est esclave.

Le contubernium n'est guère plus honoré que l'accouplement des animaux ; il ne produit aucun effet légal entre les parties.

LIVRE III

PASSAGE DE L'ANTIQUITÉ AUX TEMPS MODERNES

Le Mariage chrétien.

Nous en avons fini avec l'étude de la législation romaine. Nous avons vu avec un profond dégoût dans quel abîme de dégradation et de démoralisation effrénée était tombée la famille sous le Bas-Empire, et nous avons pu constater que les pures et saintes notions du mariage données par le Créateur aux premiers jour du monde étaient tombées dans un oubli complet. N'est-ce point suivre un ordre logique, que d'étudier maintenant, et cela avec admiration, le grand remède, le puissant antidode qui fit disparaître les ruines amoncelées depuis tant de siècles, et qui, à la place du vieux monde usé par un sensuel égoïsme, fit surgir par sa vertu toute-puissante un monde jeune et fort ? N'est-ce pas, en un mot, le moment d'étudier le christianisme ; de voir ce que cette religion divine fit pour le mariage, et comment elle le releva de l'état d'abjection où il en était arrivé, à tel point de n'être plus considéré que comme une sorte d'adultère légal. Le Christ parut et déjà par sa présence il donnait à la femme l'auréole de la réhabilitation. Né d'une femme vierge, il commandait pour elle le respect et l'amour de l'humanité. La nouvelle Ève effaçait, pour ainsi dire, le stigmate dégradant qui avait été imprimé au front de la première. Du mariage flétri et foulé aux pieds, J.-C. faisait un sacrement, c'est-à-dire une des choses les plus grandes et les plus saintes de la religion nouvelle. (*Sacramentum hoc magnum est, ego autem dico in Christo et in Ecclesia*, 32, *ad Coloss.*).

De l'union des époux, de l'amour conjugal méconnu depuis tant de siècles, il faisait un étroit précepte.

Aux yeux des anciens, le mariage n'avait eu jusqu'alors pour résultat que d'augmenter la population, et d'assurer le sort des enfants. La femme n'était donc considérée que comme un instrument de reproduction, ce qui rabaissait bien la dignité de l'épouse, et autorisait le divorce comme la polygamie. J.-C. rendit le mariage plus moral et plus sacré; il en fit avant tout l'union intime de deux êtres, de deux vies, *duo in carne una*, et pour mieux resserrer les liens de cette association qu'il établissait entre les époux, il défendit le divorce. N'était-ce pas protéger la femme, n'était-ce pas la mettre à l'abri des caprices de l'homme qui, jusque-là. il faut bien l'avouer, avait été un maître ou plutôt un tyran qui ne savait que commander : Sic volo, sic jubeo, sit pro ratione voluntas!

Dans son bel ouvrage sur les Antonins (I, p. 183 et *s. passim*), M. Franz de Champagny nous montre éloquemment quelle heureuse révolution le Christianisme opéra dans le mariage, et nous nous permettons de prendre çà et là quelques-unes de ses idées. Le mariage païen, à Rome, ne se séparait des unions illicites que par des nuances difficiles à saisir : entre Romains existaient les justæ nuptiæ et une postérité légitime; entre les étrangers, une union licite, sans doute, mais sans valeur au point de vue de la cité : concubinat entre sénateurs et affranchis, coutubernium ou simple accouplement entre les esclaves, nul acte solennel et légal indispensable pour consacrer l'union des époux, telle était la législation romaine. C'est d'après la condition des conjoints, d'après le caractère plus ou moins constant, plus ou moins avoué de leur union que la loi présumait ou le mariage, ou le concubinat, ou de simples rapports illicites.

Pour l'Église, il n'y a plus qu'une seule union; elle inaugure l'union sainte, le mariage chrétien. Elle le constitue, comme elle avait le droit de le faire, librement et souverainement, dans la plus parfaite indépendance à l'égard de la loi civile; que lui importe qu'il soit ou non reconnu par celle-ci?

L'union des époux sans distinction de caste ni de nationalité se consacre solennellement dans l'assemblée des fidèles,

6

car il n'y a plus ni libres ni esclaves, ni Grecs, ni barbares, comme dit saint Paul, mais tout dans le Christ, et le Christ en tout. Devant le Christ, dit encore saint Paul, il n'y a ni sénateur, ni affranchi, ni esclave, ni maître, ni Romain, ni provincial; tous sont admis aux droits de la famille chrétienne; le mariage devient la copie consacrée d'un modèle à la fois divin et humain, l'image de l'union du Christ avec son Église.

Tel est dans son ensemble l'aspect sous lequel nous apparaît le mariage chrétien. Si nous descendons dans les détails pour examiner comment le Christianisme a discipliné le mariage, quelle part d'influence il donne à chacun des époux et le rôle qu'il leur attribue, il nous faut consulter ce recueil admirable, intitulé les *Actes des Apôtres,* dans lequel les disciples nous donnent la doctrine et les préceptes que le Maître leur a confiés.

Nous citerons les textes qui montreront plus clairement que nous ne le pourrions faire nous-même, la doctrine de l'Église sur le point qui nous occupe.

Le mari doit avoir sur la femme une autorité qui est légitime, mais cette autorité n'est pas un joug : qu'elle soit pleine de douceur et que le mari ait toujours pour son épouse la plus tendre sollicitude. Que dans son mari la femme voie Dieu qui commande, que dans sa femme le mari voie une compagne, une amie, l'os de ses os, la chair de sa chair, enfin que les deux époux ne fassent qu'un dans le Christ.

Tels sont en résumé les préceptes que nous trouvons dans les *Actes des Apôtres*, et dont voici quelques extraits :

Mulieres viris suis subditæ sint sicut Domino (*P. ad Ephes.* v, 22). Viri diligite uxores vestras sicut et Christus dilexit Ecclesiam, et se ipsum tradidit pro ea (*id.*, 25). Viri, diligite uxores vestras, et nolite amari esse ad illas (19, *ad Coloss.* III).

Quoniam vir caput est mulieris, sicut Christus caput est Ecclesiæ (§ 23).

Sed sicut Ecclesia subjecta est Christo, ita et mulieres viris suis subditæ sint (§ 24).

Ita et viri debent diligere uxores suas, ut corpora sua (§ 28).

Propter hoc relinquet homo patrem et matrem suam, et adhærebit uxori suæ, et duo erunt in carne una (§ 31).

(§ 33) Verumtamen et vos singuli, unusquisque uxorem suam sicut seipsum diligat.

Non enim vir ex muliere est, sed mulier ex viro. Etenim non est creatus vir propter mulierem, sed mulier propter virum.

Verumtamen neque vir sine muliere, neque mulier sine viro, in Domino. Nam sicut mulier de viro, ita et vir per mulierem : omnia autem in Deo. »(*Paul. ad Cor.*, I, §§ 7-12.)

Et précisant encore plus fortement le rôle de la femme chrétienne, l'apôtre ajoute en un autre endroit : « Ut prudentiam doceant adolescentulas, ut viros suos ament, filios suos diligant.

Prudentes, castas, sobrias, domus curam habentes, benignas, subditas viris suis. (*P. ad Tit.*, II, 4, 5.) »

Enfin, n'oublions pas non plus de mentionner que la loi nouvelle n'est pas comme l'ancienne plus partiale pour l'un des époux que pour l'autre : s'ils sont égaux pour le bien, ils le sont aussi pour le mal. C'est ce que nous dit saint Jérôme dans son langage si énergique : « Aliæ sunt leges Cæsarum, aliæ Christi ; aliud Papinianus, aliud Paulus noster præcipit. Apud illos, viris impudicitiæ frena laxantur, et, solo stupro atque adulterio condemnato, passim per lupanaria et ancillulas libido permittitur ; quasi culpam dignitas faciat non voluntas. Apud nos, quod non licet feminis, æque non licet viris, et eadem servitus pari conditione censetur. (*Ep. ad Oceanum*, I, p. 198). »

Telle fut donc l'œuvre du christianisme, il releva la femme, et la plaça près de l'homme non plus comme une servante mais comme une compagne, socia : il transforma la famille, il en bannit la polygamie et le divorce, et en fit ainsi une institution permanente, gardienne de la chasteté et des bonnes mœurs, œuvre évidemment admirable et féconde ; aussi le triomphe du christianisme ne devait pas tarder à changer la face du monde.

Note sur le divorce. — De nombreux écrivains ont soutenu que J.-C., tout en défendant le divorce, en thèse générale, l'avait conservé cependant dans un cas particulier, lorsque la femme avait commis un adultère, et ces écrivains à l'appui de leur opinion ont cité un passage de saint Matthieu que nous reproduisons en entier.

« Qui respondens ait eis : non legistis quia qui fecit hominem ab initio, masculum et feminam fecit eos, et dixit :

Propter hoc dimittet homo et patrem et matrem et adhærebit uxori suæ, et erunt duo in carne una.

Itaque jam non sunt duo, sed una caro. Quod ergo Deus conjunxit homo non separet.

Dicunt illi : quid ergo Moyses mandavit dare libellum repudii et dimittere ?

Ait illis : quoniam Moyses ad duritiam cordis vestri permisit vobis dimittere uxores vestras, ab initio autem non fuit sic.

Dico vobis quia quicumque dimiserit uxorem suam, nisi ob fornicationem, et aliam duxerit, mœchatur, et qui dimissam duxerit mœchatur, (*Math.*, ch. XIX, vers. 4-9). »

Nous ferons d'abord remarquer que les autres évangélistes sont muets quant à l'exception citée par saint Matthieu, ils se contentent de poser le principe général de l'indissolubilité du mariage. (*Luc.*, XVI, 18; *Marc*, X, 4, conf. *S. Paul*, I; *Cor.*, VII, 10-11.)

On peut encore dire que saint Matthieu ne parle pas du tout de divorce, mais d'une femme chassée par son mari pour cause d'adultère : cela n'implique pas le moins du monde la permission donnée aux deux conjoints de contracter chacun de leur côté un nouveau mariage. C'est du reste l'opinion des premiers pères de l'Église : « Solius fornicationis causa licet uxorem adulteram dimittere, sed illa vivente, non licet alteram ducere. » (*S. Aug.*, IV ; *Homil.*, 49. — *Décret de Burchard*, IX, ch. 15).

Nous savons d'ailleurs que la loi chrétienne met sur le même rang pour l'adultère, le mari et la femme; comment comprendre dès lors qu'on permît dans un cas le divorce au mari, et qu'on le refusât à la femme.

Enfin, il est du texte de Saint Matthieu une autre explication donnée par Dœllinger. Selon lui, le mot πορνεία qui se trouve dans le texte original s'applique non à l'adultère commis pendant le mariage, mais à la faute commise antérieurement, et qui était, selon la loi juive, un motif de divorce, ou plutôt une cause de nullité du mariage en faveur du mari. Cela explique, dit-il, pourquoi cette restriction ne se trouve que dans l'Évangile de St Matthieu destiné particulièrement aux Juifs.

DES SOURCES DU DROIT FRANÇAIS

Avant d'arriver à l'étude du code civil, il nous semble opportun et utile d'en examiner les sources, et de dire un mot des legislations qui, outre celle de Rome, contribuèrent à former notre droit actuel. Ce serait, en effet, une erreur de croire que le code civil a été formé de toutes pièces. Comme le disait sagement Portalis dans l'exposé des motifs du code civil : « c'est le temps qui fait les codes. mais on ne fait pas les codes. » De même que, pour connaitre un homme, pour comprendre sa vie, ses préjugés, ses habitudes etc., il faut prendre cet homme dès l'enfance, examiner son éducation et son instruction première, et de là pas à pas le suivre à travers le cours de sa vie, de même pour étudier une legislation, se rendre compte de ses mérites, apprecier ses défauts, il faut étudier son passé qui, quoi qu'on puisse en dire, ne meurt jamais tout entier.

L'état social d'un peuple ne se transforme pas brusquement, mais par des modifications lentes et successives : aussi, pour comprendre et expliquer le point d'arrivée, faut-il connaître le point de départ. C'est ce que nous nous proposons de faire ici. Nous allons donc examiner successivement les différentes phases par lesquelles passa la législation de notre pays, depuis les origines jusqu'a nos jours.

Legislation de la Gaule.

En parlant ici du droit Gaulois, nous n'acceptons point pour cela l'opinion des auteurs (M. M. Grosley, Chambellan) qui voient en lui une des sources de notre législation actuelle. L'affirmation de ces jurisconsultes ne nous paraît pas suffisamment justifiée. En effet, nous ne connaissons guère du droit Gaulois que quelques fragments tirés des commentaires de César. Il est certain que, depuis la perte de son indépendance, la Gaule suivait le droit romain : c'est ce qui nous fait croire que la legislation des vaincus (on sait aujourd'hui qu'elle n'a jamais été écrite) ne survécut pas à la conquête, même à l'etat de souvenir. Il est d'ailleurs probable que le droit Gaulois ne différait guère du droit Germain, ces deux peuples ayant même origine. Nous étudierons néanmoins ce droit, non pas à cause de son importance législative, mais plutôt par une sorte d'amour propre national, et pour connaître la manière dont nos ancêtres avaient entendu la famille.

S'il faut en croire les commentaires de César (*de bell Gall.*, liv. VI, ch. XIX) la femme tiendrait dans la famille Gauloise une position bien inférieure et bien précaire ; assimilée parfois aux esclaves, le chef de famille aurait sur elle le droit de vie et de mort. Voici en effet le texte de César : « Viri in uxores sicuti in liberos, vitæ necisque habent potestatem et quum paterfamilias illustriore loco natus decessit, ejus propinqui conveniunt, et de morte, si res in suspicionem venit, de uxoribus, in servilem modum questionem habent, igni atque omnibus tormentis excruciatas interficiunt (*Cæs., Bell. Gall.*, VI, § 19).

Cependant, comme le dit M. Henri Martin (*Histoire de France*, I, p. 36, il ne faut pas donner trop grande importance à ce témoignage : « César, en effet, se préoccupa beaucoup plus de combattre les armées de la Gaule que d'étudier à fond ses mœurs et ses lois. » De plus, d'autres textes viennent contredire l'assertion de César et nous montrer en quel honneur et estime les Gaulois tenaient leurs épouses, au point de ne rien faire, et de ne rien décider sans avoir préalablement pris leur avis. Des discordes civiles venaient d'éclater au sein de leur armée, et on allait en venir aux mains. « Uxores eorum se inter medias acies opponentes, controversias composuerunt et dirimeruut, adeo ut viri inter se in gratiam et concordiam redierint, tum in domibus, tum in urbibus. Rursus si quando Galli de bello, de pace, aut etiam aliis quæ ad ipsos aut ad socios pertinent, deliberant singula de mulierum sententia administrantur (*Ex Polyæni stratagematibus, de Gallis, ex libro VII, ex editione Lugdni Batavorum*, 1690).

Comment, dès lors, regarder comme vraies les affirmations de Diodore de Sicile: il accuse les Gaulois d'une honteuse immoralité, et en termes si obcènes, que nous rougissons de reproduire ici ses paroles. (*De Gallis, ex libro. V. Edit. Hanoviæ*, 1604.)

Il est donc difficile de démêler la vérité sur ce point.

La jeune fille n'était point mariée malgré sa volonté, elle avait le droit de choisir son époux ; le père réunissait dans un repas tous les prétendants. et celui auquel la jeune fille offrait une coupe remplie d'eau et de vin, obtenait sa main : les époux buvaient dans le même vase, et c'était là le seul pacte de leur union (*Athen.*, l. XIII).

La femme, dans la famille, s'occupait du ménage, elle élevait elle même ses nombreux enfants, et elle était encore chargée des travaux des champs, car le Gaulois passait sa vie tout entière à la chasse ou à la guerre.

Les Gaulois étaient-ils polygames ? Le texte précité de César semble le dire : « quum paterfamilias... de uxoribus... » Cependant, dans un autre passage, le même auteur nous raconte que, pendant le siége d'Alésia, les Gaulois jurèrent de ne pas revoir leur épouse (uxorem) qu'ils n'eussent chevauché deux fois à travers les lignes ennemies (*C.*, VII, 66).

On pourrait, à notre avis, concilier assez facilement les deux textes à l'aide des considérations suivantes.

Nous savons que les Gaulois n'achetaient pas leurs femmes comme les Germains, ils se les associaient. La femme apportait une dot, le mari faisait un apport égal ; ces biens étaient mis en commun, le mari les faisait fructifier, et le tout, capital et fruits, devenait la propriété du survivant des époux (*Cés.*, VI, § 18).

Ceci nous montre bien que le Gaulois ne pouvait avoir un grand nombre d'epouses, puisqu'il devait donner de sa fortune une part égale à celle apportée par la femme, mais il ne faut pas pourtant pousser trop loin cette idée, car l'apport de la femme était excessivement restreint : ainsi, à Marseille, une des plus riches cités de la Gaule, la dot ne pouvait dépasser cent écus en argent, et cinq en effets mobiliers. Nous arrivons donc à cette conclusion, c'est que les chefs seuls, puissants et riches, pouvaient user de la polygamie, et ce qui nous affermit dans notre opinion, c'est sa conformité : 1° avec le texte de César, qui parle d'un paterfamilias, *illustriore loco natus*, 2° Avec les coutumes des Germains (Tacite).

Le régime tout particulier de biens que l'on rencontre chez les Gaulois, la faible valeur de la dot de la femme, ont permis à certains auteurs de penser que les Gaulois regardaient le mariage comme une société pure dans laquelle devaien tomber en commun les biens et les maux des deux époux, et qu'ils en éloignaient avec soin l'intérêt qui corrompt tout ce qu'il touche (*Serpette de Marincourt*, III, p. 369). Cette opinion est toute poétique, elle n'a qu'un tort, c'est de n'être pas conforme à la réalité historique des faits.

Le divorce fut probablement permis chez les Gaulois : ce qui nous autorise à le penser, c'est que la coutume du pays de Galles, contrée habitée par des tribus de race gauloise, permettait à l'homme de quitter sa femme si celle-ci s'attachait à un autre homme (et *vice versa*.) L'adultère était puni plus sévèrement chez la femme que chez l'homme; la femme subissait une peine corporelle et une peine pécuniaire, le mari une peine pécuniaire seulement (*Conf. M. Henri Martin*. vol. I, append. II).

Législation germaine.

Dans toute étude des sources du droit français, l'examen de la législation germaine est d'une importance capitale, car elle eut sur la formation de notre droit la plus grande influence. Ce sont en effet les peuplades barbares de la Germanie qui au Ve siècle envahirent la Gaule et en firent la conquête, apportant avec elles leurs coutumes et leurs lois : les Francs-Saliens et Ripuaires d'un côté, les Burgondes et les Visigoths de l'autre, étaient d'abord des tribus germaines. L'élément germain se trouva donc sur notre sol en face de l'élément romain ; ils se fondirent et se réunirent peu à peu, grâce à l'œuvre des siècles, et c'est de cet accord que sortit une législation homogène sans doute, mais complexe, une synthèse pour ainsi dire de droit germanique et de droit barbare, la législation française.

Comme monument retraçant les mœurs de la Germanie primitive, nous n'avons guère entre les mains que l'ouvrage de Tacite : « *de moribus Germanorum*. » On a beaucoup critiqué ce traité, on a dit que l'auteur avait réussi à faire un beau roman, mais que ce n'était point là qu'il fallait chercher la réalité historique. La critique est exagérée. Sans doute, Tacite, profondément attristé à la vue des dégradations et des turpitudes qui souillaient la Rome des Césars, força parfois dans le détail le tableau qu'il traçait de la pureté des mœurs germaines, mais le fond du récit est vrai, et ce qui le prouve d'une façon évidente, c'est sa concordance 1° avec le peu de documents qui nous restent de cette primitive époque; 2° et surtout avec les mœurs et lois des tribus germaines, au moment où elles envahirent la Gaule.

La famille germaine ressemble à la famille romaine en ce sens que sa constitution repose aussi sur le principe patriarchal, mais il est entre elles de nombreux contrastes. A Rome le lien qui relie entre eux les membres d'une famille est uniquement le lien de puissance : la femme qui n'est pas in manu, le fils émancipé, ne font à aucun titre partie de la famille. Chez les Germains, au contraire, on n'oublie pas les liens du sang et les notions du droit naturel. Le fils émancipé conserve tous ses droits à la succession paternelle; chaque membre a sa personnalité civile et juridique. La femme comme le fils ont le droit d'avoir un patrimoine, ce n'est plus comme chez les Romains, le père qui absorbe tout sous sa puissance. La potestas est à Rome uniquement dans l'intérêt du père; en Germanie, elle existe principalement dans l'intérêt de la femme et des enfants, c'est surtout un pouvoir de protection.

Pour en venir au sujet qui nous occupe, la femme en Germanie est, comme sous toutes les législations s'inspirant des idées patriarchales, à la fois très-asservie et très-honorée. Si nous la comparons à la femme romaine, nous voyons qu'au point de vue de la puissance maritale, toutes deux sont incapables et soumises à la domination de leurs maris, mais il y a entre elles une différence profonde. A Rome, la femme est moralement incapable, inférieure à l'homme : en Germanie, elle est l'égale de l'homme au point de vue intellectuel, elle est presque sa supérieure au point de vue moral, mais physiquement la femme n'est que faiblesse, aussi a-t-elle besoin de protection et de défense et son *wergheld* (somme donnée chez les Germains à la famille de la victime par le coupable, en réparation de délits, crimes, etc.), sera le double de celui de l'homme (*Gide, cond. de la femme*, p. 236 et s.). Si nous en venons aux détails, nous voyons que chez nul peuple peut-être, le mariage ne fut plus en honneur et ne fut plus respecté. Tacite, dans les chapitres 18 et 19, nous trace de l'association conjugale en Germanie, un admirable tableau qui nous montre à quel point les mœurs germaines étaient austères. La femme est la compagne de son mari dans les travaux comme dans les périls, dans la joie comme dans la douleur. Elle ne se marie qu'une fois et n'a qu'un seul époux, de même qu'elle n'a qu'un seul corps et une seule âme: le mariage est en Germanie l'objet d'un respect universel; on a pour l'infidélité conjugale une profonde horreur, loin de se faire un jeu et une sorte de gloire, comme à Rome, de corrompre et de se laisser séduire.

Ne croirait-on pas voir dans cette peinture des mœurs conjugales, non pas un pâle reflet, mais la copie vivante du mariage chrétien; n'est-ce pas là en réalité cette idéale union qu'avait su définir le droit romain sans pouvoir l'obtenir dans la réalité?...

Le maria sur la personne de sa femme des droits assez étendus que comprend une expression fort générale, le mundium ou droit de protection. (Le mundium n'existe pas seulement au profit du mari sur la femme, il caractérise encore le droit du père sur ses enfants, du chef sur la bande de guerre, etc.). Ce mot qui a la même origine que le mot manus, a eu sans doute, en des temps reculés, le même sens et le même objet. Le mariage fondé sur le mundium du mari, au dire de *Jac. Grimm. « antiq. ger.* p. 417 et s. », eut d'abord tous les effets que produisait à Rome la conventio in manum. Du mundium en effet découlait pour le mari le droit de châtier la femme, de la vendre, de la tuer, comme il pouvait le faire de ses serviteurs et de ses enfants.

Le mundium par la suite s'adoucit, il eut de nombreux points de ressemblance avec la tutelle romaine, et devint en général, un mode de protection. Il conserva cependant à l'égard de la femme un caractère mixte, réfléchissant quelque idée de propriété. En effet, selon les plus anciennes mœurs germaines, la femme était l'objet d'une vente faite au mari par le père et les parents, et cette coutume subsista très-longtemps chez quelques peuplades. Ainsi dans la loi des Saxons rédigée sous Charlemagne, se trouve encore cet usage dans toute sa rudesse: on voit alors fréquemment répétés dans les textes ces mots : pretium uxoris, pretium de nuptiis, uxorem ducturus trecentos det solidos parentibus ejus, etc., etc.. N'oublions pas cependant de dire que bien qu'objet d'un achat, la femme ne pouvait être mariée sans son consentement, toujours nécessaire à la validité de la vente.

Bientôt ce ne fut plus la femme elle-même, mais le droit de protection, le mundium que le mari paya aux parents, et ce prix d'achat finit par devenir symbolique : il ne fut plus que de la valeur d'un sou et d'un denier, *per solidum, et denarium*, prix que paya Clovis en épousant Clotilde (*D. Bouquet*, II, p. 399). Le prix réel que représentaient le sou et le denier, le mari le constituait en dot au profit de sa fiancée.

Le mundium alors n'était plus que l'autorité soit du père, soit du mari, et se distinguait de la potestas de l'ancienne Rome, comme la tutelle se distingue de la puissance absolue (*Revue Fœlix*, XIV, 833). Laboulaye (*Cond. polit. des femmes*, p. 137 et suiv.). Du mundium découle pour le mari le droit de revendiquer le wergheld dû à la femme, d'administrer les biens de la famille, y compris le patrimoine de l'épouse. Sans le consentement de son mari, la femme ne peut ni aliéner, ni disposer de ses biens, elle est placée sous une sorte de tutelle : c'est très-probablement là une des origines de notre autorisation maritale (*Muratori, antiq. Dissertation*, XXII, t. II).

Tacite ne nous dit pas que le divorce fût en usage chez les Germains, mais de l'ensemble des notions qu'il nous donne sur le mariage, il semble bien que le divorce était inconnu ou du moins fort peu pratiqué, sauf toutefois en matière d'adultère.

Nous parlons de l'adultère, il était excessivement rare (*paucissima in tam numerosa gente adulteria*). L'adultère de la femme était frappé de peines très-sévères. Le châtiment de la femme adultère était laissé au mari qui la chassait de la maison conjugale, en présence des parents assemblés; il la traînait ensuite nue et les cheveux rasés, à travers la bourgade, en l'accablant de coups (1); puis il l'abandonnait sans qu'elle pût espérer trouver un autre époux (Tacite, IX).

Notre historien ne nous dit pas que l'adultère du mari fût puni; quelques textes cependant montrent que l'épouse trouvait dans ses parents des défenseurs qui pouvaient réclamer le divorce, poursuivre le mari par les armes, et exiger le wergheld (*M. Gide*, p. 235, note 2).

La polygamie n'était pas chose inconnue chez les Germains, mais elle n'était guère pratiquée que par les grands, et encore

(1) Nous avons vu semblable châtiment chez les Hindous (p. 15).

n'était-ce pas la passion qui les poussait à la pluralité des femmes, mais plutôt l'éclat de leur naissance qui faisait désirer leur alliance (Tacit, ch. 18).

Les Germains ne conservèrent pas longtemps l'austérité de leurs mœurs primitives. Lors des grandes invasions, quand ils débordèrent de toutes parts sur l'empire romain à l'agonie, ils eurent horreur de la corruption qu'ils rencontraient chez les Romains (Salvien, *de gubernatione Dei*, VII). Mais bientôt, ils ne surent plus résister aux appâts des vices qui les entouraient. Dans la plupart des tribus le divorce et la répudiation furent autorisés, ou on les compensa par de faibles amendes, par exemple 40 sols d'or chez les Germains, 48 chez les Bavarois, quand la répudiation avait été exercée sans cause contre la femme (*Lex Alam. add.*, c. 30; — *lex Baj.*, ch. 14, titre 7). La loi des Burgondes permettait le divorce pour cause d'adultère, maléfice, violation de sépulture, etc. (XXXIV, 3).

Les formules de Marculfe sur le divorce par consentement mutuel nous prouvent qu'il était pratiqué chez les Francs-Saliens et les Ripuaires (*Formule*, n° 114, de M. de Rozière).

Nous avons vu quelle était la condition de l'épouse chez les Germains. Si nous considérons maintenant la femme non plus comme épouse, mais en tant que femme, nous la voyons entourée par ces tribus barbares de respect, d'honneur et même de vénération. « Inesse quin etiam sanctum aliquid et providum putant, nec aut consilia earum aspernantur, aut responsa negligunt... sed et... complures venerati sunt, non adulatione, nec tanquam facerent deas. »

Les Germains avaient pour la femme une sorte de culte, et voyaient en elle un être supérieur qui exerçait une mystérieuse influence sur leurs destinées.

Enfin, chez les Germains, la devise populaire était : « Honneur à Dieu et aux femmes » (*J. Grimm. Myth. allem.* t. I). N'est-ce point là l'origine de ce culte, de cet amour passionné pour la femme que nous voyons rayonner à travers le moyen âge, inspirer les hauts faits de la chevalerie, et les legendes de l'histoire?

Législation du Vᵉ au IXᵉ siècle.

L'étude de cette législation est hérissée de difficultés qu'on peut regarder comme à peu près insurmontables : la cause en est d'abord que peu de documents de cette époque sont parvenus jusqu'à nous; mais ce qui augmente surtout notre embarras, c'est le système nouveau de législation qui, pendant ces quatre siècles, régna sur notre pays, et qu'on désigne du nom de « personnalité de la loi. » Quelques explications sont ici nécessaires.

Si nous nous reportons en esprit à la Gaule des Vᵉ et VIᵉ siècles, nous nous trouvons en face de deux races bien distinctes : d'abord la population indigène gallo-romaine, dont les divers éléments vivaient alors en bonne intelligence, population unie et homogène. Les Gallo-Romains étaient régis depuis longtemps déjà par le droit romain, non point par la législation Justinienne qui ne fut importée dans notre pays que vers le XIIᵉ siècle, mais par le droit classique d'abord, et depuis l'an 462 par le code Théodosien. On appliquait encore les institutes de Gaius et les sentences de Paul que le bréviaire d'Alaric (*Lex romana Wisigothorum*) avait rendues populaires.

En face des Gallo-Romains nous trouvons des populations jeunes et fortes, les Barbares, qui se sont après la victoire implantées sur le territoire de la Gaule : leurs groupes principaux sont les Francs-Saliens, les Ripuaires, les Burgondes et les Wisigoths.

Chaque tribu, ayant apporté avec elle sa législation, la conserva sur le pays de la conquête. Au midi on voit les Wisigoths avec la lex germana Wisigothorum, et les Burgondes avec la lex germana Burgondionum : au nord ce sont les Francs-Saliens avec la loi salique, et les Francs-Ripuaires avec la loi ripuaire.

C'est alors que s'établit le système de la personnalité de la loi. Aujourd'hui la loi est en principe territoriale, c'est-à-dire qu'ayant pleine autorité sur un territoire déterminé, elle s'impose à tous les individus qui résident sur ce territoire (art. 3 C. civ.). A l'époque dont nous nous occupons, il n'en était pas ainsi. La loi était personnelle, c'est-à-dire que chaque individu était régi par la loi de son origine, par la loi de sa tribu : la loi étant attachée non plus au territoire mais à la personne, elle la suivait partout; quel que fût le lieu où l'on se trouvât, on était jugé par sa propre loi. Supposons par exemple un procès à Lutèce, procès dans lequel soient impliqués, un Franc-Salien, un Visigoth et un Gallo-Romain, le Franc-Salien sera jugé par la loi salique, le Visigoth par la lex germana Wisigothorum, et le Gallo-Romain selon les règles du droit romain. — « Qua lege vivis? » telle était la première question que le juge adressait aux parties. Ce n'est pas ici le lieu d'examiner les causes de ce grand fait, mais ce que nous avons dit suffit pour faire comprendre la difficulté d'une étude historique de notre sujet. Le mariage était plus ou moins honoré, le mari avait sur la personne de sa femme des droits plus ou moins étendus, suivant que les époux vivaient sous telle ou telle législation.

Nous n'avons évidemment pas la prétention de passer successivement en revue chacune des législations qui pouvaient à cette époque être appliquées dans notre pays : nous nous contenterons, en citant les principaux documents que nous fournit l'histoire, de donner de notre sujet un aperçu général.

Au milieu des tribus victorieuses implantées en Gaule comme chez les Germains dont Tacite dépeint les mœurs, nous retrouvons encore la femme tantôt entourée de considération et de respect, tantôt au contraire courbée sous le joug le plus dur.

La loi salique (titre XXIII) défend de toucher une femme même à la main : cette offense si minime est déjà compensée par une amende assez forte.

Le rapt est puni des peines les plus graves, et le Franc qui a épousé une femme malgré elle peut être mis à mort (arg. des form., 241, 242; édit. de Rozière, vol. 1). Sous d'autres législations le rapt n'entraîne qu'une réparation pécuniaire (loi des Saxons, XL, § 2) et la nullité du mariage.

L'adultère est toujours beaucoup plus sévèrement châtié chez la femme que chez l'homme.

La loi des Burgondes prescrit de tuer les 2 complices (ch. LXVIII).

La lex romana Wisigothorum déclare que le mari qui tuera la femme adultère et son complice ne sera pas regardé comme homicide ; elle accorde le même privilége au père de la femme (titre IV, *Antiq.*, IV).

Si c'est le mari qui a commis l'adultère, il deviendra l'esclave de l'époux qu'il a outragé, et il devra lui abandonner tous ses biens, à moins qu'il n'ait lui-même des enfants (titre IV, *Antiq.*, I).

La loi des Bavarois permet au mari de tuer la femme adultère et son complice (titre VIII, chap. I).

La loi des Lombards autorise le même châtiment (edict. Rothar. ch CCXII).

Si nous passons au divorce, nous le voyons tantôt sévèrement réglementé, tantôt abandonné au caprice des époux.

Chez les Burgondes, la femme qui abandonne son mari est noyée dans la boue. Le mari qui abandonne sa femme sans cause doit lui rendre deux fois le prix du mundium, et payer en plus une amende de douze sols.

Si la femme a été convaincue d'adultère, maléfice ou violation de sepulture, le mari peut la renvoyer purement et simplement (*Lex Burg.*, XXXIV).

La loi des Visigoths ne permet le divorce qu'en cas d'adultère ; hors ce cas, il est puni de peines sévères (titre VI, *Antiq.*, I, II).

La loi des Bavarois condamne le mari qui a répudié sa femme sans justes motifs à donner aux parents quarante-huit solidi, et à la femme sa dot et tous les biens qui peuvent lui appartenir.

L'édit de Théodoric (chap., LIV) permet le divorce à la femme pourvu que le mari ait été convaincu d'homicide, maléfice, ou violation de sépulture.

Le mari de son côté peut répudier sa femme coupable d'adultère, maléfice ou prostitution. Dans tous les cas, les époux divorcés ne peuvent contracter un second mariage pendant l'espace de cinq années.

Il semble bien que le divorce par consentement mutuel existait chez les Francs, les formules de Marculfe que M. de Rozière nous rapporte sous les nos 110, 111, 112, 113, 114, en sont une preuve irrécusable. Nous citerons en entier la formule 114, une des plus originales, qui donnera une idée du style et des mœurs du temps. C'est un libellus repudii envoyé par une femme à son mari.

« Domeno non dulcissemo sed amarissimo et exsufflantissimo iocali meo, illa. Dùm non est incognitum qualiter, faciente inimico et intertitente Dio, ut insimul esse non potemmus, proinde convenit nobis ante bonis hominibus ut advicem nos relaxare deberemus, quod ita et fecimus. Ubicumque iocalis meus muliere voluerit, licentiam habiat potestatem faciendi; similiter et illa convenit ut, ubicumque ipsa femena superius nominata sibi marito accipere voluerit, licenciam habiat potestatem faciendi. Et si fueret post tunc diæ unus ex nus ipsis, qui contrà hanc epistola ista agere aut repetire præsumpserit, soledus tantus ad pare suo componat unam cum iudice intercidentem, et quod repetit nihil valeat vindecare, et hæc epistola omni tempore firma permaneat. »

Cependant, l'influence de l'Eglise se fait sentir de jour en jour davantage, et sous la deuxième race de nos rois, les capitulaires posent le principe de l'indissolubilité du mariage : les documents de l'époque nous montrent cependant qu'on faisait encore bien des exceptions à ce principe.

Les capitulaires de Charlemagne prohibent le divorce d'une façon absolue, n'autorisant qu'une sorte de séparation de corps : « Ut nec uxor a viro dimissa alium accipiat, vivente viro suo, nec vir aliam accipiat, vivente uxore priore (*Baluze*, I, p. 515).

Dans un autre capitulaire (livre VII, ch. LXXIII), l'empereur déclare coupables d'adultère les époux qui se remarient après la répudiation.

L'adultère dès lors n'entraînait plus comme peine le divorce; Charlemagne renvoie pour sa répression aux lois si sévères des Bavarois.

L'indissolubilité légale du mariage eut beaucoup de peine à triompher de la pratique, et l'on trouve encore des faits de divorce au XIe siècle : le divorce ne disparaît complétement, même en fait, que vers l'époque féodale.

Quant aux biens de la femme, le mari est toujours considéré comme dominus dotis, mais il n'a plus ipso jure l'exercice des droits qui compètent à son épouse, il lui faut pour agir, une sorte de mandat de cette dernière (Edition de Rozière, form. 383, 386).

Notons en terminant que, dès le VIIIe siècle, on voit l'Etat et l'Eglise tenir pour ainsi dire lieu en France du tribunal de famille des Romains. Charlemagne ordonne à ses missi dominici de rechercher l'adultère et d'en poursuivre la punition. L'Eglise, de son côté, édicte contre les époux infidèles, tantôt l'excommunication, tantôt la pénitence publique, et plus juste que les lois nationales, elle punit avec une égale sévérité le mari et la femme, parce que, devant Dieu, la violation de la foi conjugale est aussi grave pour le mari que pour la femme.

Législation féodale.

SECTION I. — DU MARIAGE

Nous arrivons maintenant à l'époque de notre histoire qui est peut être la moins connue; c'est elle cependant qui a soulevé les plus nombreuses controverses, et engendré les plus violents débats.

Nous ne pourrions, sans sortir de notre sujet, retracer ici les changements considérables qu'opéra la féodalité au point de vue du droit public et du droit privé; nous n'examinerons pas non plus la révolution politique, économique et sociale dont la féodalité fut le principal agent. De telles études seraient ici hors de propos.

Avant d'examiner quels étaient à cette époque les droits du mari sur la personne de sa femme, nous devons dire un mot de ce qu'était alors le mariage lui-même, ce qui nous permettra de résoudre par la suite quelques difficultés.

Au point de vue du mariage, nous pouvons diviser les personnes en deux classes : les nobles d'un côté, les serfs et les vilains de l'autre. Dans la famille noble, nous voyons prédominer cette idée que la femme est un être physiquement incapable. A cette epoque où la violence et l'arbitraire règnent en maître, la femme qui ne peut se défendre par elle-même est en tutelle perpétuelle.

Est-elle fille ou veuve, elle est sous la tutelle du seigneur, si elle possède des fiefs; est-elle mariée, elle est sous la garde de son mari.

La loi salique prononçant l'exclusion des femmes de la succession à la terre s'accordait trop bien avec les besoins et les tendances de la féodalité pour ne pas être adoptée; aussi à l'origine, voyons-nous la femme exclue du fief; elle n'aurait pu du reste le desservir qu'imparfaitement, étant incapable de payer par elle-même au suzerain la dette la plus lourde découlant de la possession du fief, le service militaire. Dès le XIIe siècle, un progrès sensible s'accomplit dans les mœurs, et nous voyons la femme succéder aux fiefs. Mais restait une grave difficulté, qui paierait le service militaire? Aussi le seigneur était-il intéressé à ce que la jeune fille se mariât pour que le mari pût porter le fief de sa femme; et il était encore intéressé au choix du mari, pour trouver en lui bon et féal vassal. Dès lors le seigneur s'arrogea une double faculté: 1° il put forcer la jeune fille noble au mariage, et ce, sous peine de confiscation du fief, dès que celle-ci avait atteint l'âge légal pour se marier, douze ans; 2° il eut le droit d'agréer ou de refuser le choix qu'elle avait fait. Les textes nous apprennent comment en pratique les choses se passaient. Nous en citons un dont le sens est assez clair pour ne donner lieu à aucune équivoque. Il s'agit d'une veuve noble ayant une fille. « Et quand la pucelle sera en aage de marier, se la dame trû qui la li demande, ele doit venir à son Saignor, et au lignage devers le père à la damoiselle, et leur doit dire en tele manière; Saignor, l'en me requiert ma fille à marier, et je ne la voël pas marier sans votre consel : ore metes bon consel, car un tel homme me la demande (et le doit nommer). Et se li sires dit : je ne voël mie que cil l'ait, quar tiex hons la me demande qui est plus riches et plus gentilshons assez que cils de qui vous parlés qui volontiers la prendra. Et se li lignage dit: encore en savons-nous un plus riches et plus gentilshons que nus de cels. Adonc si doivent regarder le meillor des trois, et le plus proufitable à la damoiselle, et cil qui dira le meilleur des trois, si en doit être creus. »

Et Laurière ajoute en note : « Cela était vrai quand la mère et les parents paternels de la fille offraient au seigneur des personnes qui ne lui étaient pas désagréables, mais quand ils lui présentaient des personnes suspectes, et dont il avait lieu de douter de la fidélité, il les pouvait récuser, et dans ce cas l'usage était, en plusieurs lieux, que le seigneur présentait trois personnes dont la mère et les parents de la fille étaient obligés de prendre un, ce qui se pratiquait ainsi lorsque la fille était majeure, et que le seigneur voulait qu'elle prit un mary pour desservir son fief, comme il se voit par le chapitre qui suit des assises de Jérusalem (*Etablissements de saint Louis*, année 1270, chap. LXIII; ordonn. des rois de Fr. t. I. p. 155).

Au milieu du XIIIe siècle nous en sommes donc revenus aux plus mauvais jours de l'histoire, quand la femme n'était pas libre dans l'acte le plus important de la vie, n'ayant même pas le droit de se choisir un époux (Legouvé. hist. mor. des femmes, p. 93). Et ce n'est pas tout. La femme perdait-elle son mari, le seigneur pouvait la forcer à se remarier jusqu'à ce qu'elle eût atteint l'âge de soixante ans, « parce que, disent les textes, quand la gent qui service doivent de leur corps ont passé soixante ans d'âge, ils sont quittes d'iceluy service (Ass. de Jer. ch. CCXLIV. Et l'auteur ajoute : « Et spécialement semble-t-il chose impossible car ce serait contre Dieu et contre raison, si le seigneur put marier les femmes qui auraient 80 ou 90 ans, ou 100 ans, qui seraient si déchues comme si elles fussent à moitié pourries. »

Des serfs et vilains. — On sait que le grand principe de la féodalité, au point de vue du droit, c'est la transformation du droit personnel en droit réel ; faire devoir à la terre ce qui est dû à la personne, telle est l'idée mère du régime féodal. La terre possède, la terre est possédée, en un mot la terre prend une sorte de personnalité. Le seigneur sert son fief comme le roturier sert sa censive.

Le serf est la dernière des personnes de l'échelle féodale : il a de nombreux points de ressemblance avec l'esclave antique ; il en diffère cependant en ce qu'il est traité beaucoup plus humainement et qu'il est attaché à la glèbe ; le serf, de plus, jouit de tous les droits de famille dont l'esclave était privé. Sa tenure n'est pas à lui, mais on ne peut la lui enlever. La grande différence entre lui et le vilain, c'est que le vilain peut abandonner sa censive, et que le serf, lui, ne peut délaisser sa tenure. Nous les mettons ici tous deux de la même classe, car ils sont sur le même rang par rapport au mariage. Leur situation *en droit* n'était pas la même, mais comme presque toujours le vilain n'était autre qu'un serf affranchi, il en résultait que le seigneur conservait *en fait* quant au mariage sur la personne du vilain les droits qu'il avait sur la personne du serf. Nous ne rappellerons pas ici les obstacles qu'eut à renverser l'Eglise pour faire reconnaître par le seigneur la validité du mariage du serf, même s'il avait été contracté sans son consentement. D'un autre côté, et comme compensation, on accorda au Seigneur le droit de formariage *foris maritagium*, mariage dehors) qui lui permettait d'empêcher le serf de se marier en dehors de sa seigneurie, ou d'épouser une femme qui ne fût pas de la même condition. Le grand dommage qu'éprouvait le seigneur quand un serf de ses domaines se formariait, c'est que les enfants à naître du mariage lui échappaient. C'était donc pour la terre une perte de travailleurs, perte sensible à cette époque surtout où l'on ne savait encore suppléer au manque de bras. Les jurisconsultes s'efforcèrent de concilier la liberté du mariage avec les droits du seigneur. Plusieurs expédients furent essayés. 1° Si les époux serfs étaient de deux seigneuries différentes, on partageait les enfants entre les deux seigneurs. Ce système péchait par la base; il était inhumain et révoltant, car il méconnaissait le grand principe de l'unité de la famille; aussi fut-il promptement abandonné, et 2° On lui substitua le système dit d'échange. Quand un serf se mariait avec une serve d'une seigneurie étrangère sans le consentement du maître de la serve, le seigneur du serf devait rendre au seigneur voisin une serve d'égale valeur et non mariée. Ce système beaucoup plus équitable était encore imparfait, il violait la règle féodale que le serf ne peut être séparé de la glèbe.

De plus, ces deux premiers moyens ne pouvaient s'appliquer qu'à un seul des deux cas de formariage; quand le serf se mariait hors de sa condition, on ne pouvait appliquer ces règles.

Alors apparut un troisième système dont les résultats furent plus tard désignés par le nom même de « droit de formariage ». Il consistait en la faculté pour le seigneur de se faire payer par le serf une redevance pécuniaire dans les cas où il y avait formariage; ce droit devint à peu près universel au XIIe siècle. A l'origine, la somme fut très-forte, le serf perdait même tous ses biens (*Beaumanoir*, ch. XLV, § 31). Dans la plupart des coutumes, le droit de formariage diminua beaucoup d'importance; il fut réduit à 60 sols d'argent. Bientôt cette indemnité s'abaissa encore, et vers le XIIIe siècle, elle varia de 15 à 20 deniers (L. Delisle, Classes agricoles). Souvent même, cette redevance était insignifiante : tantôt, par exemple, c'était un gâteau ou petit présent du même genre donné par le serf au seigneur; tantôt, comme dans la coutume de Coutances, le mari devait jouter avec un champion jusqu'à ce que l'un des deux fût jeté à terre; tantôt, le seigneur avait droit d'assister au mariage et au repas qui suivait, ou de s'y faire représenter par un sergent accompagné de deux levriers. Le droit de formariage tendait donc à disparaître comme redevance pécuniaire, pour ne laisser subsister qu'un simple symbole de dépendance. L'Église comme toujours avait puissamment aidé à cette amélioration des mœurs, en interposant sa bienfaisante autorité entre le fort et le faible. Le pape saint Grégoire le Grand prescrivit que le droit de formariage ne dépassât pas un solidus. « Pervenit etiam ad nos quod de nuptiis rusticorum immoderata commoda percipiantur, de quibus præcipimus ut omne commodum nuptiarum unius solidi summam nulla tenus excedat (Greg. Episcop., I, 42). »

Il semble que par la suite le droit de formariage restreint d'abord à deux hypothèses déterminées s'étendit, et qu'il fut payé au seigneur pour tous les mariages de serfs, les textes du moins ne font plus aucune distinction.

SECTION II. — DU DROIT DU SEIGNEUR

Du droit du seigneur. — Mais qu'arrivait-il si les droits de formariage n'étaient point payés au seigneur. La plupart des auteurs nous disent que si la vilaine était pauvre, la tyrannie féodale s'exerçait sur elle d'une autre manière: on lui prenait ce qu'on pouvait lui prendre; à défaut d'autre bien pour acheter le consentement de son maître, elle devait lui livrer son honneur (M. Gide, p. 397). Le seigneur, au mépris des lois saintes de la morale et des droits les plus sacrés de l'union conjugale, s'arrogeait un pouvoir infâme, celui de passer avec la mariée la première nuit suivant les noces, afin, comme dit un texte, de *cueillir la première fleur de sa virginité*. On va même plus loin, et c'est en cela que consiste la véritable théorie soutenue : ce n'est pas à défaut du paiement de redevance, mais bien comme droit propre et distinct que le seigneur aurait joui de ce monstrueux privilège; il aurait eu ce droit sur les serfs de son domaine, uniquement en tant que seigneur et cela pour consentir à leur mariage. La redevance n'aurait été qu'une atténuation, un adoucissement apporté à ce droit.

Si l'existence de ce privilége était démontrée, on ne saurait éclater en termes trop indignés contre le moyen âge et surtout contre la féodalité qui aurait sanctionné de pareilles turpitudes. Mais, pour l'honneur et la dignité de la nature humaine, on peut croire, et on peut même affirmer avec de bons arguments que ce droit inique n'a pas existé, du moins comme droit. C'est ce que nous allons nous efforcer de démontrer, tout en restant dans les limites de la plus grande impartialité. Évitant le système des auteurs qui affirment sans preuves, nous consulterons les textes qu'on nous oppose, nous les citerons au besoin, et puisse cette discussion donner son humble part d'éclaircissements pour la solution de cette controverse qui a si fortement passionné les esprits de notre temps.

Vers la fin du dix-septième siècle et surtout pendant le dix-huitième, on semble ne plus mettre en doute la réalité de ce droit monstrueux. L'aversion profonde qu'on témoignait alors pour le moyen âge, et en particulier pour le régime féodal, contribua-t-elle pour beaucoup à faire entrer cette opinion dans les esprits; nous ne cherchons pas à le savoir, mais un fait est certain, c'est que cette conviction ne datait pas de bien loin, car le seizième siècle n'est pas aussi affirmatif que les âges suivants.

Chopin (de la police ecclésiastique, II. p. 27), s'exprime ainsi : « Le droit de couche n'a jamais esté permis aux seigneurs temporels, si ce n'est parmy quelques peuples barbares, et les insulaires habitants aux isles Orcades et Hébrides, ou en l'isle Thulé en Islande. la plus éloignée de tout le monde (1). » Mais le plus curieux est que les Écossais, à qui Chopin attribue la coutume su.dite, affirment qu'elle venait de France (Graig. de *Feudis*, II, d. 3 sect. 31). Il y a donc là déjà contradiction manifeste.

Brodeau dans son commentaire sur la coustume de la pré-

(1) Nous empruntons ces textes et plusieurs autres cités plus loin à un remarquable article de M. A. de Barthélemy (*Revue des questions historiques*, I, année 1866).

vôté et vicomté de Paris; I, p. 275), nous dit qu' « il y avait une coustume abominable et détestable parmi *les peuples septentrionaux*, que les seigneurs violaient les nouvelles mariées, la première nuit de leurs nopces; ce qui a esté aboli par le *Christianisme*, et converti en un certain tribut qui est descript amplement dans les anciennes lois d'Écosse. »

Ces textes sont fort clairs et n'ont pas besoin de commentaires. Aussi n'est-ce pas au seizième siècle, mais bien aux âges postérieurs que nos auteurs contemporains vont recherché des armes et des preuves pour soutenir et démontrer l'existence du droit du seigneur. Examinons donc quels sont les documents qu'on nous oppose.

Monsieur Legouvé (dans son livre sur l'*Histoire morale des femmes*, page 93), s'exprime ainsi : « Restait cependant pour la jeune fille une dernière servitude plus affreuse encore : c'est le droit de marquette, le droit du seigneur. En vain les défenseurs du passé nient-ils ce privilége comme une fable, ou l'expliquent-ils comme un pur symbole : le grave Du Cange et Boetius l'établissent comme un fait, dans des textes qu'il suffit de citer sans les traduire. Ce n'était là du reste qu'une conséquence forcée de tout le système féodal, qui faisait, avant tout, reposer le vasselage sur la personne.

« Les jeunes gens payaient de leur corps en allant à la guerre, les jeunes filles en allant à l'autel ; et quelques seigneurs ne croyaient pas plus mal faire de lever une dîme sur la beauté des jeunes fiancées que de demander moitié de la laine de chaque troupeau. Leurs vassales étaient leur chose.

« Rien ne prouve mieux cette croyance que l'unique et étrange restriction apportée au droit de mariage. Le seigneur ne pouvait contraindre sa vassale à se marier quand elle était sexagénaire, car la personne qui doit service de son corps est quitte de ce service quand elle est si déchue (je laisse au texte de la loi sa crudité caractéristique), lorsqu'elle est si déchue qu'elle semble à moitié pourrie. »

Nous ne nous occuperons pas des incroyables erreurs de droit qui émaillent cette page. M. Legouvé est un littérateur, il n'est pas un jurisconsulte. L'histoire morale des femmes est un ouvrage charmant, tout de poésie et de sentiment, genre dans lequel excelle l'illustre académicien, mais quant à être un livre juridique M. Legouvé lui-même ne le pense sans doute pas. — Quels sont donc les textes si probants de Du Cange et de Boëtius? Les voici :

Du Cange, dans son célèbre glossaire, au mot « marchetum » cite les opinions de divers auteurs, entre autres Skenæus qui donne de la markette la définition que M. Legouvé reproduit en note en l'attribuant à Du Cange.

Quant à Du Cange lui-même, il nous a été impossible de découvrir en quoi et comment il affirmait l'existence du droit du seigneur. Tout au contraire, il cite en commençant le texte suivant de Skenæus qui semble bien indiquer que le droit de marchette était une redevance que la femme payait lors de son mariage (il s'agit ici de l'Écosse). « Sciendum est, quod secundum assisam terræ quæcumque mulier fuerit, sive nobilis, sive serva, sive mercenaria, marcheta sua erit una juvenca, vel 3 solidi, et rectum servientis 3 denarii. Et si filia liberi sit, et non domini villæ, marcheta sua erit una vacca, vel 6 solidi, et rectum servientis 6 denarii. Item marcheta filiæ Thani vel Ogetharii 2 vaccæ vel 12 solidi. Item marcheta filiæ comitis, est reginæ 12 vaccæ. (Skenæus. *Regiam majestatem*, lib. IV, ch. XXXI.)

Du Cange nous parle encore de la célèbre indemnité qu'exigeait l'évêque d'Amiens de toutes les personnes nouvellement mariées, pour leur permettre de passer avec leurs épouses la première nuit de leurs noces. Puisqu'on retrouve cet argument dans tous les ouvrages qui veulent démontrer l'existence du droit du seigneur, il est bon de donner ici quelques développements.

Au vol. II, pages 117, 118, des ordonnances des rois de France recueillies par de Laurière, nous trouvons une lettre de Philippe VI, dit de Valois, en date du 10 juillet 1336, par laquelle « le roy ordonne que l'évesque d'Amiens sera contraint, par saisie de son temporel, de ne plus lever des amendes sur les nouveaux mariez qui habiteront avec leurs épouses. »

Pour montrer avec quelle crédulité on répète toujours les mêmes arguments sans se rendre compte de leur portée, citons le texte tout entier :

« Philippus Dei gratia Francorum rex : Baillivo Ambianensi, aut ejus locum tenenti, salutem. Sua nobis major, et Scabini villæ Ambianensis, gravi conquestione monstrarunt quod, cum ipsi, super eo, quod Officialis Ambianensis, Vicegerens Episcopi dictæ villæ, et aliæ ipsius Episcopi gentes, Joannem de Arguenne et plures alios dictæ villæ Burgenses nostros, coram Episcopo conveniri et citari faciebant, imponentes eidem Joanni et aliis nostris Burgensibus, quod ipsi feminas, aliasque suas desponsatas carnaliter cognoverant, ipsos ad solvendum emendas, propter hoc compellendo, vel etiam tractando, coram fidelibus Gentibus nostris Parlamentum nostrum Parisiense tenentibus, in nostra præsentia conquesti fuissent, afferentes præmissa fore in magnum præjudicium nostrum, dictorum conquerentium, ac particularium omnium in dicta villa commorantium. Cumque de præcepto Gentium nostrarum prædictarum, tibi ore tenus facto, ipsum Episcopum ad desistendum de præmissis, per ipsius temporalitatis captionem compellere voluisses, tamen tu, prætextu quarumdam literarum Regiarum, tibi per ipsum Episcopum directarum, continentium inter cætera, ut dicitur, quod sua temporalitas, nisi de nostro speciali mandato nullatenus arrestatur, a præmissis omnino cessati, in dictorum conquerentium et omnium in dicta villa habitantium damnum non modicum ac periculum et gravamen, sicut diximus. Tamen auditis superbis, coram prædictis Gentibus nostris ordinatum fuit quod dictus Episcopus compelleretur ad desistendum a prædictis, per captionem temporalitatis suæ. Commendamus tibi quatenus dictum Episcopum ad desistendum a præmissis seu desisti faciendum, per ipsius temporalitatis captionem, indilate compellas : literis prædictis per ipsum Episcopum, seu ejus gentes tibi super hoc directis, vel ostensis, et aliis impedimentis a Nobis, seu etiam impetrandis, nonobstantibus quibuscumque. Datum Parisiis in Parlamento nostro, die decima Julii. Anno Domini millesimo trecentesimo trigesimo sexto. Signatum Hangest. Lecta per cameram. Registrata in Curia Parlamenti in libro ordinationum regiarum. Fol 50 in nono anno. »

On invoque encore (M Gide, p. 398) les notes de Laurière sur cette ordonnance. Citons-les encore : ce sera le meilleur moyen de montrer l'importance qu'on doit y attacher. Après avoir dit qu'en 1388, le roi Charles VI envoya au bailli d'Amiens une lettre dont le fond est le même que celle déjà transcrite, il ajoute : « En l'année 1409, ces mêmes vexations continuaient encore, et le 19 mars, il fut dit par arrêt de la Cour, que les deffenses faites à la requeste du procureur général, et les maires, et les échevins d'Abbeville en Ponthieu, par vertu de certaines lettres royaux, à l'Évesque d'Amiens et aux curés de ladite ville ; c'est à savoir audit évêque qu'il ne print, ne exigeât argent des nouveaux mariez, pour leur donner congé de coucher avec leurs femmes, la première, deux et troisième nuits de leurs nopces et autres contenues audit arrêst avait esté bonnes et valables, et que l'opposition dudit Évesque avait esté donnée sans excepte, au regard des exceptions générales, au regard desquelles il fut dit, les deffenses avoir été faites sans cause. Et fut dit que chacun desdits habitants pourrait coucher cum uxoribus suis, la première nuit de leurs nopces, sans le congé de l'Évesque.... etc. »

Du Cange lui-même nous indique sur quoi s'appuyait l'évêque d'Amiens pour réclamer le droit susdit: « Sponsus et sponsa cum benedictionem acceperint, eadem nocte pro reverentia ipsius benedictionis in virginitate permanere jubeantur. (Concilio carthaginiensi, iv, can. 13. Du Cange v°, marchetum, p. 282. C. f, Laurière., *Gloss.*, i. p. 308).

Il est incroyable qu'on invoque ces textes contre nous. Nous pensions que la mauvaise foi seule pût donner une signification si injurieuse à une redevance qu'on devait à l'évêque pour se soustraire aux prescriptions du concile de Carthage. Cette redevance, on l'acquittait tantôt en argent, tantôt en prestations, tantôt même en une part prélevée sur le festin nuptial. Il n'y a là aucun rapport avec le formariage. De même qu'aujourd'hui on acquitte un droit au clergé pour se marier en temps d'Avent ou de Carême, par exemple, de même alors, on payait une certaine redevance pour pouvoir cohabiter avec son épouse la nuit suivant les noces. Il n'y a rien là de bien odieux, et l'on ne comprend pas pourquoi cet usage a pu exciter les injures et les railleries de certains écrivains. Sans doute, on voit, dans quelques textes, des évêques ou abbés revendiquer le droit pécuniaire de formariage, mais alors, ils agissent en tant que seigneurs temporels.

Quant à Boétius, autrement dit Boyer, président au Parlement de Bordeaux, l'autorité qu'on peut tirer de lui consiste en de pures affirmations, totalement dénuées de preuves.

« J'ai vu, dit-il, juger dans la cour de Bourges, devant le

métropolitain, un procès d'appel où le curé de la paroisse prétendait que de vieille date, il avait la première connaissance charnelle avec la fiancée, laquelle coutume avait été annulée et changée en amende. La demande fut rejetée avec indignation, la coutume proscrite tout d'une voix, et le prêtre scandaleux condamné à l'amende. (Rep. de Guyot, v° markette).

« J'ai ouï dire encore, ajoute-t-il, que quelques seigneurs gascons avaient droit, la première nuit des noces, de poser une jambe nue à côté de la jeune épouse (Boëtius. decis. 297). »

Voilà donc les affirmations, voilà les textes que M. Legouvé trouve assez probants pour pouvoir en déduire avec certitude l'existence du droit du seigneur. En vérité, malgré le profond respect que nous portons à cet écrivain, nous trouvons qu'il faut bien peu de chose pour le convaincre.

M. Laboulaye (Condit. civ. et polit. des femmes. page 332) n'est guère plus difficile au sujet de la coutume « qu'on voudrait nier à l'honneur de la dignité humaine, s'il ne s'en trouvait des traces irrécusables dans quelques titres des derniers siècles. » L'auteur cite comme renfermant « ces traces irrécusables, les ouvrages suivants : *Bluntschli*, 1, p. 189., *Grimm*, D. R. A., p. 384., *Laurière, Gloss.*, V°, *Culage et marquète; Du Cange*, V°, Marcheta.

Nous ne nous occuperons pas des deux premières citations, n'examinant que pour la France la question de l'authenticité du droit du seigneur. Pour Du Cange nous en avons parlé plus haut, et n'avons plus à y revenir.

Laurière (*Gloss.*, 1, p. 307, v° *Culage*) ne nous donne point de preuves plus convaincantes. Après avoir cité Du Cange, et parlé du cas de l'évêque d'Amiens, il nous raconte certains faits qui n'ont pas de rapport direct avec notre sujet. Le seul point important est ce qu'il nous dit au sujet des seigneurs de Souloire (C. f. M. Laboulaye, p. 332). Mais ce qui prouve que lesdits seigneurs n'avaient pas le droit qu'ils revendiquaient, c'est qu'ils l'omirent en l'aveu rendu au seigneur de Montlevrier. Voici d'ailleurs le texte :

« Les sieurs de Souloire étaient autrefois fondez en pareil droit (pure affirmation de de Laurière : ce droit de plus était-il pécuniaire ou réel, c'est ce qu'il ne dit pas.) L'ayant obmis en l'aveu rendu au seigneur de Montlévrier, seigneur suzerain, le défaut donna ouverture de débat, comme de défectuosité : et par acte du 15 décembre 1607, il y renonça complétement. »

Quant au mot Marquette auquel renvoie M. Laboulaye, ce n'est qu'une répétition de ce que nous avons vu dans Du Cange.

Nous arrivons maintenant à l'auteur que nous avons le plus à cœur de combattre, car ses doctrines ont à bon droit grande force à l'École. Nous voulons parler de M. Gide. Dans son excellent ouvrage sur la condition privée de la femme, ouvrage qui a mérité les suffrages de l'Académie des sciences morales et politiques, nous trouvons (page 397) la phrase suivante : « L'on a contesté l'existence de ce fameux droit du seigneur, et l'on voudrait ne point y croire pour l'honneur de la dignité humaine, si, dans tous les pays où a régné la féodalité, depuis la Sicile jusqu'à l'Ecosse, l'on ne trouvait des monuments irrécusables de cette infâme coutume. » Quels sont donc ces « monuments irrécusables » pour la France ? M. Gide les cite en note. (Ordonnances ..., t. II, p, 118. note ; et les documents publiées par M. Bouthors ; *Cout. loc., du bailliage d'Amiens*, I, p, 484.) L. Delisle (Etudes sur la condition de la classe agricole en Normandie, au moyen âge et J. Delpit, Réponse .... sur le droit du seigneur.)

Nous avons déja examiné l'ordonnance de Philippe VI et les notes de M. de Laurière, pas n'est besoin d'y revenir. Nous ouvrons le livre de M. Bouthors (tome I, p. 481) et nous y lisons le passage suivant : « Item, et quand aucun des subgietz ou subgietes dudit lieu de Drucat, se marye et la feste et nœupces se font audit lieu de Drucat, le maryé ne peut couchier la première nuyt avec sa dame de nœupce sans le congié, licence et auctorité dudit seigneur ouquel ledit seigneur ait couchié avec ladite dame de nœupce, lequel congié, il est tenu demander audit seigneur ou à ses officiers, pour lequel congié obtenir, ledit maryé est tenu baillier ung plat de viande telque on la mengue aus dictes nœupces, avec deux los de bruvaige telque l'on boit ausdites nœupces ; et est ledit droit appellé droit de cullaige et d'icelluy droit de cullaige ledit seigneur et ses prédécesseurs ont joy de tous temps et de tel qu'il n'est témoin du contraire. (*Cout. de St.-Riquier*, § 17.) » Nous voyons bien là une menace du seigneur, une peine pour le cas où le serf ne voudrait pas payer le droit (bien faible) de formariage. mais le document n'envisage nullement cette peine comme un droit du seigneur qui primitivement n'aurait pu être compensé.

Citons encore quelques coutumes que nous prenons toujours dans le livre de ce savant compilateur.

« Par aultre coustume, si aucun estrangier se marie à aucune femme.... et demourant es mettes d'icelle conté et y vient faire sa résidence ; avant qu'il couche avec sa femme, il est tenu paier ausdits relligieux, abé et couvent, un droit de II sols parisis que l'on nomme vulgairement cullage (II, p. 77 cout. de Blangy-en-Ternois, § 14).

« Quant aucun estranger se allye par mariage à fille ou femme estant de la nation d'Auxi ou demeurant en icelle ville, ils ne pœvent, la nuit de la feste de leur nœupches, couchier ensemble sans avoir obtenu congié de ce faire du seigneur ou de ses officiers, sous peine de LX sols parisis d'amende » (t. II, p, 60, *Cout. d'Auxi-le-Château.*)

M. Bouthors cite encore quelques textes d'autres auteurs sur ce sujet et ajoute (t, p. 470.) : « Dans le plus grand nombre de coutumes, le maritagium se reduisait pour les nouveaux époux à l'offrande d'un mets ou régal de mariage. » Et plus bas : « le maritagium tire son origine de l'affranchissement, ou du moins de l'adoucissement de la servitude primitive. » En effet, *on se demande si ce droit a jamais été exigé* en nature. Quand on songe au pouvoir illimité qu'un maître avait sur ses esclaves de l'un et de l'autre sexe, il est bien permis de le supposer. Celui qui pouvait dire : cet homme est à moi, j'ai le droit de le cuire et de le rôtir, était tout aussi fondé à ajouter : cette femme est à moi, les enfants qu'elle met au monde sont ma chose ; donc je puis lever sur elle le tribut du plaisir et féconder le sein dont le tribut m'appartient. En élevant leurs esclaves à la condition de sujets, *les maîtres devenus seigneurs ont remplacé par une indemnité* le droit auquel *ils renonçaient ;* mais longtemps encore, ils ont conservé la tradition de ce droit, moins comme une alternative à la laquelle ils pourraient avoir recours, en cas de non-paiement de l'indemnité stipulée, que comme moyen de rappeler aux descendants de leurs affranchis le souvenir de leur condition originelle. »

Et c'est cependant après avoir cité les deux derniers textes que nous avons reproduits, et sans doute sans avoir lu les réflexions si judicieuses de M. Bouthors que l'éminent procureur général, M. Dupin, en rendant compte du livre que nous étudions, prononçait au sein de l'*Académie des sciences morales et politiques*, les incroyables paroles que voici : « que les amis posthumes de la féodalité ne viennent pas dire que ce sont des fables ou des exagérations inventées par les adversaires de l'ancienne aristocratie seigneuriale.

« On peut contester certains récits qui ne se trouvent que dans des chroniqueurs crédules ou dans quelques écrivains passionnés : mais quand de tels faits sont écrits dans des lois où ils sont qualifiés de droits, quand le texte de ces lois est authentique, et qu'il est produit, le rôle officieux de la dénégation devient impossible » (*Académie des sciences morales et politiques*, 1851).

En vérité, il faut croire qu'on ne pouvait admettre une erreur de M. Dupin dans une question de droit puisque personne ne s'est rencontré pour protester contre de telles paroles et renvoyer leur auteur à la lecture de Bouthors, de qui il travestissait si étrangement l'opinion et les paroles.

Nous en arrivons à M. Léopold Delisle, et ici nous sommes encore plus à l'aise pour défendre notre théorie, car nous trouvons dans le savant directeur de la Bibliothèque Nationale une puissante autorité.

M. L. Delisle a compulsé toutes les chartes de Normandie, pays où le régime féodal eut peut-être les racines les plus profondes, et le seigneur le plus de privilèges. Eh bien! dans ce pays féodal par excellence, le savant archiviste n'a trouvé que deux pièces où il soit parlé du droit de cullage : toutes les autres, et elles sont nombreuses, ne parlent jamais que d'un simple droit précuniaire (L. Delisle, p. p. 68-71).

Le 1er document est intitulé « le conte des vilains de Verson », par Estout de Goz : une strophe de ce chant est ainsi conçue :

« Biem me conta Rogier Adé,
Qué honte ait vilein eschappé :
Se vilein sa fille marie
Par dehors de la Seignorie,
Le seignor en a le culage :
III sols en a del mariage ;
III sols en a reison por quei,
Sire, je l'vos di par ma fei :
Jadis avint que le vilein

Baillout sa fille par la mein
Et la livrant à son Seignor,
Jà ne fust de si grand valor
A faire donc sa volonté,
Anceis qu'il li eust el doné
Rente, chatel ou héritage
Por consentir le mariage (p. 671, v. 460).

Mais, comme le fait remarquer M. L. Delisle, on ne peut être, dans ces vers, choqué que par l'expression, car dans ce texte, il ne s'agit que d'une redevance en argent, le vers qui suit le montre clairement (p. 69, note 86).

Mais il y a plus, le même auteur (p. 125, note 3) pense qu'il faut rattacher l'insurrection des vilains de Verson à la révolte des Pastoureaux. Or, à toutes les époques de l'histoire, dans les temps modernes, comme dans la plus haute antiquité, et comme aussi au moyen âge, la calomnie et le mensonge sont enployés pour préparer les insurrections, et exciter les passions populaires contre les chefs au pouvoir, et de qui on veut se débarrasser.

La calomnie, d'ailleurs, est ici manifeste, car on sait, d'un côté, qu'à l'époque dont il s'agit Verson appartenait à l'abbaye du Mont Saint-Michel, en vertu d'un don fait par Richard Ier, duc de Normandie, mort en 996 (*Mém. de la société des antiquaires de Normandie*, IIe série, tome II. p. 100). D'un autre côté, nous lisons dans la charte : de *Vilanegiis de Bret et Verson au* § 25. *de licentia maritandi*, la disposition suivante : « Item notandum quod quilibet qui tenet plenum vilenagium, si maritaverit filiam suam extra terram sancti Michaelis, tenetur reddere XVIII d., et qui minus tenuerit, reddet pro portione quam tenebit. »

Le second document (A. N., n. XXXVIII) est une charte ainsi conçue : « En dit lieu (de la rivière Bourdet, en 1419) aussi ay droit de prendre sur mes hommes et autres, quand ils se marient en ma terre, diz soulz tournois et une longue de porc tout au long de l'eschine jusques à l'oreille, et la queue franchement comprinse en y celle longue, avecques un gallon de tel bruvaige comme il aura aux nopces, où je puis et dois, s'il me plaist, aler couchier avec l'espousée, en cas ou son mary ou personne de par lui ne me paierait à moi ou à mon commandement l'une des choses dessus déclairées (p. 72). Et

M. Delisle fait suivre cette charte des réflexions suivantes : « En lisant les exemples que nous venons de rapporter, on aura remarqué que le seigneur lève un droit sur les mariages de ses vassaux, mais quelquefois seulement quand la fille sort de ses domaines; que ce droit consiste généralement en argent, ou en mets semblables à ceux de la noce, le plus souvent en gâteaux, ce qui fit appeler cette redevance regards de mariage; enfin, que, dans certains lieux, le mari est tenul sous peine d'amende, de rompre une lance, monté à cheva, ou dans un bateau. Pour être absolument impartial, observons qu'une fois seulement un mot peu décent s'est rencontré sous notre plume, mais que le vers suivant ne laisse pas la moindre place à une maligne interprétation ; qu'un fois encore, les regards de mariage sont indiqués comme l'équivalent d'autres redevances remises à la fin du XIIIe siècle par le seigneur de Chauvigny à ses hommes; mais que personne ne saurait se faire un argument de la transformation de ces redevances, à moins de s'appuyer sur le contrat même de rachat, ou sur tout autre texte plus explicite que l'aveu par nous produit. Enfin, que dans un seul cas, nous avons vu spécifier ce droit infâme dont le nom se jette sans cesse à la face de la féodalité comme le plus sanglant outragé; mais que, dans ce cas même, nous n'avons sous les yeux qu'une formule comminatoire, puisque l'exercice de ce droit est subordonné à la négligence que le mari mettait à donner un morceau de porc et un galon de vin. En résumé, nous ne contestons donc pas que les paysans aient été, à l'occasion de leur mariage, soumis envers leurs seigneurs à des obligations plus avilissantes que celles auxquelles ces derniers étaient eux-mêmes astreints vis-à-vis de leurs suzerains, et, sans nous dissimuler les mœurs corrompues des différentes classes de la société du moyen âge, de l'ensemble des textes normands qui nous ont passé sous les yeux, *nous nous croyons autorisé à nier l'existence réelle et légale du droit auquel nous faisions tout à l'heure allusion.* Si, d'ailleurs, il eût été généralement consacré par l'usage, l'Église aurait-elle gardé le silence, et ne lirions-nous pas, dans les canons de nombreux conciles, les anathèmes lancés contre les hommes dépravés, dont les désordres eussent à peine trouvé des précédents au milieu de la corruption païenne? — Par cela, nous n'entendons pas dire que certains seigneurs, à l'occasion du mariage de leurs vassaux n'aient commis de monstrueux abus, surtout dans les temps où la féodalité n'existait plus que de nom.

Mais, selon nous, ce serait une grande faute d'attribuer à une institution *les coupables excès de quelques individus.*

Voilà donc l'autorité que cite M. Gide comme donnant des « monuments irrécusables » de l'infâme coutume. A parler franchement, nous ne voyons pas bien clairement l'appui qu'apporte M. Léopold Delisle à l'affirmation de l'existence du droit du seigneur (1).

On cite souvent encore un texte que donne Michelet (p. 263), et qui est ainsi conçu : « Notre avis est que ceux qui viennent ici célébrer leurs noces doivent inviter le maire et son épouse. Le maire de son côté prêtera au futur un pot où il puisse facilement faire cuire une brebis ; le maire amènera encore une voiture de bois, et le jour des noces, le maire et son épouse apporteront, en outre, le quart d'un ventre de laie. Quand les convives se sont retirés, le nouvel époux laissera coucher le maire avec sa femme ; sinon, il la rachètera pour cinq schillings et quatre pfennings. » Ce texte n'est d'aucun poids dans la discussion : d'abord, c'est toujours une question de droit pécuniaire, et ensuite, il s'agit ici d'un maire qui n'est pas un seigneur féodal.

On trouve encore dans les mémoires de la société de Berry (1863-1864) que le seigneur de Châteauroux exigeait une redevance assez bizarre. Il s'agissait d'un pot de fleurs que la dernière veuve remariée devait le jour de la Pentecôte au nom des habitants de la rue de l'Indre : « preuve, dit cette estimable société, de la persistance de l'ancien droit dit du seigneur, qui, s'il n'existait pas de par quelque loi, existait du moins

(1) Quant au livre de M. J. Delpit (*Réponse d'un campagnard à un Parisien ou réfutation du livre de M. L. Veuillot sur le Droit du Seigneur*), nous l'avons lu attentivement, mais nous ne voulons pas en faire ici la critique, parce que dans la discussion nous craindrions de sortir des bornes de la modération que nous nous sommes imposée. L'auteur, en effet, blesse continuellement nos sentiments religieux : d'ailleurs, les preuves qu'il nous donne pour démontrer l'existence du droit du seigneur sont purement gratuites, et toutes présentées systématiquement, à l'appui de sa thèse. Il n'avance d'ailleurs aucun fait nouveau. L'auteur a voulu faire un pamphlet, il a réussi.

de fait dans beaucoup de lieux. » C'est ce qu'il faudrait démontrer, Messieurs de la société du Berry, et ce que, soit dit en passant, vous ne faites point du tout. Le fait, du reste, ne pourrait en aucun cas être de quelque valeur, car on s'accorde généralement pour dire que le droit du seigneur ne pesait pas sur les veuves (Skenœus, *reg*, *majest.*).

Enfin, il n'est, à notre connaissance du moins, qu'un seul acte authentique qui indique la redevance de formariage payée au seigneur, comme le rachat d'un droit plus odieux qu'auraient eu les ancêtres de ce seigneur. Voici le texte : « Item cum en temps passat auxique es bots et fama en lodit loc et senhoria sous sosme de quet temps eran en subjection et los senhors de tal loc predecessors deu denombrant en dret, auctoritat, preheminence totas qualas vegadas qui se fasen sposaliciis ou lo dit loc plus prochana de lasdictes sposaliciis et per so que enter sous predecessors et sousdits sosmes taldicte subjection fo convertit en autre tribut au moyen de que luy es en pocession de haber, prener, et receber et sousdits somes son tenguty et an usat et accostumat ly balhan et portan en sa mayson totas vegadas qui fen sposaliciis una poralha o ung capon et una spolla de moton et dus paas o una fogassa et duas scudelas de Bibarou. » (Dénombrement d'Auger de Bizanos en 1538).

Le sens de ce document n'est pas douteux, et nous le reconnaissons volontiers, mais, il est bon de le remarquer, le dénombrement précité a été fait dans le Béarn ; or le Béarn de même que le Bigorre, est régi par des coutumes toutes particulières ; dans ces deux provinces, limitrophes de l'Espagne, l'influence mauresque fut très-profonde, et il en reste même encore de nos jours, comme nous l'indiquons en note, des traces considérables (1). Quoi d'étonnant que dans un pays où l'on retrouve aujourd'hui des contrats de concubinage, quoi d'étonnant qu'on ait rencontré au moyen âge un fait

(1) Extrait du journal *le Droit* du 19 décembre 1877 :

« Un individu, nommé François M..., avait congédié une domestique, Madeleine Peyral. Un sieur Champigny, se prétendant mari de cette dernière, vint trouver M. François M.... Il lui reprocha d'avoir eu des relations intimes avec sa servante, et d'avoir frustré celle-ci de l'argent qu'il lui avait promis. Il avait, disait-il, des preuves écrites, et il menaçait d'en faire usage. Dans la position du sieur M... (il allait se remarier),

quelque peu analogue. C'est donc à l'influence arabe, et non à celle de la féodalité qu'il faudrait attribuer dans ces provinces l'existence du droit du seigneur, si toutefois là même ce droit a existé (Conf. M. Gide, p. 351, 355).

Tels sont les principaux textes, tels sont les meilleurs documents que cite l'opinion adverse pour démontrer l'existence du droit du seigneur. Nous les avons examinés, et ils ne nous ont pas convaincus.

Nous avons encore pour nous de grandes autorités. Les plus savants professeurs de l'École des Chartes, qui se sont occupés de ce sujet si délicat, nous disent que dans leurs longues recherches parmi les manuscrits du moyen âge, ils n'ont rien trouvé qui pût faire croire à l'existence d'un droit si honteux : tels sont MM. Lein, de Maslatrie, Lacabane, Guérard et Tardif. Nos adversaires eux-mêmes se trouvent parfois forcés d'avouer la vérité. Voltaire disait : « il est indubitable que des abbés, des évêques s'attribuèrent cette prérogative en qualité de seigneurs temporels, et il n'y a pas bien longtemps que des prélats se sont désistés de cet ancien privilége pour des

ces menaces lui étaient extrêmement désagréables, et pour éviter tout scandale, il remit au fâcheux visiteur la *somme de* 100 *francs*. L'autre revint à diverses reprises à la charge, si bien que le vieillard porta plainte... et Champigny fut arrêté.

Devant le tribunal. — Le prévenu. — Quant à M. François, je n'ai commis qu'une escroquerie à son égard. Il avait fait un écrit comme quoi si Mlle Madeleine consentait à être une bonne *à tout faire*, il lui donnerait, quand il la congédierait, une somme de 500 fr. Mais quand elle s'en est allée, il ne lui a donné que ses gages tout juste. Alors moi, j'ai été réclamer, et comme son écrit pouvait *le gêner*, *vu qu'il songeait à se remarier, il m'a offert* 100 *fr. pour que je le lui rende, ce que j'ai fait.*

Entendue comme témoin, Madeleine Peyral affirme que le vol et l'escroquerie ont eu lieu à son insu; quant à l'écrit, il existait bien réellement. M. le Président essaie en vain de lui faire comprendre l'immoralité d'un pareil acte.

Le témoin. — C'est une chose qui se faisait dans les temps chez nous, et même *par devant notaire.* Je l'ai bien souvent, quand j'étais enfant, entendu dire à mon grand-père.

M. le Président. — Et de quel pays êtes-vous?

Le témoin. — De Luz; nous sommes tous Gascons ou comme on dit chez nous, Bigorrais. M. François est de Luz; Champigny est de Lourdes.

Le plaignant nie avoir eu des relations avec sa bonne, et avoir signé

redevances en argent.... Mais remarquons bien que cet excès de tyrannie ne fut jamais approuvé par aucune loi publique,... vous ne trouverez ni dans les constitutions de l'Allemagne, ni dans les ordonnances des rois de France, ni dans les registres du parlement d'Angleterre aucune loi positive qui adjuge le droit de cuissage aux barons. (*Volt. dict. philos.*) »

M. Michelet (orig. du dr. franc.) n'est pas bien certain non plus que ce droit ait jamais été payé en nature, etc.

En dehors des textes, en dehors des autorités, nous avons encore pour nous des arguments de raison qui ont bien leur force. Comment admettre, par exemple, que saint Louis qui a réformé tant d'abus dans son royaume, qui faisait perdre son fief, et même la tête au seigneur abusant d'une fille placée sous sa garde (*Etabl. de saint Louis*, l. I, chap. LXIII), non-seulement aurait laissé subsister un droit si odieux et si attentatoire aux bonnes mœurs, mais même n'aurait rien fait pour le proscrire? Nous n'avons en effet pas un mot de lui sur ce sujet, et l'on sait qu'il régna vers le milieu du XIIIe siècle, à une époque où le régime féodal était en plein épanouissement.

un écrit, mais il s'en défend mollement. Il a entendu dire que *cela se faisait autrefois* dans le pays. »

« ...On trouve, ajoute le journal, certains *actes également notariés*, où le *concubinage* intervient comme *élément du contrat*, et où le titre de concubine s'allie à celui de servante.

Dans l'un de ces contrats du XVe siècle (1476), on voit une jeune fille, assistée de son père et de son oncle s'engager à servir un gentilhomme « carnaumeuts et de totz aultres services ». Carnaumeuts peut se traduire charnellement, ou de son corps. De son côté, le gentilhomme s'oblige à lui donner une certaine somme, s'il vient à prendre femme, ou à la lui léguer, s'il meurt avant sa servante.

Ailleurs, à la date de 1483, c'est un autre gentilhomme qui consent avec le père d'une jeune fille, de la prendre avec lui pour le service pendant 4 ans, de l'adjoindre à sa légitime épouse en lui promettant la survivance, et de lui payer dans le cas où il n'aurait pas d'enfant une somme déterminée.... »

Évidemment ces contrats, pas plus au XVe siècle qu'aujourd'hui n'avaient de valeur juridique, et cependant, comme le dit le journal *le Droit*, il y a sur ce point des actes notariés. Pourquoi donner plus de créance à l'existence du droit du seigneur, existence qui, elle, ne repose même pas sur un acte notarié, mais sur de simples affirmations produites par les intéressés.

Dans un autre ordre d'idées, il ne faut pas oublier que les rois de France occupaient le premier degré de l'échelle féodale (*on appelait le roi le grand fieffeux du royaume*). Tous ne furent malheureusement pas des modèles de chasteté, eh bien! pas un ne revendiqua pour lui le droit du seigneur. Beaumanoir, qui vivait au XIIIe siècle, nous a laissé un immortel chef-d'œuvre, le commentaire sur les coutumes de Beauvoisis: dans cette coutume si sévère pourtant, où en cas de mariage le serf perdait tous ses biens, il n'est fait aucune allusion au droit qui nous occupe.

Qui n'a point parcouru quelques fabliaux du moyen âge, et qui, quelque tolérant soit-il, a pu lire, sans rougir, les exemples de licence effrénée, d'immoralité incroyable que l'on rencontre à chaque page de ces romans fameux (*romans de la rose, du renard*, etc.)? Pas un cependant ne parle du droit du seigneur, pas un ne laisse supposer son existence. Ce droit pourtant donnait matière à bien des obcénités et des plaisanteries déplacées!

Et l'Eglise! Quelle est la personne de bonne foi, qui, après avoir examiné quel fut le rôle de l'Eglise au moyen âge, qui après avoir vu de quelles règles minutieuses elle entoura le mariage, avec quelle vigueur elle revendiqua contre les grands d'alors l'indépendance et l'indissolubilité de l'union conjugale; qui donc oserait soutenir que l'Eglise aurait laissé subsister une pareille indignité, un si affreux scandale, sans adresser à la féodalité ce *non licet* qu'elle n'a jamais craint de jeter à la face de toutes les tyrannies. Lisez le canon 12 du concile de Palencia, le canon 3 du concile de Reims, les canons 22 et 24 du concile de Latran, le canon 20 du concile d'Oxford, le canon 5 du concile d'Arbogen, et surtout les diverses décisions du concile de Châlons au sujet du mariage (tous ces conciles ont été tenus sous le régime féodal); et après cette lecture, votre conscience vous défendra de venir affirmer que l'Eglise pouvait laisser le droit du seigneur peser sur le mariage sans lui crier anathème!

Enfin, et c'est là le grand argument qui pour nous est invincible; on n'a à nous opposer en fait de preuves sérieuses que des textes (et ils sont rares, car on les a cherchés aux quatre coins de l'Europe) textes dans lesquels certains seigneurs prétendent avoir un droit (disons le mot) de cullage:

mais de ce qu'on prétende avoir un droit, cela prouve-t-il qu'on l'ait? Un droit n'existe que s'il se trouve consigné au moins dans une coutume ou dans un coutumier, ou s'il a été reconnu par un tribunal; or on ne peut nous opposer ni une seule coutume, ni un seul coutumier, ni même un arrêt de tribunal: les témoignages législatifs comme les témoignages judiciaires sont muets. On ne peut citer que des « on dit », et encore, même dans ces cas, ne sait-on pas le plus souvent s'il s'agit d'un droit pécuniaire ou d'un droit réel. Les seuls documents écrits qu'on puisse nous opposer permettent uniquement d'établir que la menace d'exercer cette prétention illégale (droit de cullage) a été employée par quelques seigneurs pour extorquer aux vassaux une redevance parfois onéreuse; comme le dit un savant auteur (A. de Barthélemy, *Revue des questions historiques*, I, année 1866) le mari a toujours le droit de se soustraire à ladite clause honteuse moyennant une redevance: la clause n'a été rendue inacceptable que pour forcer le sujet à acquitter le tribut.

Dans un acte de 1337 cité par M. P. Raymond, un individu d'Orthez s'engage à ne plus jouer et à ne plus faire jouer à des jeux de hasard; et devant son seigneur, un notaire et un prêtre, il jure dans le cas où il manquerait à son serment, de payer une somme considérable ou de se précipiter du haut du pont d'Orthez dans la rivière (*Rev. des Sociétés savantes*, 1864).

Soyez sûrs que l'individu ne s'est pas noyé. Quand la vie est en jeu, on préfère payer une somme d'argent; quand il s'agit de l'honneur, comprend-on qu'on puisse hésiter un seul instant?

Le droit du seigneur pour nous n'a jamais été qu'une menace. — Ce n'était pas moral! — sans doute: mais notre siècle tant vanté cependant est-il plus moral? Hélas! nous rougissons de le dire; nous pourrions citer des villes où certains chefs d'industrie ont près de leurs usines des maisons, véritables lupanars privés, où ils font entrer les ouvrières dont la beauté les a séduits; refusent-elles de sacrifier leur pudeur aux caprices du maître, les malheureuses, renvoyées impitoyablement, se trouvent sans travail et sans pain, livrées à toutes les horreurs de la misère!!

Il ne nous serait pas plus difficile de citer des manufactures où le contre-maître, avant de présenter des ouvrières à l'acceptation du patron, exige de celles-ci, et en nature, ce que le Seigneur du moyen âge se contentait de recevoir en redevances.

Où est le progrès ? Nous posons la question laissant à nos adversaires le soin de la résoudre.

Oui, nous le répétons encore une fois, en fait de textes, on ne peut trouver que des menaces. Dira-t-on, par exemple, que le droit de tuer existe à Paris parce que certains voleurs crieront au coin d'une rue au passant attardé « la bourse ou la vie ? » — Mais alors, nous répondra-t-on, comment se fait-il que depuis deux siècles la croyance au droit du seigneur soit si générale ? — Mentez, mentez, disaient Voltaire et après lui Beaumarchais, il en restera toujours quelque chose !

Nous en avons fini avec l'étude de cette question si délicate du droit du seigneur. On nous dira peut-être que cette discussion était en dehors de notre sujet, nous ne le croyons pas : nous étudions les droits du mari sur la personne de la femme ; il s'agissait de savoir s'il avait jamais existé un droit contraire et rival, pouvant priver, ne fût-ce qu'un instant, le mari de ses plus précieuses prérogatives ; et nous avions à cœur de réfuter une erreur qui court avec bien d'autres sur le moyen âge.

SECTION III. — DROITS DU MARI SUR LA PERSONNE DE SA FEMME.

Et maintenant quelques mots de la puissance maritale à l'époque féodale. Beaumanoir résume cette autorité dans un de ces termes profonds qui lui sont habituels : « Le mari est baron de sa femme. » C'est également ce que dit le miroir de Souabe (chap. LXXII). « Le mari est sire et maître de sa femme. » Qu'est-ce à dire? si ce n'est que par rapport à la femme, le mari est dans la position d'un suzerain vis-à-vis du vassal; droits d'un côté, obligations de l'autre; le vassal doit au suzerain des services personnels; ses biens ne sont pour ainsi dire qu'un démembrement de la propriété du suzerain qui conserve par devers lui le domaine éminent. Complétant sa pensée, Beaumanoir nous donne une idée plus nette des droits du mari sur la personne de la femme. « Par plusors cas poeut li home estre escusé des griés qu'il font à lor femes, nene s'en doit la justice entremetre; car il loist bien à l'omme batre se feme sans mort et sans mehaing, quant ele se meffet; si comme quant elle est en voie de fere folie de son cors, ou quant ele dement son baron ou maudist, et quant ele ne veut obéir à ses resnables commandements que prode feme doit fere; en tel cas et en semblables est-il bien mestiers que li maris soit castierres de sa feme resnablement. Mais puisqu'eles sunt prodes femes de lor cors, eles doivent estre déjortées moult d'autres vices. Et néporquant, selon le visse, li maris le doit castier et repenre selon toutes les manières qu'il verra que bon sera por li oster de tel visse, excepté mort ou méhaing (blessure). » (Beaumanoir, *des mautalens entre époux*, chap. LVII, § 6, édit. Beugnot.).

Les lois sanctionnent cette théorie; ainsi la coutume de Bergerac (art. 82) dit : « aucun ne peut estre convenu en action d'injures pour avoir frappé sa femme.... D'autant qu'il semble le faire pour bon zèle et pour chastiment et correction. Sinon que l'injure fût si atroce qu'il y eût mort, mutilation, ou fraction de membres, ou que ladite injure eust été faite avec armes émouluës. »

Le grave d'Argentré lui-même déclare le mari civilement responsable des délits de sa femme « quia retinere et castigare uxorem debet. »

Tel est aussi l'avis de Tiraquean dans son ouvrage *de jure maritali*. Baluze, (II, p. 1378), nous donne des textes du même genre.

Et l'on connaît ces vers qu'a dû composer quelque jurisconsulte du moyen âge :

> Nux, asinus, mulier, simili sunt lege creati;
> Hæc tria nil recte faciunt si verbera cessent.

Enfin, c'est une idée généralement reçue que le mari qui bat sa femme avec les verges et le bâton ne viole pas la paix du ménage (Michelet, *orig. du dr. français*).

Ce droit de correction qu'avait en partage le mari était pour lui non pas seulement un droit, mais un devoir (Beaum. *loc. citat.*). Et cela est si vrai que les usages populaires punissent le mari qui a manqué à ce devoir : ainsi le mari qui se laisse gouverner par sa femme est bafoué publiquement et l'on voit en plusieurs endroits, « ladite épouse promenée sur un âne que le mari tient par la bride. »

« Les maris qui se laissent battre par leurs femmes, dit la coutume de Senlis (année 1337), seront contrains et condempnez à chevauchier un asne, le visaige par devers la queue dudit asne. » (C. f. sur ce point les coutumes de Dreux, 1417, et de Saintonge, 1401).

Ces droits si étendus, ce pouvoir de correction matérielle, choquent profondément nos idées modernes; nous nous faisons du mariage une tout autre idée, nous avons aussi une opinion plus juste de ce que doivent être les rapports conjugaux et la situation respective du mari et de la femme dans le ménage. Mais on est tenté d'excuser le moyen âge, jusqu'à un certain point, ou du moins de lui accorder les circonstances atténuantes. A une époque de transition où la force matérielle avait un si grand empire, il était bien difficile de l'empêcher de pénétrer au sein de la famille. Et cependant, chose singulière dont nous avons déjà fait la remarque, c'est à cette époque où les mœurs étaient encore si grossières, c'est à cette époque peut-être que la femme fut le plus entourée d'honneur et de respect. Les chevaliers combattent et meurent en répétant son nom; les trouvères, les troubadours et les ménestrels, au nord comme au midi, chantent ses louanges en vers harmonieux. Les cours d'amour s'établissent où les femmes rendent des arrêts souverains et tout ce qui, à cette époque, fut fait de grand et de généreux, fut accompli pour l'amour d'une femme. (Voir M. Legouvé, *Hist. mor. des femmes.*)

Le mari qui a sur son épouse un si grand empire peut venger sur elle son honneur outragé, et on lui reconnait le droit de tuer la femme adultère et son complice, s'il les surprend en flagrant délit (B. chap. 30, § 163, et chap. 57, § 12).

La femme est loin d'avoir pareil droit : l'adultère du mari ne peut donner lieu qu'à séparation de corps, encore faut-il que le mari ait tenu sa concubine dans le domicile conjugal au vu et su de tous les voisins (B. ch. 57, § 4).

Le divorce n'est plus pratiqué ; on en voit bien encore quelques exemples dans les assises de Jérusalem (ch. 157, 175) ; mais nous pensons que ces causes déterminées de divorce sont souvent plutôt des cas de nullité du premier mariage ; et ce qui nous porte à adopter cette opinion, c'est la nature de ces causes de divorce et surtout le chapitre 159, des mêmes assises, qui pose en termes très-clairs le principe de l'indissolubilité du mariage (1).

Quoi qu'il en soit, la question n'est plus douteuse à partir du concile de Trente. Dans un de ses canons les plus fameux, ce concile déclare le mariage indissoluble d'une façon absolue, la mort seule peut le rompre.

La femme n'a plus donc qu'un seul moyen de se soustraire au joug de son mari quand il lui est trop dur à supporter, c'est la séparation de corps, dont la connaissance appartient à l'Église ; encore ce remède est-il grandement difficile à obtenir : « Moult doit prode feme soufrir et endurer avant qu'ele se mete hors de sa compaignie (B., ch. LVII, § 4). »

Le même auteur nous indique (*loc. citat.*) quels sont les cas restreints dans lesquels la femme peut demander la séparation de corps.

On peut les ramener à la formule de l'article 231 du Code civil : excès, sévices, injures graves.

(1) On trouve souvent dans des chartes du XIIIe siècle les mots « divorce quant au lit, divortium a mensa et toro ». Quelques écrivains peu soucieux de la vérité se sont imaginés qu'il s'agissait là du divorce. La connaissance de la signification des termes de cette époque, et l'étude du contexte démontrent d'une façon surabondante que le divorce, quant au lit, est tout simplement la séparation de corps (J. Bouteillier, *Somme rurale*, II, titre 8).

La séparation de corps produisait des effets multiples. Relativement aux personnes, elle faisait cesser la vie commune et par suite le devoir de cohabitation : en principe, les enfants étaient partagés entre les époux ; seuls les enfants au-dessous de sept ans restaient tous avec leur mère (*Beaumanoir*, ch. LVII).

Quant aux biens, la situation différait suivant que la séparation avait été prononcée contre l'un ou l'autre des époux.

Si la femme était la coupable, elle perdait son douaire (Bouteillier, II, 8). Était-ce le mari, il était privé de l'administration des biens de la femme et perdait les avantages nuptiaux que celle-ci avait pu lui faire.

Nous avons vu quel était le droit du mari sur son épouse en cas d'adultère flagrant ; mais qu'arrivait-il, si le mari ne pouvait ou ne voulait pas agir ? Alors intervenait le pouvoir public. Il infligeait aux coupables une peine grossière, et aussi immorale peut-être que la faute qu'elle réprimait. Cette peine dont nous parle Du Cange est connue sous le nom de *trottare* ou *corre la villa* « Trottari dicebantur adulteri qui per urbem nudi traducebantur (Du Cange, V. *Trottare*).

Bientôt cette peine ne fut plus que facultative : on pouvait au choix du coupable la transformer en amende.

Des lettres royales de février 1354 portent que « dans la ville de Villefranche en Périgord, les adultères surpris en flagrant délit, ou convaincus, seront à leur choix mulctés de 100 sous d'amende, ou tenus de courir nus par la ville. »

La coutume de Pressey près Macon, édicte que les adultères seront fustigés à travers la ville, ou qu'ils paieront 60 sous d'amende.

Dans les libertés données à la ville de Blazilie en Auvergne, en 1316, on trouve le texte suivant : « Si aliquis capiatur in adulterio, persolvat centum solidos Podienses aut fustigetur, et sit in electione hominis capti, vel mulieris de fustigatione, vel solutione prædictis (Du Cange, vº *Adulterium*). »

Au même mot, l'éminent auteur indique un autre châtiment de l'adultère qui n'est guère plus moral que le précédent. « Icelle Hélliette avait oy dire que les compaignons de la bachelerie de la Leu, près de la Rochelle, ont accoustumé le dymenche de la Trinité chacun an à bagnier en un fossé plein d'eau, appellé Lorteniguet, hommes et femmes demourant audit lieu de la Leu, qui ont eu compaignie charnelle contre leur mariage avec autres....., Pour la vergongne du monde, crainte dudit baing et batizons, icelle Heliete vouloit aler et fouir hors du pays, »

Notons encore pour mémoire que dans la coutume de Bayonne l'homme et la femme surpris en adultère étaient condamnés à la peine du fouet.

La coutume de Bayonne forçait pour la première fois les adultères à courir par la ville et à subir un bannissement dont la durée était arbitraire. En cas de récidive, la peine était la fustigation et le bannissement perpétuel.

La puissance du mari s'exerce encore sur les biens de la femme, elle s'exerce aussi et surtout sur ses actes, par suite de la nécessité de l'autorisation maritale; mais pour ne pas diviser la matière, nous renvoyons à plus tard l'étude de cette question.

Droit canonique.

Dans cette étude des sources du code civil, nous ne pouvons passer sous silence le droit canon qui eut sur la formation de notre droit, surtout en matière de mariage, une influence si considérable. Un des plus éminents esprits de ce siècle, M. Villemain (cours de littérature, vol. II, p. 30) caractérise ainsi son importance: « Le droit canonique, dit-il, a été la première émancipation de l'esprit humain, car émanciper l'homme, ce n'est pas le soustraire à toute règle, à toute loi, c'est le faire passer du joug de la force à celui de la morale, de l'obéissance aveugle à la croyance, du supplice au repentir. »

Le droit canonique releva la femme tout en lui prêchant la subordination au mari. Voyant dans le mariage un sacrement, il l'entoura de formalités minutieuses et de sages prescriptions, tant pour sauvegarder son indépendance que pour maintenir intact ce lien sacré. C'est l'Eglise, nous l'avons déjà répété tant de fois, qui eut l'insigne honneur d'établir l'indissolubilité du mariage « quod Deus conjunxit homo non separet. » Cependant, pour ne pas éviter trop rudement les idées reçues, l'Eglise sut procéder avec une sage et prudente lenteur; ainsi la voyons-nous dans les conciles d'Arles (314), Langres (365), Carthage (402), conseiller plutôt qu'ordonner de s'abstenir strictement de la répudiation et du divorce. Dès

753, nous la voyons lancer l'excommunication contre l'époux qui répudie sans motifs graves. Le concile de Trente enfin abolit définitivement le divorce (can. 8, de sacrament. matrim.) et cela sans exception, car aux yeux de l'Eglise, la mort civile elle-même ne rompt pas le mariage : « non enim homo separet quos pœna condemnat » — (can. 18 caus. 32, quest. 2).

Le droit canonique relève la femme en la protégeant contre l'adultère et les sévices de son mari : il regarde le devoir de fidélité comme égal pour les deux époux ; « quod præter legitimam uxorem committitur, adulterii crimine damnatur : eadem à viro quæ ab uxore debetur castimonia ». — (Dec. part. II, caus. 32, quest. 4, can. 4. — Ambros. in libro de patriarch.).

Aussi l'adultère est-il également puni chez les deux époux par la séparation de corps (Dec. caus. 32, quest. VI, *Recueil d'Héricourt, Lois Ecclésiast. de Fr.*, part. III, ch. VI, art. 30). La femme est en outre punie des peines de l'authentique.

Chacun des deux époux se doit mutuellement les obligations résultant du mariage (lois ecclesiast. de Fr. part. III ch. V, art. 35). Le mari a en plus sur sa femme le droit de puissance maritale : « est ordo naturalis in omnibus ut serviant feminæ viris, quia nulla justitia est ut major serviat minori. » (Decret. part. II, caus. 33, quest. V, can. 12, *Aug. in libro quest. gen.*). Comme conséquence de ce droit de puissance, la femme doit cohabiter avec son mari et le suivre partout « si qua mulier, derelicto viro suo, discedere voluerit nuptias condemnando, anathema sit ». (*Corp. jur. canon.*, distinct. XXX, can. 1). Sans doute le droit canonique se ressentit parfois des influences de l'époque au milieu de laquelle il régnait, mais si l'on se rappelle quelles étaient en ces temps les lois nationales, on rendra justice au droit ecclesiastique, en constatant la bienfaisante influence qu'il sut conquérir pour la direction de la civilisation et des mœurs.

Droit coutumier.

Il ne faut pas se méprendre sur le sens que nous donnons à l'expression de « période coutumière. » Sans doute, dès le IXe siècle, c'est-à-dire au commencement du régime féodal, la loi, de personnelle qu'elle était autrefois, était devenue territoriale sous l'influence de causes nombreuses qu'il est superflu de rapporter ici. Il s'était alors formé sur tout le sol de la France une multitude de coutumes et d'usage locaux qui régissaient tous les habitants domiciliés sur un territoire déterminé: la législation était donc déjà coutumière; mais les historiens et les juristes, consacrant à la féodalité une période distincte, ne font commencer la période coutumière proprement dite qu'à la disparition du régime féodal, et lorsque les coutumes qui jusque-là n'étaient regardées que comme de simples usages reçus de génération en génération devinrent, par la rédaction qui en fut faite vers le milieu du XVe siècle, de véritables lois ne laissant plus de place au doute et à l'ambiguïté.

Nous conformant à l'usage suivi généralement, nous faisons commencer la période coutumière au XVe siècle pour la faire durer jusqu'en 1789, époque où l'ancien régime disparut pour laisser place à un ordre de choses tout nouveau.

Pour étudier dans cette période le point spécial de droit que nous avons choisi, nous rencontrons de grandes difficultés. La première sans contredit est la diversité des coutumes (60 grandes, 300 petites); on peut dire en thèse générale, qu'il est impossible de donner une règle qui ne soit contredite par quelques coutumes; aussi ne peut-on donner que des principes de généralité et d'ensemble. Une autre difficulté, c'est que les coutumes qui parlent beaucoup des droits du mari sur les biens de la femme, sont muettes ou à peu près, quand il s'agit des droits sur la personne; à part le grand principe de l'autorisation maritale auquel nous consacrerons un chapitre spécial, on ne trouve presque rien. La puissance sur la personne est dans les idées religieuses de l'époque, dans les habitudes de la vie, aussi ne trouve-t-on pas nécessaire de la consigner dans les lois. Les juristes, au milieu des textes du droit romain et du droit canonique, et des habitudes de leur temps, se trouvent fort embarrassés. Ils ne veulent plus, ni de la manus du droit romain, ni de la puissance maritale qui régnait sous la féodalité, et ils ne savent pas reconnaître l'esprit du christianisme qui doit vivifier la puissance du mari par des principes nouveaux. Aussi les coutumes se taisent-elles sur les effets de la puissance maritale appliquée à la personne (C. f. M. Laferrière, *hist. du dr. français*). Cependant, du peu de texte que nous avons entre les mains, nous pouvons tirer les conclusions suivantes :

Les droits du mari n'ont plus cette rigueur que nous avons déplorée en étudiant la période féodale. Sans doute, c'est au commencement de l'époque dont nous nous occupons que d'Argentré donnait les décisions que nous avons rapportées plus haut ; mais peu à peu sous l'action de plus en plus forte de la civilisation et des idées religieuses, grâce aussi au sentiment de l'égalité morale des époux qui tendait à pénétrer dans les masses, le mari ne conserva plus sur sa femme le droit odieux de correction matérielle. C'est du moins ce que nous autorise à croire la lecture des grands jurisconsultes qui ont commenté les coutumes : Donneau, Dumoulin, Bouhier, Coquille, Pothier, etc, tous sont muets sur ce droit.

Cependant, s'il faut en croire le répertoire de M. Guyot (v° correction), l'autorité du mari est encore très-grande. « Nos lois, dit-il, donnent au mari l'autorité sur la femme ; mais il doit la traiter avec douceur et amitié. Cependant, si elle s'oublie, il peut user du droit de correction, qui consiste à la faire enfermer dans un couvent, et même dans une maison de force, si ses écarts sont de nature à mériter cette espèce de punition. Au reste, le mari, avant de prendre aucun de ces partis violents et extrêmes, doit faire assembler les plus proches parents de sa femme, et prendre leur avis ; car, s'il la laissait enfermer légèrement, et sans avoir de motifs graves, elle pourrait réclamer contre l'abus de l'autorité maritale, et s'en faire un titre pour demander la séparation. »

On voit là jusqu'à un certain point quelques réminiscences du droit romain. Mais la matière où l'on s'en réfère presque exclusivement à ce droit, c'est l'adultère (toujours, bien entendu, celui de la femme). Les peines grossières, que nous avons vues plus haut, ont complétement disparu, et l'on s'en rapporte désormais à la novelle 134 de Justinien, que nous avons étudiée dans la partie romaine de ce travail (p. 77). Quelques exemples en feront preuve d'une façon complète. Par arrêt du Parlement de Bordeaux, en date du 17 décembre 1523, une femme adultère fut condamnée à être fouettée dans la salle du palais, et enfermée dans un couvent où, pendant deux ans, le mari aura le droit de la reprendre. Le Parlement de Paris, le 23 décembre 1522, condamne une femme adultère à être fustigée pendant trois jours de vendredi, et à être enfermée dans un couvent : le mari, ici encore, aura le droit de la reprendre pendant deux ans. Un arrêt du même Parlement, en date du 31 août 1552, condamne une femme adultère à être enfermée dans un couvent pendant deux ans. Si, passé ce délai, le mari ne vient pas la reprendre, elle sera fouettée nue par la prieure, et enfermée à perpétuité.

Plus tard, la peine du fouet fut supprimée, et le mari eut, non plus pendant deux ans, mais pendant toute sa vie, le droit de pardonner à l'épouse infidèle, et de lui permettre de reprendre sa place au foyer conjugal.

Comme peine pécuniaire, résultant de l'adultère, la femme perd sa dot, son douaire, et ses autres avantages matrimoniaux. C'est ce qu'il est permis de conclure d'un passage relatif à l'adultère, tiré de l'*Institution au droit français de* C. Fleury, publiée par MM. Laboulaye et Dareste.

L'adultère de la femme est alors considéré, non pas comme un délit public, s'il nous est permis de parler ainsi, mais plutôt comme un délit privé, car il est bon de remarquer ici que le mari est le seul qui soit reçu à se plaindre de la conduite de sa femme, et que, s'il est demeuré dans le silence, ses héritiers n'y sont pas recevables, si ce n'est qu'ils prétendent que le mari l'ait ignoré, ou que la veuve se soit abandonnée dans l'année de son deuil. Les héritiers sont suspects en cette matière (*loc. citat.*).

Dans la période coutumière, l'adultère du mari n'est pas punissable ; selon l'expression de C. Fleury, « les lois civiles ne connaissent point d'adultère de la part du mari. La polygamie est la seule espèce d'adultère dont la femme se puisse plaindre en justice. La peine de l'homme est d'être pendu avec des quenouilles. »

La polygamie est un cas pendable (Molière, M. de Pourceaugnac).

Le mari est encore puni, non pas alors comme adultère, mais comme complice, quand il a débauché une femme mariée ; mais c'est sur la réquisition du mari outragé qu'il est poursuivi devant les tribunaux.

Vers le milieu du XVIII siècle, il fut admis que l'adultère du mari, s'il était accompagné de scandale, mauvais traitement, dissipation et autres choses semblables, pourrait permettre à la femme de demander la séparation de corps. La loi était donc moins impartiale entre les deux époux au XVIII siècle qu'à l'époque où vivait Beaumanoir.

De ce que la femme doit être soumise à son époux, les auteurs coutumiers tirent diverses conséquences que nous retrouverons en étudiant le code civil, aussi nous bornons-nous à les citer. La femme prend le nom, la condition et le domicile de son mari, elle doit le suivre partout où il lui plaira de résider, sauf pourtant s'il passe les frontières du royaume, car selon l'expression de Pothier (*Puiss. du mari sur la pers. de la femme* 1re partie, *article préliminaire*) « la femme qui doit encore plus à sa patrie qu'à son mari, ne serait pas obligée de l'y suivre, et d'imiter l'abjuration que son mari fait de sa patrie (1).

De ce que la femme est obligée de suivre son mari, celui-ci a une action en justice pour la faire rentrer au domicile conjugal, mais nous ne croyons pas que, dans notre ancien droit, le mari pût aller jusqu'à invoquer la force publique, ce qu'on appelle aujourd'hui la *manus militaris* pour ramener l'infidèle au logis. Nous n'avons en effet trouvé ce droit dans aucun texte, et d'autres semblent dire le contraire (C. f. Merlin, repert. vº puissance maritale. Guyot repert. vº mari. Ferrière dict. de jurisprud. vº femme mariée).

Enfin, citons pour terminer le résumé des droits du mari sur la persone de la femme que nous donne Pothier. « La femme doit aimer son mari, lui être soumise, lui obéir dans toutes les choses qui ne sont pas contraires à la loi de Dieu et supporter ses défauts ; travailler de tout son pouvoir au bien commun du ménage. Enfin elle est obligée envers son mari au devoir conjugal lorsqu'il le demande ; à n'avoir de commerce charnel avec un autre homme, contre la foi qu'elle a donnée à son mari, et à n'accorder aucune faveur de cette espèce. » Mais, nous le remarquons avec Pothier, la plupart de ces obligations concernent plutôt le for de la conscience, que le for extérieur.

(1) De plus, à cette époque les étrangers étant frappés de nombreuses incapacités, il eût été injuste que le mari pût forcer sa femme à encourir de telles déchéances.

Histoire de l'autorisation maritale.

Nous en arrivons maintenant à l'étude de la partie de notre sujet qui est peut-être la plus importante, l'autorisation maritale, ou le droit qu'a le mari de diriger la conduite civile et juridique de la femme, en lui permettant ou en lui défendant de contracter des obligations en thèse générale et d'ester en justice. Toutes les fois que, dans notre étude des sources du code civil, ce mot d'autorisation s'est rencontré sous notre plume, nous l'avons toujours écarté pour ne pas diviser une étude si importante; aussi quelques mots d'historique sont nécessaires.

A Rome, la femme, comme on le sait, était profondément incapable; les jurisconsultes se défiant des femmes, et peut-être aussi rédoutant l'influence qu'elles exerçaient sur leurs maris, alléguaient que leur sexe était faible et imbécile (imbecillitas animi, fragilitas sexus) et que la femme était incapable de se diriger par elle-même, aussi avaient-ils fait décider que la femme serait mise en tutelle perpétuelle.

C'était du reste l'idée générale qui prévalait alors chez les peuples descendant de la race Aryenne. Nous avons retrouvé cette même incapacité de la femme chez les Hindous, nous l'avons vue chez les Grecs. Mais remarquons-le bien, chez ces peuples comme chez les Romains, la femme était incapable non pas en raison de son mariage, mais en tant qu'étant du sexe féminin. Depuis le berceau jusqu'à la tombe, ce sexe était dans un état d'assujettissement continuel. L'étude de la tutelle des femmes à Rome n'entrait pas dans notre sujet, aussi l'avons-nous passée sous silence, mais nous savons que le mariage ne changeait point leur condition; quelquefois seulement, elles changeaient alors pour ainsi dire de tuteurs. Le mariage avait-il été suivi de la manus, c'était le mari qui prenait la place du père ou du tuteur; si au contraire le mariage n'avait pas été suivi de la manus, la femme, étrangère dans la famille de son mari, voyait se continuer la tutelle antérieure. ou la puissance paternelle.

En Germanie, nous retrouvons encore cette incapacité perpétuelle de la femme. Jeune fille, elle est sous le mundium de ses parents, par le mariage l'époux achète ce droit de protection à la famille de sa fiancée. Le mariage, ici encore, ne rend point la femme incapable, le titulaire de la tutelle change seul à ce moment. A Rome donc comme en Germanie, la femme est incapable à raison de son sexe, et non par suite du mariage qu'elle a contracté. Il est cependant entre les deux législations une différence profonde; le Romain croit la femme incapable au point de vue intellectuel et moral, la femme *ne saurait* pas administrer son patrimoine. (D. s. c. vell. l. 2 § 2). En Germanie, la femme est incapable, non plus au point de vue intellectuel et moral, car sous ce rapport l'homme la considère comme son égale, sinon comme sa supérieure; son incapacité, c'est l'incapacité physique. A cette époque où règne la force, où tout dépend des armes, où les difficultés se résolvent par le droit de vengeance privée ou le duel judiciaire, la femme *saurait* bien, mais ne *pourrait* pas administrer sa fortune; sa faiblesse physique y serait un obstacle : de là la protection forcée à laquelle les lois germaines soumettent la femme.

Il ne faut donc pas rechercher dans le droit romain les causes de l'autorisation maritale. De Laurière se trompe sans aucun doute, quand, dans son commentaire sur la coutume de Paris, il donne la manus comme origine de l'autorisation maritale. On ne peut voir non plus le principe de l'autorisation, dans le Sénatus-Consulte Velleien qui frappe toutes les femmes au point de vue spécial de l'intercession : que la femme soit fille, mariée, ou veuve, le S.-C. l'atteint toujours.

Ce ne serait pas non plus se conformer à la vérité historique (nous combattons ici l'opinion d'un très-grand nombre d'auteurs), de faire sortir cette autorisation uniquement du mundium germanique. Sans doute le mundium est une protection pour la femme, et c'est peut-être un point de similitude avec l'autorisation maritale, mais ce n'est pas une protection que la loi lui impose à cause de son mariage : autre part est donc pour nous le principe de l'incapacité de la femme mariée.

Dans les premiers siècles du moyen âge, sous l'influence des idées religieuses, et surtout du droit canonique, l'égalité des deux sexes fut reconnue peu à peu, et l'idée d'incapacité de la femme à raison de son sexe disparut. Alors, comme nous le voyons dans nos plus vieux auteurs coutumiers, la femme, en tant que femme, devient pleinement capable. Est-elle fille ou veuve, sa capacité est entière, en ce sens qu'elle peut paraître en justice et administrer ses biens à sa guise; mais vient-elle à se marier, elle devient non pas incapable, le mot ne serait pas exact à cette époque, elle devient plutôt dépendante de son mari. Tel est le principe qui commence à se faire jour dès le XIe siècle. Le mari, comme on dit alors, a le bail de sa femme; il est administrateur de ses biens, et de son côté, pour contracter, comme pour citer en justice, la femme a besoin de l'autorisation maritale, par respect pour le pouvoir et l'autorité du mari.

De ces considérations, il nous semble permis de tirer une conclusion, c'est qu'au lieu de donner à l'autorisation maritale telle origine strictement déterminée, il serait peut-être plus juste de voir cette origine dans la combinaison des trois législations susdites : le droit romain, le droit germain et le droit canon.

Au XIIIe siècle, l'autorisation maritale existe de par les lois. Un édit de saint Louis porté en 1272 le montre clairement. « Nulle feme n'a réponse en cour laie puisque ele a seigneur, si ce n'est du fet de son corps. Mès qu'il l'aurait batûe ou dit folie, ou autre desloyauté, en tele manière elle a response sans son seigneur. » La somme rurale de Bouteillier, les assises de Jérusalem sont également formelles sur ce point.

De ce que l'autorisation maritale a pour principe non pas l'intérêt de la femme, mais l'autorité du mari, il a été tiré des conséquences tout à fait logiques qu'on peut résumer ainsi : 1° la femme a-t-elle fait un acte sans l'autorisation du mari, celui-ci seul aura le droit de demander la nullité de l'acte. 2° L'acte fait par une femme sans l'autorisation maritale deviendra absolument inattaquable après la mort du mari. C'est ce que nous démontrent deux curieux textes de Beaumanoir. Voici le premier : « Se feme plege el tans de son baron sans son autorité, et li barons muert, et ele est sivie de le plegerie, ele en doit respondre; car sitôst comme ses barons est mort, elle revient en sa plaine volenté, et convient qu'ele responde de son fet, tout soit ce qu'ele n'en fust pas tenue à respondre el tans de son baron (Ch. XLIII, § 27). »

Le texte suivant est plus formel encore, « voirs est que nul don que fame mariée face..., el tans de son mariage, n'est à tenir que ses barons ou si hoir nel puissent rapeler, s'ele nel fet de l'auctorité et de l'assentement de son baron. Neporquant, s'ele done aucune coze, et li barons se taist, porce qu'il ne le set pas, ou porce qu'il ne feist point d'otroi, et après muert, et le feme veut rapeler son don : elle ne pot pas, ne ne doit estre oye en cel cas, ançois doit estre li dons tenus, quant à ce qu'ele ne le pot rapeler, car tout soit ce que li barons le peust rapeler à son vivant, puisqu'ele meigne en se franche poeste, il convient qu'ele tiegne son fet. » C'est ainsi que subsista le droit jusque vers le XVIe siècle. Alors nous voyons un changement important se produire dans les idées et les mœurs juridiques, changement qui introduit dans les principes de l'autorisation maritale des modifications profondes. Ce changement fut la rénovation des études de droit romain. Les jurisconsultes de Bologne furent les chefs de cette révolution juridique, en faisant paraître une glose ou commentaire des œuvres de Justinien. La glose excita chez tous nos vieux auteurs la plus grande admiration ; peut-être l'admirèrent-ils plus que le texte lui-même. Enfin, on s'éprit tellement en France du droit romain que, par tous les moyens possibles, on s'efforça de l'introduire dans le droit coutumier qu'on ne regarda dès lors qu'avec le plus souverain mépris, *jus odiosum*. Aussi nos jurisconsultes firent dans dans la langue juridique ce que Ronsard et la Pléiade essayèrent d'accomplir dans la langue littéraire, ils voulurent parler latin; et dans la matière qui nous occupe, s'inspirant des idées des jurisconsultes romains, ils se mirent à décrier la femme à l'envi : ce devint bientôt de mode, et l'on semblait ainsi vouloir revenir à cette civilisation antique « où les sages affectaient de tenir assez peu de compte du sexe, et où les lois s'efforçaient sans cesse de restreindre sa liberté et sa capacité. »

D'Argentré disait : « Sunt enim in hoc animanti effrenes motus, efferata iracundia, impetus concitati, magna consilii inopia, et imbecillitas judicii, superbia indomita. Sexus ipse ad commercia et frequentandos hominum cœtus inhabilis, et multis insidiis obnoxius, quod Imperator dicta lege Maritus. C. de procurat advertit.. Melior gentium sensus, et transmissa antiquissimi moris exempla ab vetustissimis Gallis, qui uxores fortunasque earum in potestate habuise, a Cæsare traduntur (d'Argent. *Cout. de Bret.*, art. 410, gl. 2, n° 2).

Cette même coutume nous dit, dans son article 80, que « toutes malices peuvent être plutôt ès femmes qu'ès hommes. » G. Coquille (art. 15 tit. 23, *cout. de Nivernais*), place la femme dans un état d'infériorité morale et civile par rapport à la l'homme (Conf. *aussi quest.* 116 du même auteur).

> Quid levius fumo? Flamen. Quid flamine? Ventus.
> Quid vento? Mulier. Quid muliere? Nihil.
>
> (Chasseneuz, *Coutume de Bourgogne*, III, § 5).

Nous renvoyons encore sur ce point au songe de Verger. (V. M. Laboulaye, p. 460 et s.)

Montaigne (*Essais*, livre 2, ch. 32) fait de l'entêtement et de la ténacité des femmes un tableau si amusant, que l'on nous pardonnera de le retracer ici : « J'ai cogneu, dit-il, cent et cent femmes, car ils disent que les testes de Gascoigne ont quelque prérogative en cela, que vous eussiez plutost fait mordre dans le fer chauld, que de leur faire desmordre une opinion qu'elles eussent conceue en cholère ; elles s'exaspèrent à l'encontre des coups et de la contrariété : et celui qui forgea le conte de la femme, qui, pour aulcune correction, de menaces et bastonnades, ne cessait d'appeler son mary *pouilleux*, et qui, précipitée dans l'eau, haulsait encores, en s'estouffant, les mains, et foisoit, au dessus de sa teste, signe de tuer des pouils, forgea un conte duquel, en vérité, touts les jours on veoid l'image expresse en l'opiniâtreté des femmes. »

Enfin, pour en revenir à notre sujet, on finit par emprunter insensiblement au droit romain cette idée que la femme est incapable, non pas seulement à cause de son état civil, mais aussi et surtout à cause de son état moral. Mais on n'abandonna pas pour cela les idées de l'ancien droit coutumier ; on essaya d'opérer une fusion entre les deux législations, et on en arriva au système suivant : du droit coutumier on conserva le principe que la femme, fille ou veuve, est pleinement capable, et du droit romain on tira, mais alors pour la femme mariée seulement, cette idée que la femme est incapable ; on en vint donc à établir ce système hybride : fille ou veuve, la femme jouit d'une capacité pleine et entière ; vient-elle à se marier, elle n'est plus seulement, comme jadis, dépendante de son mari, elle est encore incapable, et comme telle, elle a besoin de protection.

Alors, et par une conséquence logique, l'autorisation maritale ne fut plus seulement organisée dans l'intérêt du mari, elle le fut encore dans celui de la femme. Ce principe une fois posé, on en tira les conséquences suivantes :

1° Si la femme a fait un acte sans l'autorisation du mari, celui-ci pourra sans doute encore demander la nullité de cet acte, mais la femme aussi aura le même droit.

2° On alla nécessairement plus loin, et on fit du défaut d'autorisation une nullité absolue qui put être invoquée par le mari, par la femme et leurs ayants cause ainsi que par les tiers qui avaient contracté avec elle. N'allez pas croire pour cela que cette théorie fût absolue dans la législation coutumière, loin de là! Comme nous l'avons déjà fait remarquer, il n'y a pas de règle invariable en droit coutumier, et celle-ci, peut-être moins qu'une autre. On peut, en effet, citer ici trois opinions principales.

1° Quelques auteurs (ils sont fort peu nombreux), décident que l'autorisation maritale est uniquement fondée sur l'incapacité de la femme; telle est l'opinion qu'on trouve soutenue dans les commentaires de Rebuffe sur la loi 19 *de verbor. signific.*, *D.*, de Guillaume sur la cout. de Bourgogne, titre IV, 1, quest. 2, et de Chasseneuz, sur la même coutume au mot *Contrat*, etc. Pour ces auteurs naturellement, l'acte qu'a passé la femme sans l'autorisation du mari n'est entaché que d'une nullité purement relative.

2° D'autres auteurs moins anciens parmi lesquels nous remarquons Guy Coquille, sur la coutume de Nivernais, d'Argentré, sur l'ancienne coutume de Bretagne; Ricard, sur les donations, et le chancelier d'Aguesseau (plaidoyer du 3 avril 1691), soutiennent que l'intérêt seul du mari a fait établir la nécessité de l'autorisation.

Pothier semble être aussi de cet avis. Ainsi dans son traité *de la puissance du mari sur la personne et sur les biens de la femme*, il s'exprime ainsi :

« ..... La nécessité de l'autorisation du mari n'est donc fondée que sur la puissance que le mari a sur la personne de sa femme, qui ne permet pas à la femme de rien faire que dépendamment de lui. » (§ 3.).

« Un mari, quoique mineur, a le droit de puissance maritale sur la personne de sa femme, quoiqu'elle soit majeure, d'où il suit qu'un mari, quoique mineur, a le pouvoir d'autoriser sa femme, soit qu'elle soit mineure, soit qu'elle soit majeure, ce pouvoir étant un effet et une dépendance de la puissance qu'il a sur elle. » § 29.

Notre auteur tire cependant, du principe qu'il pose, une conséquence fausse en disant que l'acte sans autorisation est absolument nul (§ 78), tandis que, d'après cette deuxième opinion, il faudrait, comme l'ont fait les autres auteurs, dire que les actes faits sans autorisation par la femme ne sont nuls que pendant le mariage, et que le mari peut seul alors en invoquer la nullité (1).

3° Cette opinion concilie les deux premières en adoptant comme principe de l'autorisation maritale, non-seulement l'autorité du mari, mais encore l'incapacité de la femme. Nous la trouvons reproduite en principe dans Lebrun (*Traité de la communauté*), et Dumoulin (*Comm. sur la cout. de Paris*, art. 114). C'est, comme nous l'avons déjà dit, cette opinion qui triompha en pratique. On ne peut en douter quand on se rend bien compte de la transformation produite au XVI° siècle, et quand on suit avec attention les développements successifs de la législation concernant l'autorisation maritale.

Nous avons donc vu successivement apparaître trois systèmes généraux sur l'incapacité de la femme.

1° Le système de Rome et de la Germanie qui regarde la femme comme incapable à raison de son sexe.

2° Le système du vieux droit coutumier (IX° au XV° siècle), qui considère la femme comme absolument capable à raison de son sexe, l'autorisation maritale ne découlant que de l'obligation de subordination de la femme au mari. Enfin 3° le système du dernier état du droit coutumier qui regarde

(1) On peut cependant expliquer cette opinion de Pothier en disant que de son temps l'autorisation maritale était d'ordre public; dès lors, la nullité d'un acte passé sans autorisation étant absolue, toute personne intéressée pouvait l'invoquer.

la femme libre comme capable, et donne comme fondement à l'autorisation maritale la double cause de l'incapacité de la femme en tant que femme mariée, et de sa dépendance à l'égard du mari. Lequel de ces trois systèmes serait préférable en législation? Nous n'hésitons pas à répondre que ce nous semble être celui du vieux droit coutumier, car il y a pour nous ici un dilemme dont il semble impossible de contester l'exactitude. Ou bien la femme est incapable à raison de son sexe, et alors la loi ne doit pas seulement la protéger quand elle est mariée, mais encore quand elle est fille ou quand elle est veuve. Ou bien, la femme est capable en tant que femme; mais alors pourquoi le mariage la rendrait-il incapable? Car enfin le mariage n'est pas un certificat de faiblesse d'esprit : laissons cette thèse aux comiques, ils en usent et en abusent assez déjà.

Ah! nous conviendrions parfaitement qu'on vînt nous dire: quand la femme se marie, il faut qu'on la protége contre l'influence de son mari; sans doute, mais ce n'a pas été l'idée du législateur, puisqu'un mari peut autoriser sa femme pour les actes qui l'intéressent personnellement lui mari, puisque, selon l'expression du droit romain, il peut être *auctor in rem suam*.

Non! au point de vue rationnel, le mariage rend la femme dépendante, et voilà tout. Cependant nous avons le regret de constater qu'au milieu d'un amas de règles discordantes et contradictoires, le Code civil semble avoir suivi le principe du droit coutumier, dans le dernier état de cette législation.

Que dire des règles si multiples de l'autorisation maritale dans le droit coutumier? Pothier a composé sur ce point un traité fort apprécié; Merlin (*Répertoire de jurisprudence*) en a longuement parlé au mot *autorisation*, tous les jurisconsultes du temps l'ont étudiée dans leurs savants commentaires, nous renvoyons à ces excellents auteurs.

Pour nous, nous avons cru plus sage de laisser cette étude à l'écart. Devant traiter en détails l'autorisation maritale sous le Code civil, nous serions forcés de tomber dans des redites. Il nous a paru préférable de mentionner, en parallèle de l'étude que nous ferons, les divergences qu'on rencontre dans nos vieux auteurs, ce qui donnera lieu à quelques comparaisons utiles entre le droit coutumier et notre législation actuelle.

Il est bien entendu que tout ce que nous venons de dire sur l'autorisation maritale ne s'applique qu'aux pays coutumiers; les pays de droit écrit qui étaient régis par le droit romain, ou par des coutumes qui s'en inspiraient directement, étaient gouvernés, quant à la capacité des femmes, par la loi Julia de fundo dotali et par le sénatus-consulte Velléien. Cependant l'autorisation maritale n'y était pas tout à fait inconnue. Ainsi Bretonnier (v° femme) nous dit que dans les pays de droit écrit du ressort du parlement de Paris, telles que les provinces de Lyonnais, Forey, Beaujolais, Mâconnais, la femme ne pouvait s'obliger sans le consentement de son mari. La question de savoir si la nécessité de l'autorisation pour recevoir une donation (Ordonnance de 1731, art. 9) s'appliquait aux pays de droit écrit, était controversée (V. Merlin, v° autorisation, sect. 1).

Législation intermédiaire (1789-1804).

La Révolution de 1789 fut, non pas seulement au point de vue politique, mais même au point de vue juridique, une époque de bouleversement général. Que cette révolution ait été le point de départ d'utiles et sages réformes, nous n'en disconvenons pas, mais il y a bien à redire sur les conquêtes de l'esprit moderne, et on a malheureusement beaucoup plus renversé qu'on n'a reconstruit; comme nous le disait un homme éminent, c'est presque un affront fait à l'Assemblée nationale de 1789, que de lui donner le nom de « constituante. »

S'inspirant des idées de liberté et d'égalité à outrance qui étaient alors à l'ordre du jour, l'Assemblée de 1789 et les deux qui la suivirent renversèrent brusquement les vieux principes d'autorité et de dépendance qui avaient jusque-là régi la famille, et qui, malgré le profond abaissement moral de l'époque, avaient réussi à lui conserver son énergie, sa force et son unité. De puissance paternelle, il n'en fallait plus, de puissance maritale il en fallait moins encore. L'homme a des droits, on le prône bien haut; quant à ses devoirs, on les passe prudemment sous silence.

Bref, si l'on avait froidement tenté de désorganiser la

famille, on n'aurait peut-être pas mieux réussi. Nous ne nous occupons pas de la puissance paternelle qui n'est pas de notre ressort, la puissance maritale seule doit attirer notre attention.

Un coup mortel fut porté à la puissance maritale par l'assemblée législative. En vertu d'une loi datée du 20 septembre 1792, le divorce fut établi en France. Déjà l'assemblée nationale avait préparé les voies à cette grande innovation par sa fameuse constitution des 3-14 septembre 1791 dans laquelle elle décrétait (titre II, art. 7) que la loi ne considérerait le mariage que comme un contrat civil.

L'assemblée législative ne faisait que tirer une conséquence de ce principe général. Voici l'exposé des motifs de la loi nouvelle que portaient nos législateurs.

« L'assemblée nationale, considérant combien il importe de faire jouir les Français de la faculté du divorce, qui résulte de la liberté individuelle, dont un engagement indissoluble serait la perte... décrète.

Article 1er. — Le mariage se dissout par le divorce.

Ce qui prouve combien les Français d'alors aspiraient après le divorce, c'est que pas un des cahiers des Etats Généraux de 1789 ne le demandait; on sait cependant le nombre incalculable et la diversité des pétitions que ces cahiers renfermaient.

Cette loi anéantissait la puissance maritale, car, au lieu de considérer le divorce comme une exception, à cause des graves conséquences qui en résultent pour la famille, au lieu de l'assujettir à des conditions rigoureuses pour écarter les abus, cette assemblée fit du divorce non pas le correctif, mais le corrélatif du mariage. Avec une imprudence qu'on ne saurait trop blâmer, elle appliqua au mariage la règle des contrats. « Nihil tam naturale est quam unumquodque eodem genere dissolvi quo colligatum est. » On oubliait que les contrats ordinaires n'intéressent que les contractants: le mariage au contraire intéresse la société entière; et le devoir d'un sage législateur est de veiller à ce qu'on ne fasse pas d'une si importante institution l'instrument des passions et des convoitises les plus honteuses et les moins avouables.

Cette loi de 1792 permettait en effet le divorce non-seulement pour des causes déterminées déjà beaucoup trop nombreuses, elle l'autorisait encore par consentement mutuel, et même par la volonté de l'un des deux conjoints. La procédure n'était guère plus difficile. Les époux qui voulaient être désunis, devaient se présenter devant une assemblée de parents ou d'amis (1); si l'on ne pouvait parvenir à les réconcilier, un mois ou deux mois après, suivant les cas, les conjoints se présentaient devant l'officier de l'état civil qui prononçait le divorce de la même manière qu'il avait prononcé le mariage.

Cette loi avait encore un inconvénient très-grave, c'est qu'elle supprimait la séparation de corps; elle établissait ainsi sous le nom de liberté, la plus odieuse des tyrannies, celle des consciences: elle forçait les catholiques ou à user d'un moyen que leur religion défendait, ou à rester dans les liens d'une insupportable union. Tous ces défauts n'empêchèrent pas les rédacteurs de cette loi d'admirer leur ouvrage, et l'un d'eux, Aubert du Bayet, s'écriait dans la séance du 30 août 1792: « Dès que le divorce sera permis, les nœuds du mariage seront plus étroits, le divorce sera très-rare. » (Moniteur du 1er septembre 1792).

On sait si les résultats répondirent à l'attente des législateurs. Dans les vingt-sept mois qui suivirent la loi nouvelle, il y eut cinq mille neuf cent quatre-vingt-quatorze divorces, et en l'an VI le nombre des divorces à Paris dépassa celui des mariages. C'était revenir aux plus mauvais jours de la décadence romaine. (Conf. M. Glasson. *Du mariage religieux et du mariage civil dans les principales législations de l'Europe*).

(1) Ce tribunal de famille, chargé de vider les difficultés et renouvelé des Romains, ne pouvait avoir d'influence sérieuse. D'une composition mal définie, privé d'un président pouvant diriger les débats, et ayant voix prépondérante, il ne réussit qu'à se rendre ridicule, et fut supprimé bientôt par la loi du 9 ventôse an IV.

LIVRE IV

CODE CIVIL

NOTIONS GÉNÉRALES ET DIVISION DE LA MATIÈRE.

Nous voici arrivés à l'étude du code, civil c'est-à-dire de la législation qui régit aujourd'hui encore notre pays. Quant à la valeur juridique de cette œuvre si importante, nous n'en dirons qu'un mot. Nous ne nous rangeons point parmi les détracteurs de parti pris qui regardent notre législation comme une cause de décadence nationale, nous ne sommes pas non plus de ces admirateurs enthousiastes qui la prônent comme l'idéal du droit privé. Nous croyons qu'ici la vérité se trouve entre les extrêmes. Sans doute, le code est une œuvre de génie, mais il a un urgent besoin, surtout au point de vue des biens, de nombreuses et importantes corrections. Pour nous, le grand mérite que nous reconnaissons à ses rédacteurs, c'est d'avoir su résister aux passions et aux entraînements irréfléchis des hommes qui les entouraient, c'est d'avoir eu le courage de réagir contre les fâcheuses tendances des assemblées révolutionnaires qui les avaient précédés.

Ainsi pour ne parler que du point qui nous occupe, si les rédacteurs du code civil n'abolirent pas le divorce (ils ne cédèrent ici qu'aux instances du premier consul, qui comptait peut-être déjà se servir un jour de cette institution), ils en diminuèrent du moins les inconvénients par les sages restrictions qu'ils apportèrent à son exercice.

Quant à la puissance maritale, ils la rétablirent sur des bases sérieuses, et proclamèrent si haut sa nécessité qu'ils en firent une question d'ordre public et de bonnes mœurs, un principe auquel il est interdit de déroger par des conventions particulières. C'est en effet l'idée que nous trouvons formellement consignée dans l'article 1388 dont un paragraphe est ainsi conçu : « les époux ne peuvent déroger aux droits résultant de la puissance maritale. » C'est en vain, par exemple, que la femme stipulerait dans son contrat de mariage son indépendance absolue du mari, c'est en vain que, dans le même contrat, le mari abandonnerait à son épouse quelques-uns de ces droits dont la loi l'investit comme chef de famille, ces dispositions dérogatoires seraient regardées par le juge comme nulles et non avenues ; la puissance maritale est d'ordre public.

Voici la marche que nous suivrons dans l'étude du code civil. Nous verrons dans une première partie quels sont les droits du mari sur la personne proprement dite de la femme, et dans une deuxième partie, la plus importante sans contredit, nous étudierons les droits de ce même mari sur les actes de la femme, en d'autres termes, nous continuerons l'exposé sous notre droit actuel de l'autorisation maritale dont nous avons déjà fait un examen rapide pour les époques antérieures au code civil.

PREMIÈRE PARTIE.

DES DROITS DU MARI SUR LA PERSONNE DE LA FEMME.

Comme le disait Portalis dans son remarquable exposé des motifs, « la prééminence que l'homme a sur la femme est la source du pouvoir de protection que le projet de loi reconnait au mari. L'obéissance de la femme est un hommage rendu au pouvoir qui la protége, et elle est une suite nécessaire de la société conjugale qui ne pourrait subsister si l'un des époux n'était subordonné à l'autre. »

Ce pouvoir de protection, dont nous parle le célèbre législateur, se trouve consigné et développé dans les articles 212 et suivants de notre code civil, que le maire lit aux futurs époux avant de prononcer leur mariage. L'étude de ces articles va nous arrêter quelques instants.

CHAPITRE PREMIER.

Des principes généraux de la subordination de la femme au mari.

L'article 213 est ainsi conçu : « le mari doit protection à sa femme, la femme obéissance à son mari. » Cette formule est bien vague et bien élastique. Quelle est la portée de ce mot obéissance, quelle est la situation de la femme, jusqu'à quel point conserve-t-elle sa liberté de volonté, le code ne dit rien. C'est donc aux commentateurs à tirer les conséquences du principe général qu'a posé la loi.

Il est pour nous un fait certain, c'est que, malgré les rapports de ressemblance des articles 213 et 373, le mari n'a point sur sa femme l'autorité qu'un père a sur son enfant.

L'autorité paternelle repose sur ce principe que l'enfant ayant dans ses premières années des besoins qu'il ne peut satisfaire, étant exposé à des dangers qu'il ne peut éviter, ne saurait arriver à l'âge viril sans la protection de ses parents, protection dont le corollaire est une autorité d'autant plus grande que l'enfant est dans un plus bas âge. Si pour détourner les dangers auxquels l'exposeraient l'imprudence et les passions de l'enfant, la correction, ou certaines mesures coërcitives de la liberté sont nécessaires, le père peut évidemment les employer sans que les tribunaux aient à intervenir. La loi et les mœurs reconnaissent ce droit au père, pourvu qu'il n'en use que dans l'intéret de son enfant, et l'affection paternelle est ici la plus sûre sauvegarde.

Au contraire, le mari et la femme sont deux êtres libres et émancipés, jouissant de la plénitude de la liberté individuelle que reconnaissent nos lois. Mais par suite de la société mutuelle que forme le mariage entre les deux conjoints, il faut un chef à cette société, il est nécessaire que les intérêts communs soient dirigés par un moteur unique ; il faut donc que la femme obéisse à son mari dans tous les cas où sa désobéissance pourrait rompre l'unité de vie, qui est de l'essence même du mariage ; mais toutes les fois que cette unité n'est pas mise en péril, la femme a le droit d'agir librement.

Voilà pourquoi nous sommes convaincu que le mari ne peut, par exemple, forcer son épouse à rester confinée au domicile conjugal, comme un père pourrait l'ordonner à son fils. Tout empêchement d'aller et de venir, tout séquestre de la femme, quelque momentané que vous le supposiez, pourrait être puni par les tribunaux en vertu des articles 615 et s. du code d'instruction criminelle, relatifs à la sauvegarde de la liberté individuelle. Aussi quoi qu'en ait dit le Premier Consul lors de la discussion du code civil, nous ne pensons pas qu'un mari puisse impunément dire à sa femme : « Madame, vous irez ici. Madame, vous n'irez point là : » Tout au plus, le mari pourrait-il dans des cas tout à fait exceptionnels, regarder en semblable circonstance la désobéissance de la femme comme une injure grave, et intenter contre elle, de ce chef, une demande en séparation de corps.

Il ne faut cependant pas aller trop loin, il est certain que le mari a dans la direction du ménage, non-seulement voix prépondérante, mais autorité incontestable. C'est lui et lui seul qui a le droit de choisir le domicile commun, de régler le genre de vie de la famille, et les dépenses du ménage. C'est lui et lui seul encore qui, sa vie durant, exerce sur les enfants l'autorité paternelle (art. 373) ; il a le droit de choisir le religion dans laquelle il veut qu'ils soient élevés, (1) le genre d'éducation qu'il croit devoir leur convenir ; lui seul a le choix des maîtres et des pensions.

Cependant, comme aux termes de l'article 203, les époux contractent *ensemble*, par le fait seul du mariage, l'obligation de nourrir, entretenir, et élever leurs enfants, la jurisprudence et les auteurs sont unanimes pour décider que quand

(1) Dans la plupart des contrats de mariage entre personnes de religion différente, on insère la disposition suivante, ou une disposition d'un genre analogue : « Les fils seront élevés dans la religion du père, les filles dans celle de la mère, ou encore : les enfants seront élevés dans la religion de la mère. » Ces dispositions n'ont aucune valeur juridique, car elles tombent sous le coup de l'article 1388. Le père n'a point le droit d'aliéner son autorité ; *a fortiori* peut-il toujours la reprendre. Tout au plus, en cas de promesse de ce genre, la femme pourrait-elle demander la séparation de corps pour injure grave. (Violation à la parole donnée.)

il y a, de la part du père, abus évident d'autorité, la mère pourra exercer devant les tribunaux un recours légitime.

Le père encore prononce, et ici en dernier ressort, sur le mariage de l'enfant. L'enfant, sans doute, doit demander leur consentement, à son père et à sa mère, mais, en cas de dissentiment, le consentement du père seul suffit. « De sorte que, comme le dit M. Legouvé, l'avis de la mère ne vaut ni pour ni contre; si elle consent et que son mari refuse, son consentement ne compte pas. Si elle refuse et que son mari consente, son refus ne vaut pas davantage. Elle ne peut ni marier sa fille, ni l'empêcher de se marier, ni la préserver d'un choix fatal, ni la soutenir dans un choix heureux (1). » Peut-être la loi a-t-elle exagéré ici les bornes de la puissance maritale. La mère a pour l'enfant une affection au moins égale à celle du père : son amour maternel saura bien voir, lui aussi, où se trouve le bonheur de son enfant. Comme le dit encore fort justement M. Legouvé : « cette annihilation du pouvoir maternel est funeste, car le coup d'œil de la mère porte ailleurs et plus loin que celui du père. Le père s'inquiète de la fortune, de la carrière, de la position de son gendre, la mère prend plus de souci des rapports sympathiques qui l'uniront à sa fille. »

Parmi les questions qui se rapportent au principe général de la subordination de la femme au mari, plusieurs se rencontrent qui, par leur importance pratique, ont dû fixer l'attention de la jurisprudence et des auteurs : une des premières est connue sous le nom de *Question des lettres missives* et peut s'énoncer ainsi : « le mari a-t-il le droit de décacheter et d'intercepter les lettres adressées à sa femme ? » M. Demolombe cite sur cette question un arrêt de la cour de Louisville, reproduit par le journal le *Droit*, et qui est conçu en ces termes : « Nous n'admettons pas que dans ces temps et dans ce pays, l'autorité légitime d'un mari lui donne, pendant le mariage, le droit d'immixtion dans la chaste et amicale correspondance de sa femme, en tant qu'elle ne touche pas à ses propres droits ; ni que, dans toute la plénitude de

(1) Le remède serait peut-être, en cas de dissentiment entre les deux époux, de remettre au conseil de famille le soin de trancher la difficulté, après avoir entendu le père et la mère en leurs avis respectifs.

son pouvoir conjugal, il puisse, sans son libre consentement, prendre, détruire, *ou contrôler*, d'une manière quelconque la possession ou l'envoi de telles lettres. »

Une si blessante interférence porterait atteinte à la confiance sociale, et troublerait la paix domestique, et ne doit pas être encouragée par la justice, d'autant plus qu'elle ne pourrait servir qu'à satisfaire une curiosité jalouse et oppressive. Au point de vue des convenances, et à tous les points de vue, de telles lettres, écrites à une femme pour les garder, les lire et s'en délecter, lui appartiennent ; et si, pour des raisons de goût et de jugement personnel, elle ne croit pas devoir les remettre ni les montrer à son mari, elle a le droit de les conserver comme sa propre et inviolable propriété..... Un mari ne doit être ni un tyran, ni un espion ; elle doit toujours être sa libre compagne et son égale. » Nous n'hésitons pas à regarder cette doctrine comme erronée. Outre que plusieurs des assertions de cet arrêt sont fort contestables, il nous semble au contraire que ce serait vouloir troubler la paix domestique que de refuser un tel droit au mari. Il soupçonnera toujours sa femme, à tort peut-être, mais le soupçon n'en existera pas moins, et comme il ne pourra écarter ces soupçons par la preuve contraire, la paix du ménage sera à jamais compromise. Lui reconnaître ce droit, c'est partir de cette idée si vraie que le mariage est l'union de deux vies et de deux âmes : toutes les pensées doivent être communes, il ne doit pas y avoir de secrets entre les deux époux, *consortium omnis vitæ*. Ce serait méconnaître étrangement la puissance maritale que de permettre à la femme d'avoir des correspondances qu'elle pourrait défendre au mari de connaître : on ne pourrait en vérité trouver rien de plus blessant pour la dignité du mari.

La jurisprudence française n'est pas nettement fixée sur cette question : des arrêts des cours de Paris 22 février 1860, Dijon 11 mai 1870 et surtout Alger 11 novembre 1866 semblent admettre ce droit du mari, mais ce n'est qu'avec beaucoup de restrictions et de réserves.

Un célèbre arrêt de la cour de Bruxelles place la question sur son vrai terrain, et lui donne une solution que nous croyons la seule vraie : Voici les principaux considérants de cet arrêt. « Attendu qu'aux termes de l'article 213 du Code civil le mari doit protection à sa femme et la femme obéissance à son mari; attendu que, pour remplir dans sa plénitude la mission qui lui est dévolue, le mari a le droit et le devoir d'exercer, dans de justes limites, une surveillance tutélaire sur les actions de sa femme, pour la protéger au besoin contre ses propres égarements; attendu que si un semblable contrôle ne va pas jusqu'à permettre au mari de s'immiscer arbitrairement dans la correspondance particulière d'une épouse irréprochable, sans le libre consentement de celle-ci, et dans le seul but de satisfaire à une curiosité jalouse et blessante, l'autorité dont le mari est investi lui donne évidemment le pouvoir d'intercepter les lettres confidentielles écrites par sa femme ou adressées à cette dernière, lorsqu'il a des motifs sérieux de le faire pour sauvegarder la moralité de l'épouse, et l'honneur où la sûreté du chef de famille, etc.» (Bruxelles, 28 avril 1873).

Un mari peut-il forcer sa femme à interrompre ses relations avec sa famille, peut-il la priver de la vue de ses propres enfants, et confier à une étrangère l'éducation de ceux-ci?

En droit pur, il a ce pouvoir, cependant il est bon de remarquer qu'il lui faut, pour agir ainsi, des motifs légitimes. La femme pourrait toujours s'adresser à la justice pour faire réprimer les actes d'oppression que son époux exercerait à son égard (1). En tout cas, elle aurait comme remède extrême, le droit d'intenter contre le mari une demande en séparation de corps pour injure grave.

Le mari peut-il empêcher sa femme de remplir ses devoirs religieux? On l'a soutenu, mais cette affirmation, quelque spécieux que soient les motifs sur lesquels elle s'appuie a soulevé et à juste titre, une désapprobation générale. La liberté de conscience est un des principes qui ont été le plus hautement proclamés par notre législation moderne et en particulier par la fameuse déclaration des droits de l'homme (2).

(1) Le tribunal de la Seine (Sirey, 70, 2, 153) a jugé que l'autorité du mari sur la femme ne saurait dans aucun cas lui donner le droit de la priver *arbitrairement* de toute relation avec ses plus proches parents.

(2) L'article 10 de la *Déclarations des Droits* de 1789 pose en principe que « nul ne peut être inquiété pour ses opinions même religieuses. »

La Constitution de 1791 « garantit à tout homme la liberté d'exercer

Le mari n'a point le droit, sous quelque prétexte que ce soit, de violenter l'âme de son épouse ; il deviendrait du reste, par ce seul fait, justiciable des tribunaux, tombant directement sous le coup de la loi pénale. L'article 260 du code pénal est ainsi conçu : « Tout particulier qui par des voies de fait ou des menaces aura contraint ou empêché une ou plusieurs personnes d'exercer l'un des cultes autorisés.... sera puni, pour ce seul fait, d'une amende de 16 fr. à 200 fr. et d'un emprisonnement de six jours à deux mois. »

Il est encore bien des questions qui rentrent dans ce principe général de la subordination de la femme au mari, telles que la naturalisation de la femme à l'étranger, son engagement au théâtre, etc. Nous renvoyons l'étude de toutes ces questions au chapitre de l'autorisation maritale. Remarquons en terminant que le code, en disant dans l'article 213 que : « la femme doit obéissance à son mari, » a posé là un principe qui ne ressort que du domaine de la morale, il n'a point de sanction dans la loi humaine. En effet, comme nous l'avons déjà dit, le mari ne peut évidemment pas faire incarcérer sa femme comme un enfant, il ne peut non plus la faire condamner à des dommages-intérêts, car il est impossible d'estimer ici les deux points servant de base pour l'évaluation de ces dommages, *damnum emergens*, *lucrum cessans*, le tort qu'a éprouvé le mari, et le bénéfice qu'il n'a pu faire.

Cependant le mari peut-il user contre sa femme du droit de correction matérielle, peut-il, comme disait Beaumanoir, « batre sa feme sans mort et sans mehaing » ?

L'affirmative a rencontré et rencontre aujourd'hui encore des partisans. Cette opinion raisonne ainsi : le droit de cor-

le culte religieux auquel il est attaché. » Celle de 1793 elle-même, élaborée par la Convention, avoue que « le libre exercice des cultes ne peut être interdit. » Le Directoire, en 1795, affirme que « nul ne peut être empêché d'exercer, en se conformant aux lois, le culte spécial qu'il a choisi. » L'article 1er du Concordat de 1801 porte que « la religion catholique, apostolique et romaine, sera librement exercée en France ; » la Charte de 1814 (art. 22), que « la liberté des cultes et des consciences est garantie ; » l'acte additionnel de 1815 (n° 62) que « la liberté des cultes est garantie à tous ; » la Charte de 1830 (art. 5) que « chacun professe sa religion avec une égale liberté, et obtient pour son culte la même protection, etc., etc. »

rection était admis dans l'ancien droit. Ainsi, nous voyons au XVIIe siècle, Despeisses (1, p. 286) enseigner qu'une femme battue fort grièvement par son mari, ne peut s'en faire un motif pour demander la séparation de corps. Au XVIIIe siècle, Dareau (*Traité des injures*, ch. IV n° 2), s'exprime ainsi : « le mari a sur sa femme une certaine autorité.... que, quand elle s'écarte de ses devoirs,... il a la voie de la correction jusqu'à certaines bornes, et que, pourvu qu'il ne les franchisse pas, il ne fait que son devoir. »

Il est hors de conteste que le père peut châtier un enfant *virgis et flagello*, pourvu que ce soit dans les limites d'une sage modération, et cependant ce droit n'est pas inscrit dans le code; pourquoi ne pas donner au mari la même faculté? La demande en séparation de corps n'est autorisée que pour excès, sévices, injures graves; on ne peut faire rentrer la correction modérée dans l'une de ces trois hypothèses, du moment où elle a été méritée ; donc, dit-on, nulle raison légale ne s'oppose à ce que le mari jouisse du droit de correction (1).

Nous n'hésitons pas à refuser au mari un pareil droit. Grâce à Dieu, nous ne sommes plus sur ce point au temps de Beaumanoir et de d'Argentré. Nos mœurs sont trop douces, notre civilisation trop avancée, le respect pour nos compagnes trop grand pour que nous puissions admettre un seul instant l'existence d'un pareil abus de force. Le code civil est muet, dit-on, c'est un tort peut-être, quoiqu'il nous semble déjà fort contestable de dire que la correction n'a aucun rapport avec les excès, sévices et injures graves dont parle l'article 231. Mais en supposant même le silence du code civil, le code pénal y supplée par l'article 311, qui punit les blessures, coups, violences ou voies de fait d'un emprisonnement de six jours à deux ans, et d'une amende de seize à deux cents francs.

Sans doute, on autorise la correction paternelle, mais le code civil a un titre presque entier sur ce sujet (livre I, titre IX), et en permettant au père une correction plus dure, l'emprisonnement, il autorise implicitement la correction matérielle. Pour la puissance maritale, il n'y a rien de tout cela ; on édicte comme précepte que la femme doit obéissance à son mari, et pour tout le reste, le code garde le silence : il

(1) Tel semble être l'avis de la cour de Chambéry (4 mai 1872).

est donc impossible de donner au droit de correction maritale une base légitime.

Cependant, pour être juste, il convient d'ajouter que les mœurs, et les souvenirs du passé sont plus forts ici que les lois elles-mêmes, et la jurisprudence usuelle le confirme chaque jour. Il est certain qu'une femme qui se plaint d'avoir été battue par son mari, surtout si celui-ci invoque un motif sérieux pour excuser cet acte de brutalité, est écoutée beaucoup moins favorablement par le juge que toute autre personne qui serait dans le cas d'invoquer l'article 311 du code pénal.

CHAPITRE II.

De la nationalité, du domicile et de la cohabitation.

SECTION I. — DE LA NATIONALITÉ.

La loi facilite au mari l'exercice des droits dérivant de la puissance maritale, en donnant à la femme la nationalité de son époux. L'article 12 du code civil est ainsi conçu : « L'étrangère qui aura épousé un Français, suivra la condition de son mari, » et l'article 19 donne la même règle pour la femme française. Cette disposition est profondément juste. Le but du mariage étant la communauté de vie, *duo in carne una*, la loi a sagement présumé que la femme a voulu, par le fait même du mariage, adopter la nationalité de son mari. « Le législateur, selon l'expression de M. Paul Fabre, a considéré comme le plus sacré des principes, l'unité des lois dans le ménage ; il a mieux aimé sacrifier un de ses sujets que de créer un antagonisme normal et constant au foyer domestique ; il a préféré à des idées étroites et jalouses de nationalité un principe plus large, plus moral, plus élevé, celui de l'ordre dans la famille. » Mais une question délicate se pose ici : la prescription de l'article 12 et de son corollaire l'article 19 est-elle une règle impérative s'imposant à la femme sans tenir compte des intentions de celle-ci, ou bien n'est-ce simplement qu'une règle interprétative de volonté, contre laquelle elle peut protester lors de la célébration de son mariage ? La tendance constante de la jurisprudence actuelle est de dire que cette présomption est une règle impérative : la plupart des commentateurs se sont rangés à cette opinion. Cette théorie s'appuie sur deux arguments qui sont d'une grande valeur.

1° Notre loi, dit-on, pour déterminer qui est Français, ne recherche pas les intentions des individus, elle ne consulte pas leur volonté. Libre à eux sans doute d'abdiquer leur nationalité de Français, mais ils devront alors se faire naturaliser à l'étranger, l'expression de leur intention seule ne pourra y suppléer !

2° Il est nécessaire, comme nous l'avons vu, que pour qu'il y ait unité dans le ménage, il y ait aussi entre les deux conjoints unité de patrie, ce qu'on ne pourra obtenir qu'en donnant la règle ci-dessus mentionnée.

On ajoute que, statuant sur la nationalité, et par conséquent sur l'état de la personne, l'article 12 est une disposition d'ordre public à laquelle les particuliers ne peuvent déroger (art 6) (MM. Aubry et Rau, I, p. 266).

Malgré la vigueur d'argumentation de ce système, nous nous avouons porté à adopter l'opinion contraire.

1° En aucune partie de notre droit, nous ne voyons notre législation imposer la nationalité française à un étranger. La qualité de Français est un honneur, ce n'est pas un fardeau que la loi jette sur les épaules du premier venu.

2° La règle impérative du premier système sera inutile, car toutes les fois que la femme refusera d'accepter la nationalité française, rien ne lui sera plus facile que de se faire naturaliser étrangère avec l'autorisation de son mari.

Dès lors, il nous est impossible de réaliser au sein de la famille cette unité de patrie qui sans doute est un but désirable, mais auquel on ne peut forcer les deux conjoints à rester fidèles malgré eux. Un autre argument nous frappe surtout : les auteurs sont presque unanimement d'accord pour reconnaître que si un mari change de nationalité après le mariage, la femme alors n'est plus obligée de suivre la nouvelle condition de son époux. Cette solution, disent-ils, est impérieusement commandée par l'équité. Il est juste qu'en se mariant la femme prenne la condition de son mari, car alors elle a pu prévoir qu'elle changerait de nationalité (art. 12, 19). « Nemo censetur ignorare legem. » Rien au contraire n'a pu lui faire penser qu'après le mariage son mari changerait de nationalité. Décider le contraire serait froisser les plus intimes sentiments de patriotisme de la femme. Mais alors, disons-nous, de deux choses l'une : ou l'article 12 est une règle simplement interprétative de la volonté de la femme, et alors il faut lui permettre lors du mariage de déclarer son intention de rester étrangère, ou bien cet article est une règle impérative et alors il faut admettre que la femme suivant forcément par son mariage la nationalité de son mari, devra la suivre encore après son mariage, s'il plaît à son époux de changer de patrie.

SECTION II. — DU DOMICILE.

La loi va plus loin encore dans cet ordre d'idées. Non-seulement elle donne à la femme la nationalité de son mari, mais supposant à celle-ci son intention d'être où l'appelle son devoir et ce devoir en tout cas devant prévaloir sur le fait et sur l'intention contraires, elle impose à l'épouse le domicile de son mari : « La femme mariée n'a point d'autre domicile que celui de son mari (art. 108). La femme devant obéissance au mari, elle doit habiter avec ce dernier, être pour ainsi dire toujours à sa disposition ; aussi la loi ne lui permet point d'avoir un domicile distinct et à tel point, croyons-nous, que le mari lui-même ne pourrait ni assigner à la femme un domicile séparé, ni lui permettre d'en avoir un : cette autorisation serait une sorte d'atteinte à la puissance maritale, atteinte à laquelle l'article 1388 s'oppose formellement : le seul droit du mari en cette matière est de permettre à la femme d'avoir, pour quelque temps, une résidence distincte.

C'est ce qui résulte bien du rapport que faisait au tribunat Monsieur Mouricault : « la femme... ne peut être éloignée légitiment de son mari que par la séparation de corps, le divorce ou la mort... elle ne peut en conséquence avoir de résidence distincte que par l'effet d'un délit de sa part, ou d'une tolérance momentanée de la part de son mari..., elle n'a pas d'autre domicile légal que celui de son mari (*Fenet*, t. VIII, p. 357.) » C'est pour ce motif par exemple qu'il a été jugé que le lieu où une femme (non séparée de corps) est reconnue avoir habité depuis nombre d'années avant son décès, n'est pas pour cela le lieu d'ouverture de sa succession. On ne peut en effet admettre qu'elle ait eu un autre domicile que celui de son mari. (*Cass. rej.*, 26 juillet 1808. — Voir Merlin, v° domicile).

La femme conserve-t-elle le domicile de son mari après le prononcé de la séparation de corps? Merlin l'a vivement soutenu en s'appuyant sur l'article 108 qui n'admet aucune distinction; de plus, dit-il, la séparation de corps ne brise ni le nœud du mariage, ni le lien de dépendance de la femme vis-à-vis du mari : la femme, après comme avant la séparation de corps, reste soumise à la puissance maritale. (Merlin, Rep. v° domicile).

Nous proposons avec la jurisprudence la solution contraire. 1° Notre opinion était d'abord de tradition unanime dans l'ancien droit. (Poth. *Cont. de mar.* n° 512, Bouhier. *Cout. de Bourgogne*, chap. XXII, art. 201). 2° L'article 108 ne fait pas de distinction; mais on peut en donner plusieurs raisons: d'abord le code ne donne sur le domicile que quelques articles généraux s'en référant pour les détails à la tradition. De plus, à l'époque où l'article 108 a été rédigé, on était encore irrésolu sur la question de savoir si on admettrait la séparation de corps en même temps que le divorce. L'assemblée législative avait supprimé la séparation de corps par la loi du 20 septembre 1792; on se trouvait encore sous l'empire de cette loi, et beaucoup de législateurs, imbus des idées révolutionnaires qui avaient encore grande vogue sous le consulat, se refusaient à admettre autre chose que le divorce. Enfin, il est un argument que ratifient le bon sens et la raison, c'est, comme le font remarquer un grand nombre de commentateurs, que l'article 108 est bien moins un effet direct et immédiat de l'autorité maritale que la conséquence de l'obligation imposée à la femme d'habiter avec son mari; or, cette obligation de la femme cesse par le fait même de la séparation de corps. L'équité de plus exige cette solution, car la séparation de corps a pour corollaire forcé la séparation de biens (art. 311); la femme prend donc alors l'administration de son patrimoine; l'unité des intérêts pécuniaires n'existe plus entre les époux; il est par suite nécessaire que la femme ait un domicile distinct pour tout ce qui regarde l'administration de ses biens (ajournements, citations, tribunaux compétents, etc.)

La jurisprudence est unanime aujourd'hui pour adopter cette

dernière opinion, (Orléans, 23 novembre 1818; Dijon, 26 janvier 1872).

Une question subsidiaire s'est ici soulevée. A dater de quel moment la femme a-t-elle le droit de se choisir un domicile distinct de celui du mari? Est-ce à partir du jour où en vertu de l'ordonnance du président du tribunal (art. 878, proc. civ.) la femme a pu se retirer dans une maison séparée, ou bien seulement du jour du jugement prononçant la séparation de corps ? Nous pensons qu'il ne s'agit dans cet article 878 que d'une simple résidence de fait, et non pas d'un domicile légal. C'est du reste ce qu'indique implicitement l'article dénommé. Cependant, on décide généralement que les actes et exploits concernant la séparation de corps pourront être utilement faits à la nouvelle résidence de la femme, l'esprit de la loi le permet, les nécessités du procès l'exigent (1) (Aubry et Rau I. p. 580).

SECTION III. — DE LA COHABITATION.

Là ne se bornent pas encore les droits de la puissance maritale. Non-seulement la femme doit avoir le même domicile que son mari, elle doit de plus avoir la même résidence, elle est obligée d'habiter avec lui, et de le suivre partout où il voudra résider. C'est ce que nous dit l'article 214 *principio*. « La femme est obligée d'habiter avec le mari et de le suivre partout où il juge à propos de résider. » Telle est la principale obligation que la loi impose à la femme mariée, obligation qui, comme toutes les autres, a son principe dans l'article 213.

Sur ce point de l'obligation de cohabitation se sont soulevées un grand nombre de questions des plus délicates, que nous allons successivement examiner. Toutes ces difficultés

(1) La femme a encore, dit-on, le droit de se choisir un domicile, quand son mari est en état d'interdiction, même quand elle n'est pas sa tutrice (Richelot, 1, 244). Mais la question est vivement controversée.

La femme peut également changer de domicile à son gré, quand elle est administratrice provisoire des biens et de la personne du mari placé dans un établissement d'aliénés (Tribunal de Chaumont, 17 avril 1867. Marcadé, sur l'article 108). Mais en fait, c'est plutôt le domicile propre du mari que change la femme.

sont résumées en deux questions générales qu'on peut ainsi poser : I. L'obligation de cohabitation est-elle générale et absolue? II. Quelle est sa sanction?

I. — *A.* La femme, dit l'article 214, doit suivre son mari partout où il lui plaira de résider. Cet article est général; s'entend-il d'une résidence même en pays étranger? Nous avons vu que sous notre ancien droit la femme n'était pas obligée de suivre son mari hors du royaume (Poth., *Puiss. du mari*, n° 1). La section de législation s'inspirant de ces idées avait fait suivre l'article 214 de la disposition suivante : « Si le mari voulait quitter le sol de la République, il ne pourrait contraindre sa femme à le suivre, si ce n'est dans le cas où il serait chargé par le Gouvernement d'une mission à l'étranger exigeant résidence. » Mais au sein du Conseil d'Etat plusieurs orateurs, et en particulier le premier Consul, dirent que la puissance maritale n'avait point pour bornes les limites de tel ou tel empire, et que de très-fâcheuses conséquences pouvaient résulter de cette disposition de loi; aussi supprima-t-on dans le projet qui fut adopté par le Corps Législatif la dernière partie de l'article 214 (Fenet, IX, p. 73). L'obligation de la femme n'a donc plus aujourd'hui de limites territoriales. Cependant, comme l'a fait remarquer Proudhon, il est bien évident que si une loi politique défendait l'émigration, un mari ne pourrait invoquer l'article 214 pour forcer sa femme à le suivre à l'étranger. La femme, comme dit Pothier, doit plus à sa patrie qu'à son époux, et l'on ne comprendrait pas que l'on pût invoquer la loi pour forcer la femme à violer cette même loi (1).

B. Si le mari, pour quelques motifs que ce soit, croit devoir établir sa résidence dans des lieux malsains ou insalubres, et que la femme refuse de l'y suivre, sous prétexte que sa santé chancelante ne lui permet pas d'habiter en de tels

(1) Un mari condamné à la déportation ou au bannissement ne pourrait non plus invoquer l'article 214 pour obliger sa femme à le suivre. C'est en vertu d'une loi de répression que le mari est frappé, on ne peut légalement forcer la femme innocente à partager le châtiment du coupable.

climats, à qui les tribunaux devront-ils donner gain de cause? A la femme qui se retranche derrière son intérêt personnel, ou au mari qui invoque la généralité des termes de l'article 214? Quelques auteurs pensent qu'un danger évident de mort pour la femme pourrait faire fléchir la rigueur de l'article 214. M. Demolombe entre autres croit que s'il était prouvé que la santé de la femme ne lui permît pas, sans danger ou même sans une sérieuse souffrance, de suivre son mari; si ce mari surtout voulait s'en aller au loin, dans les îles, par exemple, pour courir après la fortune, les magistrats pourraient, à raison des circonstances, dispenser la femme, momentanément du moins, de faire un tel voyage (Demol., *Du mariage*, II, page 100).

Pour nous, malgré tout l'intérêt que peut exciter une épouse qui se trouverait dans une telle situation, nous n'hésitons pas à adopter l'opinion contraire. De son temps déjà, Pothier disait : « la femme n'est pas écoutée à opposer que l'air du lieu où est son mari est contraire à sa santé, qu'il y règne des maladies contagieuses (*Contr. de mar.*, n° 383). » Nous n'avons aucune raison de croire que le Code ait innové sur l'ancien droit, au contraire. Les époux (art. 212) se doivent mutuellement secours et assistance; si l'air du pays est dangereux pour la femme, ne l'est-il pas aussi pour le mari? La femme manquerait donc à tous ses devoirs d'épouse, en ne suivant pas son mari partout où son intérêt l'obligera à résider. Si le mari est malade, la femme doit être près de lui pour le soigner et adoucir ses souffrances par sa tendresse et son dévouement (1).

C. Le mari pourrait-il se plaindre du refus que ferait sa femme de l'accompagner, si, au lieu d'avoir une résidence stable, il passait sa vie à voyager, sans jamais se fixer nulle part? Nous croyons qu'ici les tribunaux seraient fondés à lui refuser le bénéfice de l'article 214.

(1) Il est bien entendu que si le but du mari, en allant se fixer dans des pays insalubres ou écartés, était de forcer la femme à embrasser un genre de vie préjudiciable à sa santé, celle-ci pourrait intenter devant les tribunaux une demande en séparation de corps, en se fondant sur les termes de l'article 231.

Pour donner cette solution, nous nous appuyons sur les précédents historiques. Telle était l'opinion admise dans l'ancien droit : « Mulier debet sequi maritum nisi vagabundus sit (Ferrière). » L'article 214 lui-même implique cette solution par ses termes formels, car il ne parle que de résidence : « La femme est obligée d'*habiter* avec le mari, et de le suivre partout où il juge à propos *de résider*. »

D. La séparation de biens, soit demandée, soit même prononcée en justice, n'a aucune influence sur l'obligation de cohabitation qui incombe à la femme mariée. La séparation de biens ne regarde que les intérêts pécuniaires des époux, c'est sur ce domaine seul que s'exerce son empire, le lien du mariage subsiste dans toute sa force comme par le passé ; il y a séparation des patrimoines, mais il n'y a point séparation des personnes ; dès lors la nécessité de la cohabitation n'est nullement atteinte par le prononcé de la séparation de biens. C'est ce qui a été maintes fois reconnu par les tribunaux (Colmar, 12 juillet 1806 ; Rennes, 23 juillet 1812).

E. Le mari qui se trouve sans aucune ressource parce que, par exemple, il est tombé en état de faillite ou de déconfiture, et qui ne rappelle sa femme que pour des motifs d'intérêt, devra-t-il être favorablement écouté par la justice ? La jurisprudence avait d'abord donné à cette question une réponse négative, mais elle est revenue, et à bon droit selon nous, sur sa première opinion.

Ce n'est point parce qu'un mari est malheureux, ce n'est point parce qu'il voit tourner à son détriment les affaires qu'il a entreprises que la femme pourrait être autorisée à rester absente du domicile conjugal. La femme ne doit pas examiner quel est le motif secret qui pousse son époux à la rappeler près de lui, mais ne considérant que son infortune et sachant les devoirs de secours et d'assistance auxquels elle est tenue envers lui, elle doit aller le rejoindre et par sa présence comme par sa fortune s'efforcer de faire rentrer la paix, l'ordre et l'aisance dans le ménage : les articles 212 et 1448 lui en font dans tous les cas un devoir absolu.

F. Il nous reste maintenant à examiner une question très-importante et en même temps très-délicate, car elle se rattache aux droits les plus sacrés de la conscience. Le mari qui a refusé de se marier à l'église, peut-il forcer sa femme à venir habiter avec lui : question célèbre et fort débattue qui a soulevé à l'Ecole comme au Palais les controverses les plus animées.

Nous n'avons pas à examiner ici si le refus de recevoir la bénédiction nuptiale est oui ou non une cause de séparation de corps, mais seulement à nous demander si la femme a *juridiquement* le droit de refuser toute cohabitation jusqu'à ce que le mariage religieux ait été célébré.

Une première opinion refuse absolument ce droit à la femme. La loi, dit-elle, ne considère le mariage que comme un contrat purement civil (constitution de 1791). Dès lors une fois les formalités accomplies devant l'officier de l'état-civil, le mariage existe légalement et à l'état complet, et l'article 214 est applicable. Peu importe que le mariage ait été ou non célébré religieusement, c'est là une pure cérémonie dont la loi ne s'occupe pas. L'article 214 a été fait pour sanctionner le mariage civil, et celui-là seul.

Nous repoussons énergiquement cette première opinion, qui pour les catholiques ne serait que la consécration pure et simple d'un viol légal. Cette opinion méconnait de plus les droits inaliénables et imprescriptibles qui sont inscrits dans notre constitution nationale sous le nom de liberté de conscience. La jurisprudence d'ailleurs semble avoir définitivement fait justice de ce système odieux. Comme l'a très-bien fait remarquer la Cour de cassation (rej. 20 nov. 1860), il est, légalement parlant, permis de soutenir que par les dernières expressions de l'article 214 « le mari est obligé de fournir à sa femme *tout* ce qui est nécessaire pour les besoins de la vie, selon ses facultés et son état, » le législateur n'a pas borné sa sollicitude aux besoins matériels de la vie, mais qu'il a entendu également protéger la dignité de la femme, et ses intérêts moraux.

La cour d'Angers se déclare plus catégoriquement encore pour le système que nous soutenons. « Considérant qu'à l'audience de la Cour, en présence de L..., il a été hautement déclaré en son nom qu'il se refusait formellement et se refuserait toujours à la célébration du mariage religieux réclamé par sa femme; considérant que par de telles prétentions L... méconnait les obligations et devoirs que lui impose l'article 214 du code Napoléon, qu'il refuse, en y *mettant des conditions inadmissibles*, de recevoir sa femme au domicile conjugal, et porte en même temps atteinte à sa dignité de femme, et à sa liberté de conscience, que c'est la placer entre la misère, résultat d'un abandon qui n'a duré que trop longtemps, et l'acceptation d'une position pire encore, la cohabitation sans mariage religieux que repoussent sa conscience et le sentiment de ses devoirs, comme femme attachée à sa religion... etc. » (Angers, 29 janvier 1839).

G. En terminant l'examen de ces questions controversées, faisons ici une observation générale, c'est qu'en principe, il y a dans l'article 214 deux obligations corrélatives; d'un côté, la femme est obligée d'habiter avec son mari, et de le suivre partout où il lui plaira de résider; mais par contre, le mari est obligé de traiter sa femme maritalement, et de lui fournir tout ce lui est nécessaire à ses besoins matériels et moraux, selon sa condition et son état. Ces deux obligations sont le corollaire l'une de l'autre; dès lors la femme sera toujours admise à refuser d'habiter avec son mari, toutes les fois que celui-ci manquera aux obligations qui lui sont prescrites: par exemple, s'il exerce une profession honteuse, s'il a fait de son domicile une maison de prostitution, s'il se passe dans la maison conjugale même des scènes d'immoralité flagrante, s'il refuse de laisser remplir à son épouse ses devoirs religieux, s'il ne lui offre pas un logement convenable, eu égard à sa position de fortune, s'il lui assigne une partie d'habitation absolument distincte de la sienne et sans possibilité de communication entre elles, etc., etc., enfin les exemples peuvent varier à l'infini, mais le principe général que nous avons posé a toujours été admis par la jurisprudence, comme conforme au droit et à l'équité. (Cour de Paris, 19 novembre 1817. Cassation 9 novembre 1826. 20 novembre 1860, etc.).

II. — *Sanction de l'obligation de cohabitation.*

Quelle sanction donne la loi à cette obligation de cohabitation qui est imposée à la femme mariée? Il n'est peut-être pas dans toute notre législation française de prescription pour laquelle on ait imaginé plus de moyens de contrainte, et cependant, à notre avis du moins, cette obligation est une des très-rares dispositions impératives pour lesquelles notre code n'a point édicté de sanction. Quelques explications sont nécessaires. Et d'abord il est un fait indiscutable, c'est que, dans l'article 214, le code se contente de poser le principe de l'obligation, et qu'il n'édicte aucun moyen de contrainte. En cas de silence du code, la règle traditionnelle est qu'il faut se reporter aux précédents historiques. Quels sont ici ces précédents? Notre ancien droit ne connaissait pas de sanction violente à l'obligation de cohabitation. Le mari faisait à la femme sommation de le suivre. Refusait-elle, elle était privée de son douaire, ainsi que de sa part dans la communauté et de ses droits de survie. (Pothier, *du Douaire* n° 58. Merlin v°, *Puissance maritale*.) Dans tous les cas, le mari sur le refus de la femme pouvait intenter une demande en séparation de corps. La loi du 20 septembre 1792 décida que l'abandon d'un des deux époux pendant deux années consécutives donnait à l'autre juste cause de divorce. Enfin, que fit le code dans la matière? La réponse est facile, il ne fit rien. Aussi, au sein du Conseil d'Etat, dans la séance du 5 vendémiaire an X. (Fenet, IX, 73.) plusieurs membres s'émurent d'un tel état de choses, et demandèrent des explications. « M. Réal demande comment on forcera la femme à suivre son mari, lorsqu'elle ne voudra pas y consentir. M. Regnaud de Saint-Jean-d'Angely répond que le mari lui fera une sommation de le suivre, ainsi que l'usage l'a consacré; et que si elle persiste à s'y refuser, elle sera réputée l'avoir abandonné. M. Réal répond qu'il faudra cependant un jugement; il demande comment on parviendra à l'exécuter. Le premier Consul dit que le mari cessera de donner des aliments à sa femme. M. Tronchet fait observer que cette discussion est une anticipation sur la matière du divorce. Les tribunaux ont remarqué que l'abandon appliqué au divorce serait le rétablissement de la cause d'incompatibilité d'humeur. M. Boulay dit que toutes les difficultés doivent être abandonnées aux mœurs et aux circonstances. »

Il est inutile de faire remarquer le vague de cette discussion qui ne précise aucun des points en question.

Il fut dit que tout devrait être abandonné aux mœurs et aux circonstances, et comme cette parole termina la discussion, il sembla que ce fut l'opinion qui prévalut chez nos législateurs. Cependant les auteurs et la jurisprudence ne se contentèrent pas de si faibles moyens de répression, et comme le code n'en donnait pas, on en inventa, et même beaucoup plus peut-être qu'il n'en fallait ; quand on entre dans l'arbitraire, il est difficile de s'arrêter en si bonne voie. On s'est dit : toute obligation inscrite dans la loi doit avoir une sanction, autrement, elle ne serait que lettre morte ; et partant de ce principe, fort contestable d'ailleurs, on s'est mis à chercher des moyens de sanction. Nous allons examiner ces moyens à tour de rôle, en discutant la valeur de chacun d'eux.

1° Il est évident que le mari peut intenter une demande en séparation de corps fondée sur l'injure grave que lui fait sa femme en refusant d'habiter avec lui. — Mais la séparation de corps, n'est pas un moyen de contrainte, car le plus souvent elle est désirée par la femme rebelle, et de plus, ce n'est guère le moyen de rétablir la cohabitation que de la briser tout à fait; aussi jugeons nous inutile de nous appesantir sur ce premier mode de sanction.

2° Le mari refusera les aliments à sa femme jusqu'à ce qu'elle ait réintégré le domicile conjugal, il conservera pour lui seul tous les revenus des biens communs et propres, ceux dont la loi laisse l'administration au mari, et qui sont destinés à subvenir aux dépenses du ménage. Ceci encore est très-juste, et la femme n'a rien à réclamer. Le mari, par suite de l'absence de sa compagne, ayant seul la charge du ménage, doit seul jouir des avantages pécuniaires qu'il peut rapporter : ubi onus, ibi emolumentum. D'ailleurs, ce n'est que dans la maison conjugale que le mari est tenu de subvenir aux besoins de sa femme (Colmar 10 Juillet 1833, Paris 27 Janvier 1835). Il convient encore d'ajouter qu'au cas de séparation de biens le mari pourrait se faire autoriser par justice à saisir tout ou partie des revenus personnels de la femme, en vertu des articles 1448 ou 1537. Mais tout ceci encore n'est pas à proprement parler un moyen de contrainte, c'est une conséquence résultant des conventions du contrat de mariage ; la femme doit subvenir aux dépenses du ménage; qu'elle soit absente ou présente, peu importe.

3° Le mari peut se faire autoriser par les tribunaux soit à saisir personnellement, soit à faire séquestrer les revenus propres de la femmes (Bourges 17 mai 1808. Paris 14 mars 1834; Aix 23 mars 1810; Toulouse 24 août 1818). Ici, nous commençons à ne plus comprendre, et nous nous demandons sur quoi l'on peut se fonder pour attribuer un tel droit au mari. Nous avions cru jusqu'ici qu'en vertu des articles 557 et s. du code de procédure la saisie n'avait pour but que d'assurer le paiement d'une créance et qu'il fallait, pour avoir le droit de saisir les biens d'une personne, être son créancier pécuniairement parlant; en quoi donc le mari est-il créancier de sa femme en matière de cohabitation? En quoi celle-ci est-elle débitrice de son mari? Nous voyons bien là une obligation morale, mais sa valeur ne peut se représenter en pièces d'argent. De même, nous avons beau lire les articles 1955 et s. du code civil concernant le sequestre, il nous est impossible d'y voir sur lequel de ces articles pourrait s'appuyer le droit du mari.

4° Le mari peut réclamer à la femme des dommages-intérêts, (Nîmes, 20 février 1862), calculés soit en bloc, soit à tant par jour de retard. — Sans doute, aux termes de l'article 1142, toute obligation de faire se résout en dommages-intérêts, en cas d'inexécution de la part du débiteur, et l'obligation de cohabiter est certainement une obligation de faire; mais il faut remarquer que la règle de l'article 1142 ne concerne que les obligations relatives à des choses matérielles, dont le défaut de prestation peut facilement s'évaluer en argent; ici, il s'agit d'un droit de famille et il n'est pas malaisé de voir que de tels dommages, de semblables réparations payées au mari blesseraient les lois les plus vulgaires de la morale et des convenances publiques.

5° La femme, a-t-on encore dit, perdra, par le fait de sa résistance, les avantages nuptiaux que son mari lui avait consentis par contrat de mariage (Bourges. 14 juillet 1811). Cette opinion renouvelée de l'ancien droit ne peut se soutenir devant le silence du code; *pœnalia non sunt extendenda*. La question est déjà controversée en matière de séparation de corps, et cependant, en ce cas, on peut par analogie invoquer l'article 299 du divorce, mais ici, cet article ne serait d'aucune valeur, puisqu'il ne s'agit que d'une séparation de fait, et non de droit.

6° Enfin l'emploi de la force publique, de la *manus milita-*

ris. C'est là le grand moyen de contrainte avec lequel on vient au secours du mari délaissé. Si, dit-on, la femme ne veut pas revenir volontairement au domicile conjugal, eh bien! le mari pourra s'adresser à la justice, il se fera autoriser par elle à faire appel à la force publique; la femme récalcitrante sera ramenée par les gendarmes ou par la police au domicile commun.

Il est inutile de faire remarquer combien ce moyen violent est peu en harmonie avec les principes de l'union conjugale. Mais il nous semble qu'on peut contester juridiquement la légalité de ce droit que la jurisprudence semble reconnaître au mari. (Cass. rejet., 9 août 1826. Dijon, 25 juillet 1840. Paris, 31 mars 1855. Nîmes, 10 juin 1862. Pau, 11 mars 1863).

Nous n'invoquerons pas l'argument suranné qui consiste à se retrancher derrière l'article 2063 et à dire que ce serait un nouveau cas de contrainte par corps non prévu par les lois; il est suffisamment établi aujourd'hui qu'on n'appelle contrainte par corps que l'emprisonnement pour dettes pécuniaires.

Nous n'invoquerons pas non plus l'article 1142, le motif en a été vu plus haut.

Nous nous appuyons sur ce grand principe de notre droit public : « personne ne peut être arrêté et emprisonné que dans les cas prévus par la loi. » Mais nous allègue-t-on, il ne s'agit pas ici d'arrestation ni d'emprisonnement. Nous répondrons que c'est jouer sur les mots. Si la femme quitte le domicile conjugal, il est bien évident qu'elle n'ira pas s'établir en face de la demeure de son mari; elle fuira au loin; la plupart du temps, elle passera la frontière; et l'on voudrait nous faire croire que la femme, arrêtée à l'étranger peut-être, et ramenée par les gendarmes de brigade en brigade, qui passera, le cas est possible, plusieurs nuits dans les maisons d'arrêt, l'on voudrait nous faire croire que cette femme ne subit aucune violence dans sa personne, aucune restriction dans l'usage de sa liberté! En vérité, ce n'est pas sérieux.

Nous n'objecterons pas non plus que la *manus militaris* est un moyen de contrainte inutile, parce que la femme à peine ramenée par les gendarmes pourra de nouveau s'enfuir même en présence de ceux-ci, qui ne pourront ni l'arrêter, ni fermer derrière elle les portes du domicile conjugal, ni la forcer même un seul instant à rester au milieu de son mari et de ses enfants, car alors la femme pourrait se considérer comme tenue en charte privée, comme condamnée à une sorte de détention arbitraire, ce que nos lois ne permettent en aucun cas. Nous ne montrerons pas non plus combien ce moyen est dangereux, en ce que le tribunal n'entend que la plainte du mari sans ouïr la défense de la femme ; que le débat ne sera jamais contradictoire, et que par suite ce sera presque toujours contrairement à la justice et à l'équité que la femme se trouvera ainsi violentée. Nous nous contentons de faire remarquer qu'en permettant l'emploi de la *manus militaris*, on forcera, dans la plupart des cas, la femme à demander la séparation de corps, à révéler au grand jour des secrets et des scandales que sa pudeur et sa délicatesse lui commandaient de tenir cachés. Les séparations de fait deviendront ainsi impossibles, et l'on en arrivera à une foule de conséquences plus fâcheuses les unes que les autres. Car dans cette question, on a toujours le grand tort de regarder le mari comme innocent, et la femme comme coupable : n'est-ce pas bien souvent en sens contraire que se présente la réalité des faits (1) ? On ne sait point dans cette question faire preuve entre les deux époux d'une impartiale justice. De plus, quand on adopte un système, il faut accepter ses conséquences : si vous permettez au mari l'emploi de la manus militaris, il faut permettre à la femme ce même emploi, pour se faire ouvrir le domicile conjugal. On nous accorde ce premier point (Demol., II, 110), mais il faut aller plus loin encore ; si les portes une fois ouvertes, le mari quitte ce domicile, ne voulant pas habiter avec son épouse, il faut permettre à celle-ci d'invoquer la force armée pour ramener le mari dans la maison commune ; on n'a cependant jamais osé aller jusque-là. La véritable doctrine sur cette question si difficile nous paraît avoir été donnée par la cour de Colmar, dans un remarquable arrêt que nous citons en note, pour ne pas surcharger cette matière (2). Quant à

(1) [illegible] pour ne parler que de l'année 1877, il y a eu 3.251 demandes en séparation de corps : presque toutes sont basées sur des excès, sévices et injures graves de la part du mari ; il n'y en a eu que 211 basées sur l'adultère de la femme ! ! !

(2) Cour de Colmar. — Arrêt du 10 juillet 1833.

La Cour, — Considérant que le mariage est un acte de droit naturel,

nous, nous résumons ainsi notre opinion. Le code n'a point donné de sanction véritable à l'obligation de cohabitation qu'il prescrit à la femme. C'est une obligation toute morale. Nous n'accordons au mari que les deux premiers droits que nous avons examinés, mais, comme nous l'avons dit, ce ne sont point à proprement parler des moyens de contrainte. Il est également bien entendu que, si l'absence de la femme causait au mari un dommage matériel, si, par exemple, il devait

sanctionné et régularisé par la loi civile; que, par l'article 214 du code, la femme est obligée de cohabiter avec son mari et de le suivre partout où il juge à propos de résider; mais que cette obligation, insérée dans la loi sous la rubrique: « *des devoirs des époux*, » est surtout morale et manque de sanction pénale; que le juge ne peut y suppléer sans aller au delà de la loi, et sans s'exposer à tomber dans l'arbitraire; que le mariage dont l'acte contractuel n'établit pas les devoirs des époux, et ne régit leur association que quant aux biens, ne peut être assimilé aux obligations générales et conventionnelles, qu'il perdrait ainsi sa dignité, et ne serait plus intrinsèquement qu'un simple acte civil, dont l'existence dépendrait de la volonté de l'une des parties; — Considérant que la jurisprudence même n'est pas fixée sur le mode d'exercice de la puissance maritale et sur la manière dont elle peut suppléer à la sanction pénale volontairement omise dans la loi; que cette lacune dans l'article 214 a été signalée lors de la discussion au conseil d'État, qu'elle a été maintenue; qu'il a été simplement observé que, dans le cas de refus d'une femme de cohabiter avec son mari, celui-ci n'avait d'autre moyen de correction que le refus des aliments, et que le tout devait être abandonné aux circonstances et aux mœurs; — Considérant que la privation des aliments est en effet le seul mode régulier et légal de contraindre a femme en refus ou en retard non justifié de remplir son devoir de cohabitation; que les droits et les devoirs des époux étant corrélatifs, la femme qui manque à ses devoirs perd ceux qu'elle tient de l'association conjugale, parmi lesquels se trouve en première ligne, le droit d'entretien convenable et d'aliments à prendre sur une communauté qu'elle déserte et qui n'est plus améliorée par sa collaboration; qu'il n'y a pas à se prévaloir de ce que le refus d'aliments peut être sans efficacité pour contraindre la femme à la cohabitation avec son mari, puisqu'elle peut également s'y soustraire en faisant le sacrifice de ses apports; que les dommages-intérêts ont cela d'immoral, que la femme pourrait les acquitter et éluder l'action de la justice en vivant dans le désordre Qu'en abandonnant cette matière aux circonstances et aux mœurs il est dans les unes et dans les autres d'espérer qu'un mari qui n'a pas démérité d'une manière trop grave obtiendra, soit du temps et de la réflexion,

prendre une femme de ménage, une institutrice pour élever ses enfants, alors, se basant sur l'article 1382, il pourrait demander à sa femme une réparation civile, des dommages-intérêts. Mais encore une fois ici, ce ne serait pas une *contrainte* pour *défaut* de cohabitation, ce ne serait qu'une réparation du préjudice causé. Qu'on ne vienne pas nous dire que toute obligation inscrite dans la loi doit avoir une sanction. Rien n'est plus faux. Quelle est donc la sanction de l'article 371 : « l'enfant à tout âge doit honneur et respect à ses père et

soit de la persuasion et de l'intervention d'avis de la famille, le retour volontaire de son épouse; que ce retour sera puissamment provoqué par l'amour maternel; qu'enfin une femme, qui se mettrait au-dessus de toutes ces considérations, et qui braverait l'opinion publique, toujours juste en pareille matière, ne mériterait pas les efforts que ferait un mari pour la ramener au domicile conjugal ; — Considérant que la contrainte de la femme par les agents de la force publique, outre qu'elle n'est autorisée par aucun texte de loi, n'opérerait que momentanément, et ne pourrait atteindre le but de la cohabitation que par la séquestration et la mise en charte privée de l'épouse récalcitrante, ce qui est contraire à la liberté individuelle. Que la coercition résultant de la prononciation de dommages-intérêts toujours arbitraires, outre les inconvénients déjà signalés, constituerait une véritable confiscation de la fortune de la femme au profit du mari, condition qui ne peut être exprimée ni sous-entendue dans un contrat de mariage, puisqu'elle serait une clause léonine, tyrannique et sans réciprocité possible, et, de plus, préjudiciable aux enfants ; — Considérant que ce n'est pas de l'association conjugale qu'on peut dire que toute obligation de faire ou de ne pas faire se résout en dommages-intérêts, encore moins que dans le contrat de mariage, comme dans tous les contrats synallagmatiques, la clause résolutoire est toujours sous-entendue ; que l'application de ces maximes aux devoirs des époux est évidemment impraticable ; qu'on ne peut régir leur association, essentiellement morale et intellectuelle, par les dispositions du livre 3 du code civil sur les dommages-intérêts, qui sont dus en général pour la perte matérielle que fait un des contractants ou par le gain matériel dont il a été privé, qui ne sont dus que pour ce qu'on a pu prévoir lors du contrat et ce qui est la suite immédiate de son inexécution ; qu'il suffit de lire de pareilles dispositions pour être convaincu qu'elles appartiennent à un ordre de choses bien différent, à des conventions ou négociations où stipulent librement, en se soumettant à la législation existante, des parties également maîtresses de leurs droits, sans tutelle et sans dépendance de l'une envers l'autre, etc., etc.

(Cour d'appel de Colmar, du 10 juillet 1833. Sirey, 1834, 2, 128).

mère? » Quelle est la sanction de l'article 213 : « le mari doit protection à sa femme, la femme obéissance à son mari? » de l'article 212 : « les époux se doivent mutuellement... secours et assistance? » Quelle est enfin la sanction de la fidélité du mari pendant la séparation de corps?

Non! les législateurs du code ont eu raison de ne pas sanctioner pénalement cette obligation. Ils se conformaient en cela aux précedents historiques (qui n'ont jamais admis la *manus militaris*), et ils se conformaient en même temps au bon sens. Comme nous l'avons déjà dit en d'autres endroits, le dévoir d'un sage législateur est d'être avant tout pratique; il ne doit sanctionner une obligation que quand il sait devoir être forcément obéi; ici, il ne pouvait avoir cette confiance, le dernier mot restant toujours à la femme; aussi s'est-il abstenu. Comme le disait déjà Sénèque : « quanto latius officiorum quam juris potest regula! Quam multa pietas, humanitas, liberalitas, justitia, fides exigunt quæ omnia extra tabulas publicas sunt » (de ira, II, 27).

M. Ihering, dans son remarquable ouvrage sur l'esprit du droit romain, exprime les mêmes idées : « ..... La famille, c'est le sanctuaire de l'amour, et l'amour seul peut lui donner sa physionomie vraie et sa consécration; le législateur risque de la froisser, de la blesser, en la touchant de sa rude atteinte. S'il cherche à lui donner une forme positive, fruit de sa propre conception, s'il veut éliminer la libre expansion de l'esprit moral (s'il place l'amour sous la surveillance de la police), alors, nulle part la réalisation d'un tel système, le contrôle par l'Etat, l'appréciation du juge, etc., ne se heurtent à plus de difficultés! Il y a sagesse pour la loi à intervenir le moins possible en pareille matière. » (1).

D'ailleurs tous ces grands moyens de contrainte qu'on s'ingénie à chercher en notre matière n'ont presque toujours

(1) On ne peut objecter que, puisqu'on permet au père de faire ramener son enfant par la force publique, il faut donner le même droit au mari par rapport à la femme. Nous avons déjà montré combien sont différentes les situations respectives de l'enfant et de la femme. De plus l'article 374 donne droit de garde au père et les articles 375 et suivants lui adjugent le droit de correction. Où sont les articles qui donnent de pareils droits au mari?

comme unique résultat que de rendre un mari ridicule, car, comme le dit si bien notre excellent Molière,

> Ni les soins défiants, les verroux et les grilles,
> Ne font pas la vertu des femmes et des filles...
> Une femme qu'*on garde est* gagnée à demi.

Le droit du mari à la cohabitation nous amène à l'étude d'une question plus délicate encore, et que nous n'abordons qu'avec la plus grande réserve, nous voulons parler du droit du mari à la prestation du « *debitum conjugale.* » Nul doute que ce ne soit au point de vue religieux un devoir strict pour les deux époux : « Mulier sui corporis potestatem non habet, sed vir.— Uxori vir debitum reddat, similiter autem et uxor viro. » (S. Paul, *Cor.*, I, ch. VII, v. 3, 4).

Pothier, de son côté, s'exprime ainsi : « Quoique le commerce charnel ne soit pas de l'essence même du mariage, et que l'homme et la femme puissent s'en abstenir d'un commun consentement, néanmoins le mariage donne à chacune des parties un droit sur le corps de l'autre qui oblige chacune d'elles réciproquement d'accorder à l'autre ce commerce charnel, lorsqu'elle lui demande. » (Poth.. *Cont. de mar.*, Ire partie, ch. I, § 5.)

Mais quelle sanction peut donner le droit civil à cette obligation si délicate? Ici, il est bien entendu qu'il ne peut être question de contrainte matérielle, les plus vulgaires sentiments de pudeur en repoussent même la pensée. Nous rejetons également toute sanction pécuniaire comme des dommages-intérêts ou une somme déterminée par le nombre des jours de retard; une réparation pécuniaire nous semble ici bien plus immorale encore que dans l'hypothèse précédente, et de plus il est de toute impossibilité d'apprécier pécuniairement le tort fait au mari par le refus de la femme.

Quant à la séparation de corps, nul doute que le mari ne puisse la demander à la justice; l'injure que lui fait la femme est certainement d'une gravité exceptionnelle, et rentre bien dans les termes de l'article 231. Mais ne pourrait-on pas aller plus loin, et voir dans la résistance de la femme un cas de nullité du mariage contracté.

Pour nous, ainsi que nous allons essayer de le démontrer,

nous croyons qu'on peut invoquer la nullité du mariage en suivant deux systèmes différents d'argumentation.

Le premier moyen de nullité se fonde sur l'article 180 du code civil. Cet article permet l'annulation du mariage pour cause d'erreur dans la personne. Or, quand donc l'erreur est-elle dans les contrats un vice entraînant nullité ? C'est, répond l'article 1110, quand l'erreur porte sur la substance, c'est-à-dire « sur une qualité tellement importante que son absence empêche la chose d'être celle que le contractant avait en vue. »

Dans le mariage, les qualités qu'on peut juridiquement regarder comme substantielles, et qui forment véritablement la personnalité d'un individu, ne sont elles pas celles qui rendent cet individu habile au mariage, et font de lui une personne mariable? (Demante, I, 262). Or, dans le cas qui nous occupe la femme n'est pas une personne mariable, son impuissance est morale sans doute, mais comme le mari ne la peut faire cesser par des moyens en son pouvoir, cette impuissance morale conduit absolument au même résultat que l'impuissance physique, avec cette différence qui en augmente la gravité, qu'elle est un suprême outrage pour le mari.

Dès lors, le mari peut invoquer l'erreur dans laquelle il s'est trouvé au sujet de cette femme, et demander la nullité du mariage ainsi contracté.

Sans l'union des époux dans une seule chair, le mariage n'a plus de raison d'être ni d'existence réelle; ses conditions substantielles font défaut, il n'est plus qu'un acte frauduleux et il disparaît avec la famille dont il est la source, et qu'il doit perpétuer. Cette doctrine n'a pas été admise par la Cour de Cassation qui dans un célèbre arrêt (au sujet d'une demande en nullité de mariage, intentée par le marquis de Grolée-Virville contre la demoiselle Gaillard qui l'avait épousé uniquement pour partager sa fortune et l'éclat de son nom), a repoussé les arguments sur lesquels se fonde ce système. Ce serait, dit-elle, étendre outre mesure l'article 180 qui n'a point du tout envisagé ce genre d'erreurs, et tenir dans une incertitude extrêmement fâcheuse pour les relations sociales, la validité d'une foule de mariages. (Cour de Paris, 30 décembre, 1861. Cassation, 9 février 1863).

Le second système a pour point d'appui une base beaucoup

moins juridique selon nous. La femme qui se marie avec la ferme intention de ne jamais consentir à la consommation du mariage, et qui confirme cette intention par ses actes, ne donne point à ce mariage le consentement exigé par l'article 146 du code civil, car qui refuse les conséquences directes d'un fait n'accepte pas le principe du fait lui-même, qui consent à n'être époux que pour en porter uniquement le nom, ne consent pas réellement au mariage. Dès lors, l'article 146 est applicable, le consentement d'un des futurs conjoints ayant fait défaut, il n'y a pas de mariage, et toute personne intéressée peut en demander la nullité. Ce genre d'argumentation qui est loin de nous paraître irréfutable, n'a jamais été, que nous sachions, soumis à la sanction de la Cour suprême (1).

Le mariage ne fait plus qu'une personne des deux conjoints, mais dans cette matière, il ne faut pas exagérer les droits du mari ; il ne peut exiger de son épouse autre chose que le but même du mariage. Comme l'a fort bien fait remarquer M. Dupin en ses conclusions : « Il n'y a pas de puissance qui n'ait ses bornes; le droit le plus explicite ne doit jamais dégénérer en abus, et plus l'abandon de soi-même est grand pour tout ce qui est licite et conforme au vœu de la nature, moins il est permis de s'en autoriser pour arriver à des conséquences qui, loin d'être l'accomplissement du fait, le détruisent dans son essence, et révoltent l'humanité. »

Comme le dit Sanchez : « Vir non habet protestatem in uxoris corpus, ad quemcumque usum ; sed ad solum uxorium et legitimum (*de sancto matrimonii sacramento*). La Cour de cassation a prononcé sur ce point un arrêt conforme aux conclusions de son procureur général : « La Cour, Attendu que si le mariage a pour but l'union de l'homme et de la femme, et si les devoirs qu'il impose, la cohabitation, l'obéissance de la femme au mari établissent entre les époux des rapports intimes et nécessaires, il ne s'ensuit pas cependant que, dans cette condition, la personne de la femme cesse d'être protégée par les lois, ni qu'elle puisse être forcée de subir des actes contraires à la fin légitime du mariage ; que

(1) Ce système tombe de lui-même, si l'on considère que la loi regarde comme parfaitement valable un mariage qui n'a pas encore été consommé.

dès lors, si le mari a recours à la violence pour les commettre il se rend coupable du crime prévu par l'article 332 3° du code pénal. D'où il résulte que le fait, pour lequel le demandeur a été envoyé devant la cour d'assises, est qualifié crime par la loi..., rejette, etc. » Cour de cass., 21 novembre 1839.

CHAPITRE III

De l'adultère.

Toutes les fois que, dans le cours de ce travail, le mot « adultère » s'est rencontré sous notre plume, nous avons été forcé de constater que les moyens de répression concernant la femme coupable, étaient toujours beaucoup plus sévères que ceux concernant le mari, et que, bien souvent même, ce dernier obtenait de la loi une impunité complète. Quoique nous vivions en plein dix-neuvième siècle, à une époque où l'on semble vouloir proclamer l'égalité des droits entre les époux, nous avons encore le regret de retrouver sur ce point, dans notre législation, la même inégalité entre les deux sexes.

Cependant l'article 212, principe de la matière, semble établir entre les époux égalité d'obligations : « les époux, dit-il, se doivent mutuellement fidélité..... » Cette impartialité n'est qu'apparente. L'examen des moyens de répression de l'adultère du mari et de celui de la femme ne nous en convaincra que trop surabondamment.

Mari. — Le mari adultère peut encourir deux sortes de peines, une peine que nous appellerons civile, et une peine correctionnelle. La peine civile est la séparation de corps que pourra demander la femme, mais celle-ci ne jouira d'un tel droit qu'à certaines conditions, conditions qui se trouvent énumérées dans l'article 230, ainsi conçu : « La femme pourra demander le divorce (*lisez la séparation de corps*) pour cause d'adultère de son mari, lorsqu'il aura tenu sa concubine dans la maison commune. » Nous n'examinerons pas ici toutes les difficultés que soulève cet article; nous ne retenons de ce texte que trois choses : Il faut 1° que l'adultère ait été commis dans la maison commune ou conjugale (art. 339 c. pén.), c'est-à-dire dans une maison où la femme a le droit de résider et d'être reçue *comme épouse;* 2° qu'il s'agisse d'une concubine, ou en d'autres termes, qu'il y ait entre l'étrangère et le mari des relations de quelque durée; 3° que cette concubine ait demeuré dans la maison commune.

Quand ces trois conditions sont réunies, la femme réussira dans sa demande en séparation de corps: si l'une d'elles manque, la femme sera impuissante, elle n'aura pas le droit de s'éloigner d'un époux qui lui fait horreur, et qui, chaque jour, insultera sans honte à sa pudeur et à sa dignité de mère et d'épouse.

Peut-être cependant, si le mari accompagne l'adultère non punissable de propos ou d'actes blessants pour la femme, si le scandale est public, si la concubine est comme telle connue de tous, peut-être alors la femme pourrait-elle intenter une demande en séparation de corps fondée non plus alors sur l'article 230, mais sur l'article 231, en alléguant l'injure grave que lui fait son conjoint.

Quant à la peine correctionnelle elle est toute pécuniaire, elle est indiquée dans l'article 339 du code pénal : « Le mari qui aura entretenu une concubine dans la maison conjugale, et qui aura été convaincu sur la plainte de la femme, sera puni d'une amende de cent francs à deux mille francs. »

La femme donc a seule le pouvoir de dénoncer à la justice l'adultère du mari, et elle n'a ce droit que dans les cas où elle peut demander la séparation de corps.

Femme. — Tout autres et bien plus étendus sont les droits du mari sur la personne de la femme adultère. Ici encore interviennent le code civil et le code pénal, mais leurs dispositions sont assez confuses, et semblent quelque peu contradictoires, aussi serons-nous forcé de donner ici de plus longs développements.

Et d'abord le code civil. Le mari a droit de demander la séparation de corps pour cause d'adultère de la femme, quel que soit le lieu où l'adultère ait été commis, quelles que soient les circonstances qui l'aient accompagné, car l'article 229 ne fait aucune distinction : « Le mari pourra demander le divorce (séparation de corps) pour cause d'adultère de la femme. »

Mais ce n'est pas tout ; le tribunal civil saisi de la demande du mari en séparation de corps *devra* par le même jugement et sur la réquisition du ministère public condamner la femme coupable à la réclusion dans une maison de correction, peudant un temps déterminé qui ne pourra être moindre de trois mois, ni excéder deux années (art. 308); et l'article 309 ajoute : « Le mari restera le maître d'arrêter l'effet de cette condamnation, en consentant à reprendre sa femme. »

Ces articles contiennent certaines dérogations au droit commun, dérogations qu'il importe de faire remarquer.

Notons en premier lieu que c'est une erreur de la loi d'employer dans l'article 308 le mot réclusion. En effet, les articles 6 et 7 du code pénal nous disent formellement que la réclusion est une peine criminelle, tandis que dans notre article 308, il ne s'agit évidemment que d'une peine correctionnelle.

Une remarquable dérogation au droit commun est que le tribunal civil prononce ici une peine correctionnelle. On explique cette singularité par une raison historique que nous croyons bonne. Personne n'ignore que, lors de la confection du code civil de 1804, on se trouvait quant à la répression des crimes et délits sous l'empire des lois criminelles de 1791, lois qui ne regardaient point l'adultère comme un fait punissable. Les rédacteurs du code civil voulurent frapper de suite l'adultère de la femme, ils en firent un délit; dès lors, comme le code pénal n'existait pas encore (il ne fut décrété qu'en 1810), on fit ressortir l'adultère de la femme de la juridiction des tribunaux civils (1).

Quels sont les droits attribués au mari par le code pénal? Le mari, au lieu de demander la séparation de corps devant les tribunaux civils, pourra poursuivre la femme directement, et sans demander la séparation de corps, devant les tribunaux correctionnels, et la faire condamner à la même peine que devant les tribunaux civils, mais lui seul encore aura droit de dénonciation et il pourra même arrêter l'effet de la condamnation, en consentant à reprendre sa femme (337, c. pén.).

Il est une hypothèse cependant où le mari perd le droit de dénoncer sa femme au correctionnel, c'est quand il s'est rendu coupable d'adultère dans les cas qui rendent pour lui ce délit

(1) Au contraire, l'amende à laquelle la femme peut faire condamner le mari se trouvant édictée dans le code pénal, il en résulte que les tribunaux civils n'ont aucune compétence en cette matière, et que d'un autre côté l'adultère du mari ne fut point punissable *correctionellement* avant 1810.

punissable (1) (art. 339, 336 c. pén.). Le mari coupable ne perd cependant pas dans ce cas le droit de demander la séparation de corps. On l'a nié, mais l'analogie qu'on veut voir entre les deux situations n'existe pas ; on comprend parfaitement que la réciprocité des délits rende le mari indigne de réclamer l'emprisonnement de sa femme, mais nous voudrions bien savoir en quoi cette réciprocité de méfaits rend la vie commune moins insupportable, il nous semble au contraire qu'elle doit la rendre plus dure encore, si c'est pospossible. Non ! en l'absence de texte, il est impossible de conclure de l'impossibilité de demander une peine à l'impossibilité d'intenter une demande en séparation de corps.

De l'examen de ces articles tant du code civil que du code pénal, il est permis de tirer quelques conclusions :

1° Le mari devant le *tribunal civil* demande la séparation de corps pour cause d'adultère de la femme : par le fait même de cette demande, le tribunal est saisi de l'action publique contre la femme, et le mari lui-même ne pourrait s'y opposer, en déclarant qu'il se désiste de la peine elle-même ; l'article 309 semble formel en ce sens ; « la femme, dit-il, *sera condamnée par le même jugement.* » C'est d'ailleurs un principe général de droit pénal que le ministère public une fois saisi d'une plainte, ne peut plus en être dessaisi par le désistement de la personne qui a porté cette plainte. Cependant un assez grand nombre d'auteurs et la jurisprudence adoptent l'opinion contraire préférable sans aucun doute en législation, et ils s'appuient sur l'article 309 du code civil : si, disent-ils, le mari est maître d'arrêter l'emprisonnement prononcé, *à fortiori* est-il maître d'arrêter les poursuits.

2° Si la poursuite correctionnelle a été éteinte par le délai de 3 ans (art. 638, Instr. crim.) le mari n'en conserve pas moins le droit de demander la séparation de corps pour cause d'adultère devant la juridiction civile, mais nous croyons qu'en vertu de la maxime « non bis in idem » ce tribunal civil ne pourra condamner la femme à l'emprisonnement correctionnel.

(1) Chose singulière et privilège que la loi, probablement sans s'en douter, accorde à la femme ! Celle-ci peut toujours poursuivre son mari correctionnellement, quand même elle serait personnellement coupable d'adultère : aucun texte ne s'y oppose.

3° Enfin disons en terminant qu'aux termes de l'art. 324 2° du code pénal « le meurtre commis par l'époux sur son épouse ainsi que sur le complice, à l'instant où il les surprend en flagrant délit dans la maison conjugale est excusable. » Comme dans cet article il n'est nullement question de l'adultère du mari, il en résulte que la femme qui aura trouvé son mari dans la même situation, et qui, dans un accès de fureur tout aussi légitime, l'aura tué avec sa complice, sera regardée comme le plus vulgaire des assassins et punie comme tel.

Nous venons de voir de quelle façon l'adultère des deux sexes est réprimé, nous avons étudié sur cette question les droits du mari et les droits de la femme, et nous avons vu de quel poids différent l'adultère de l'un et de l'autre pèse dans la balance de la justice. Quels sont donc les motifs qui ont pu faire admettre pour le même acte deux appréciations si différentes de criminalité? Pour expliquer le plus de gravité de l'adultère de la femme, on met en avant deux raisons principales : 1° la femme, dit-on, à raison de son sexe, de ses mœurs et de ses habitudes, est tenue à plus de réserve, à plus de prudence que l'homme, et par suite, si elle viole les devoirs de la fidélité conjugale, elle blesse plus profondément les lois de la morale, elle trouble plus gravement l'ordre public : « quid enim feminæ, amissa pudicitia, restat? »

2° L'adultère de la femme a des conséquences plus graves pour la famille que celui du mari. La femme, par sa faute, peut introduire au foyer domestique un membre qui ne soit pour le mari qu'un étranger, et quand même ce fait malheureux n'arriverait pas, l'adultère de la femme, une fois constaté n'en donne pas moins au père des doutes sur sa paternité à l'égard de ses enfants, et brise par suite ses sentiments d'affection les plus intimes.

Ces deux motifs sont allégués par tous les auteurs qui traitent de la question. Cependant, malgré la généralité de ces affirmations, nous ne pouvons nous résoudre à les regarder commes vraies.

Et d'abord, nous comprenons parfaitement que les maris, intéressés au premier chef à la fidelité de leurs épouses, trouvent que celles-ci manquent plus gravement qu'eux-mêmes à leurs devoirs, en s'abandonnant aux déréglements d'un amour adultère; cependant, si l'on va au fond des choses, on est forcé d'avouer que la femme a au cœur au moins autant de besoin d'aimer que le mari; sa sensibilité n'est-elle pas aussi vive, ses passions aussi violentes? N'est-elle pas exposée au moins à autant de séductions, ne rencontre-t elle pas sur sa route autant d'occasions de chutes? Il nous semble au contraire que tout pour la femme est un danger de succomber: son âge, en général de beaucoup inférieur à celui de son mari, sa raison plus crédule, son cœur plus affectueux, etc.; quant à dire que la femme, à raison de son sexe, est tenue à plus de réserve, nous demandons pourquoi? Et l'on ne sait nous répondre que par des phrases vagues et sentimentales qui ne prouvent rien.

La deuxième raison n'est guère meilleure. La femme, sans doute, peut introduire dans sa famille des enfants étrangers, mais le mari, par sa faute, n'en introduit-il pas dans la famille des autres? Si la concubine n'est pas mariée, cela ne vaudra guère mieux: ne pouvant reconnaître l'enfant issu de ses œuvres (art. 335), le mari infidèle plongera presque toujours la malheureuse qu'il a trompée, dans la plus profonde misère et souvent dans le crime: le rôle de nos cours d'assises est là pour en fournir la preuve; et si, par extraordinaire, il procure à cette infortunée les moyens de vivre honorablement et d'élever son enfant, les biens qu'il lui donnera seront injustement enlevés à sa famille légitime. D'ailleurs, étant même admis que la faute de la femme ait des conséquences plus graves que celle du mari, où a-t-on vu que la gravité d'une peine se calcule uniquement d'après les conséquences de la faute, et non pas surtout d'après la gravité de la faute elle-même?

Non! non! quelque motif que les hommes puissent chercher, ils ne parviendront jamais à prouver que l'adultère du mari ne soit pas une violation du contrat de fidélité tout aussi formelle et tout aussi grave que l'adultère de la femme. Quoi qu'on puisse dire, la véritable raison de la différence de punition entre les deux cas, c'est que ce sont les hommes qui ont fait la loi, et que, dans leur propre intérêt, ils n'ont pas tenu la balance égale entre les deux sexes.

Le christianisme seul a mis en lumière cette grande vérité de l'égalité des responsabilités. Notre-Seigneur disait aux Juifs qui voulaient lapider la femme adultère: « Que celui de vous qui n'a rien à se reprocher lui jette la première pierre. » Tel est aussi le langage des Pères. « Chez nous, s'écrie saint Jérôme, ce qui est commandé aux femmes est commandé aux hommes. » Et le grand saint Augustin reproche en termes véhéments à ces derniers l'injustice de leurs lois. Après avoir soutenu que l'homme adultère est plus coupable que la femme elle-même, l'éminent évêque ajoute qu'il soutient ce sentiment « contre l'audace mêlée d'insolence et d'effronterie, avec laquelle les hommes prétendent que la loi qui défend l'adultère ne les regarde pas autant que les femmes. Lorsque nous leur rappelons, dit-il encore, l'égalité des peines réservées aux adultères, ils s'emportent et nous demandent avec orgueil si la dignité de l'homme ne mérite pas une indulgence qu'il faut refuser à la femme, à cause du rang secondaire qu'elle tient dans le mariage. Mais, leur répondrons-nous, c'est précisément parce que vous êtes hommes, que vous devez savoir dompter plus énergiquement vos passions; c'est parce que vous êtes hommes, que vous devez moins céder aux suggestions de la chair; c'est parce que vous êtes hommes, que vous devez à vos femmes l'exemple de la vertu, et que vous êtes devant Dieu, comme devant les hommes, moins excusables dans votre incontinence (St. Aug., *des mariages adultères*, livre 2, chap. 18).

Certes, il y a sur cette question de l'adultère de grands changements à apporter à notre législation; s'il nous était permis d'élever ici la voix en faveur de la femme, nous proposerions à nos lois sur la matière les modifications suivantes : 1° Le meurtre par le conjoint outragé de l'époux pris en flagrant délit est excusable pour la femme comme pour le mari; 2° l'adultère du mari, de quelque manière qu'il ait été commis, est pour la femme une cause de séparation de corps; 3° l'amende que peut encourir le mari, et qui, en fait, est définitivement supportée par les enfants, (et même par *la femme* dans les familles indigentes), est remplacée par un emprisonnement dont la durée variera suivant la gravité des faits; 4° après la séparation de corps, le mari ayant de plein droit pouvoir de désavouer l'enfant né de sa femme (lo du 6 décembre 1850), l'adultère de cette dernière ne sera pas plus punissable que celui du mari.

Si de tels changements étaient faits à notre loi, elle pourrait sans doute n'être pas encore parfaite, mais elle aurait du moins le grand mérite de ne plus consacrer une flagrante injustice. Du reste, de petits pays plongés hier encore dans les ténèbres de la barbarie donnent sur ce point à notre nation un salutaire exemple. La Roumanie par exemple (code pénal de 1864, art. 269), punit de la même peine l'adultère du mari et celui de la femme.

CHAPITRE IV

Des modes de dissolution ou d'affaiblissement de la puissance maritale.

La première cause de dissolution de la puissance maritale, celle qui frappe l'esprit au premier abord, c'est la mort du mari : alors, en effet, le mariage se brise, ses effets disparaissent, et la femme devenue veuve recouvre la capacité et la liberté que le mariage lui avait fait perdre. Sous notre législation en effet, la femme n'est plus incapable en tant que femme, elle n'est plus comme autrefois soumise à une tutelle perpétuelle, le mariage seul la rend dépendante; voilà pourquoi le mari ne pourrait par testament léguer son autorité ni sur la personne, ni sur les biens de la veuve.

Depuis la loi du 20 septembre 1792 jusqu'à celle du 8 mai 1816, le mariage et par suite la puissance maritale pouvaient encore se dissoudre par le divorce. Le divorce! ici nous devons nous arrêter quelques instants pour examiner la valeur de cette institution que nos mœurs ont connue pendant vingt-cinq années à peine, et qu'on s'obstine cependant aujourd'hui à vouloir faire revivre dans notre législation. M. Naquet, en effet, malgré ses échecs successifs, ne se lasse pas à chaque session de déposer sur le bureau des chambres un projet de loi pour le rétablissement du divorce (1).

Il faut évidemment, pour étudier la convenance du divorce, faire abstraction de tout sentiment religieux. Car pour nous, catholiques, la question ne peut plus se poser depuis le con-

(1) Voyez sur ce point le remarquable discours prononcé par M. Naquet. Chambre des Députés, séance du 27 mai 1879. (*Journal officiel* du 28.)

cile de Trente : « Un seul avec une seule et pour toujours, » tel est le dogme catholique.

Mais si nous regardons l'indissolubilité du mariage au point de vue naturel, nous pouvons nous convaincre que cette indissolubilité est conforme à l'essence et à la nature même du mariage.

1° Elle est conforme à la volonté des époux. Les époux, par le fait seul de leur consentement au mariage, se sont juré une fidélité et un attachement perpétuels.

On ne comprend pas que deux personnes qui s'unissent par amour, (et ce doit être ainsi dans tout mariage), ne veuillent s'allier que pour un certain temps. Comme d'ailleurs l'observation philosophique le démontre surabondamment, les plus grands et les plus nobles sentiments de l'homme aspirent toujours à la perpétuité.

Mais, dit l'école de Bentham, n'est-ce pas une folie que d'inscrire parmi les lois du mariage une convention semblable : il ne nous sera point permis de nous séparer quand même nous en serions arrivés à avoir l'un pour l'autre une haine profonde? Cet argument qui frappe dès l'abord ne peut tenir devant le plus simple raisonnement. Comme on l'a très-bien fait remarquer, le lien conjugal ne met pas seulement en jeu l'intérêt des époux, il intéresse encore à un haut degré la famille dont le mariage est la source, et la société elle-même. De plus, en tenant pour vrai ce raisonnement de Bentham, il faudrait, pour être logique, admettre de conséquence en conséquence qu'il est impossible de contracter aucun engagement qui assujettisse à un devoir.

Nous croyons donc que le mariage doit être, d'après la volonté tacite des époux, un engagement perpétuel.

2° Le principe de l'indissolubilité est conforme à la nature du mariage. Le mariage, en effet, c'est la confusion de deux vies en une seule, c'est comme le disait le droit romain : « Viri et feminæ conjunctio individuam vitæ consuetudinem continens, divini et humani juris communicatio. » C'est encore, selon l'expression de Portalis : « La société de l'homme et de la femme qui s'unissent pour perpétuer leur espèce; pour s'aider, par des secours mutuels, à porter le poids de la vie, et pour partager leur commune destinée. »

Chaque époux doit donc se donner tout entier et sans réserve à l'autre, et puisqu'il se donne tout entier, il doit par suite se donner à toujours; il faut en un mot étendre aux deux conjoints ce qu'en son énergique langage Tacite disait des épouses des vieux Germains : « Sic unum maritum, sic unum corpus, unamque vitam accipiunt. » Or, nous nous le demandons, comment peut-on concilier cette union complète de deux vies avec l'idée d'une séparation possible? Non! quoi qu'on puisse en dire, le divorce n'est et ne sera jamais qu'une polygamie successive.

3° Le divorce est essentiellement contraire aux intérêts si divers de la famille.

En premier lieu, il compromet la dignité de la femme. N'est-ce point vraiment un spectacle désolant que la vue des douleurs et des humiliations de ces malheureuses créatures qui passent d'un mariage à l'autre sans avoir un foyer stable, et sans conserver même leurs enfants? La femme, étant sous la menace perpétuelle du divorce consentira, à tous les abaissements pour ne point voir se rompre un lien qui peut être pour elle une source de souffrances, mais que, malgré tout, elle regarde comme un honneur, car il lui conserve ses droits et sa dignité d'épouse et de mère. Et d'un autre côté, le mari qui pourra renvoyer à son gré une épouse pour en prendre une autre, ne verra plus en celle-ci une compagne mais un vil instrument de plaisirs qu'il pourra remplacer à son gré, aussitôt qu'il s'en lassera.

En second lieu, la rupture du mariage est plus funeste pour la femme que pour l'homme. Celui-ci pourra toujours facilement se remarier, serait-il déjà d'un âge mûr. La femme au contraire sera condamnée à vivre dans le délaissement et la déconsidération. Comment! elle a tout apporté à son mari, sa jeunesse, sa beauté, sa virginité, enfin cet ensemble de délicieuses qualités qui font de la jeune fille cet être charmant que notre imagination et notre cœur se plaisent à embellir encore, et que rend-il donc ce mari, que rend-il à la pauvre délaissée de tout ce que celle-ci lui avait si généreusement donné? Rien!

Enfin, le divorce compromet au plus haut degré l'intérêt des enfants. Victimes innocentes des fautes de leurs auteurs, ces malheureux petits êtres qui avaient encore si grand besoin pour leur développement physique et moral des soins vigilants d'un père et d'une mère, se trouveront abandonnés dans le chemin de la vie : privés de guide et d'appui, ils seront incapables d'occuper dans la société la place à laquelle ils avaient droit. « Ils auront sous les yeux le mauvais exemple d'un mariage rompu ; la famille sera morcelée ; plus de puissance paternelle pour les maintenir dans la discipline. La déconsidération qui frappera les parents rejaillira sur eux, et détruira leur avenir — (Belime, *Philosophie du droit*, I, 14). »

4° La convenance du divorce n'est guère plus grande au point de vue social, et c'est ce qu'en général on ne voit pas assez.

Le mariage, s'il peut être dissous autrement que par la mort, sera considéré par les futurs époux comme un acte moins grave et moins sérieux ; on se mariera avec plus de légèreté, et moins de réflexion, car on pourra plus tard réparer les erreurs et les séductions de la jeunesse.

Peut-il y avoir entre les époux un plus puissant mobile d'union que l'indissolubilité du mariage? On sait que, quoi qu'il arrive, on est enchaîné pour la vie : dès lors, on met tous ses soins à réformer son caractère, on tâche de supporter avec douceur ces mille petits froissements inséparables de toute union de quelque durée, en un mot, comme on le dit vulgairement, on se fait au caractère l'un de l'autre. Si au contraire le divorce est permis, la plus futile discussion dégénérera en querelle violente, les volontés s'aigriront, et toujours on aura la menace du divorce à la bouche. Aussi, les partisans du divorce qui nous font toujours des tableaux navrants de ménages malheureux, résultat, disent-ils, de l'indissolubilité du mariage, devraient nous montrer encore les ménages pour qui l'indissolubilité a été une cause d'union et de félicité conjugales.

L'indissolubilité du mariage est peut-être le frein le plus fort contre la violence des passions. Si le mariage est indissoluble, l'époux, selon l'expression de Job, fera un pacte avec son cœur et avec ses yeux, pour rester insensible à toute séduction étrangère, mais avec la perspective du divorce, on rompra les engagements les plus sacrés, et si la loi met des entraves à cette dissolution du mariage, on poussera, s'il le faut, l'autre conjoint à l'inconduite, afin de pouvoir obtenir la séparation désirée. (1)

Les partisans du divorce nous opposent bien des objections; nous prenons les principales. La séparation de corps amène les mêmes inconvénients que le divorce. — C'est ce que nous nions; la séparation de corps a sur le divorce l'immense avantage de ne pas rompre l'unité de la famille, point important pour l'enfant, et de permettre toujours aux époux de se réunir, la réconciliation étant toujours possible; on peut même dire que la séparation de corps facilite en un certain sens cette réconciliation, en défendant tout autre union légitime. — L'époux séparé de corps vivra dans le concubinage, le divorce ne ferait que restreindre le nombre des unions illicites. — Peut-être; mais qui vous dit que les époux séparés agiront de la sorte? Grâce à Dieu, il n'est pas rare de rencontrer dans le monde des femmes et des maris qui, bien que séparés, s'honorent par une vie honnête et donnent à leurs enfants les meilleurs principes d'éducation.

Non! le divorce est une institution funeste, funeste par sa nature même, funeste surtout par ses conséquences, nous croyons l'avoir suffisamment démontré. Enfin, remarque qui a sa valeur, c'est toujours dans les siècles de corruption et de décadence que le divorce a été autorisé par les lois : n'est-ce point là sa condamnation?

La séparation de corps est, s'il est permis de parler ainsi, une invention du catholicisme. L'Église condamnait le divorce comme contraire au dogme évangélique de l'indissolubilité du mariage, aussi les canonistes et les tribunaux ecclésiastiques lui substituèrent-ils peu à peu, et malgré les résistances les plus obstinées, la séparation de corps qu'on trouve dans les chartes du moyen âge, mentionnée sous les noms de « divortium ou separatio quoad mensam et torum. »

La séparation de corps est aujourd'hui le seul moyen que possède la femme comme le mari de se soustraire aux obliga-

(1) Les lois anglaises ne permettent le divorce que pour cause d'adultère. Les statistiques démontrent que sur dix adultères commis en Angleterre, il y en a sept où les conjoints se sont entendus d'avance afin d'avoir ainsi juste cause de divorce.

tions de la vie commune. N'allez pas croire cependant que, par suite de cette séparation, le mari soit totalement dépouillé de ses droits sur la personne de la femme, non! La séparation de corps ne dissout pas le mariage; elle a uniquement pour effet, (puisque les époux ne pouvaient continuer de vivre ensemble), d'assigner à chacun un domicile séparé, et par suite, de faire cesser entre eux toute communauté de biens, et tout rapport de personnes; en un mot, la séparation de corps délie les époux de cette obligation de vivre en commun que leur imposait l'article 214. Pour tout le reste, le lien du mariage subsiste avec ses conséquences, ainsi la femme restera dépendante de son mari pour tous les actes, sauf pour ceux qui concernent l'administration de ses biens.

Nous ne nous proposons point de faire ici une étude complète de la séparation de corps; nous nous contenterons de ne donner de la matière que ce qui concerne notre sujet, aussi examinerons-nous seulement les causes et les effets de la séparation de corps.

I. — *Causes de la séparation de corps.*

Il résulte de l'article 306 du Code civil que ces causes sont les mêmes que les causes de divorce énumérées dans les articles 229 et s., sauf toutefois une différence capitale, c'est que la séparation de corps ne peut avoir lieu par consentement mutuel (307). La raison en est, dit-on, que la séparation de corps entraînant la séparation de biens, et par suite un important changement dans les conventions matrimoniales des époux, on pouvait craindre que ceux-ci sous prétexte d'une séparation de corps ne trompassent les tiers qui auraient eu confiance dans l'immutabilité desdites conventions.

Cependant malgré tout, nous regrettons que le législateur n'ait pas admis la séparation de corps par consentement mutuel. On aurait pu protéger les tiers par des moyens efficaces, et les époux auraient eu ainsi la possibilité de se séparer sans éclat, sans scandale; ils auraient pu sortir d'une situation intolérable sans pour cela révéler des faits honteux qui souvent déshonorent une famille tout entière.

Les causes déterminées de séparation de corps comme de divorce sont au nombre de trois: 1° l'adultère de l'un des époux ; 2° les excès, sévices, injures graves ; 3° la condamnation de l'un des époux à une peine infamante.

Nous ne parlerons plus ici du premier point qui a trouvé sa place dans le chapitre précédent, et nous en arrivons de suite à la deuxième cause de séparation, les excès, sévices, injures graves. Ces termes sont bien vagues, ils donnent aux tribunaux un pouvoir d'appréciation très-étendu, peut-être même ceux-ci en abusent-ils un peu ; mais on comprend que la loi ne pouvait donner la définition de ces trois mots, car il s'agit ici d'une question de fait, et l'on sait que toute question de fait doit être abandonnée à l'appréciation discrétionnaire des magistrats (1).

Voici comment Monsieur Démolombe définit les excès, sévices et injures graves. « Les excès, dit-il, sont les actes qui dépassent toute mesure, ou, plus précisément les attentats qui compromettent l'existence même de celui qui en est victime.

Les sévices sont des actes de cruauté, de méchanceté moins violents, mais en général plus habituels : les voies de fait, les mauvais traitements..., etc.

Les injures graves résultent de paroles, d'écrits ou de faits outrageants, par lesquels l'un des époux attente à l'honneur et à la considération de l'autre, et témoigne pour lui des sentiments de haine, d'aversion ou de mépris.

La question des excès ne demande pas grand développement. Les excès constituent toujours et d'une manière absolue des causes de séparation de corps ; (Bournat, *revue pratique* XI, p. 430 et s.) les travaux préparatoires en fournissent des preuves irréfutables (*Locré*, tome V, p. 41, 70, 86, 103 et s. ; 183, 261 et s.). La vie du conjoint a-t-elle été mise en danger, cela suffit, peu importent les circonstances. Au contraire, pour la question des sévices et des injures graves, les tribunaux ont un pouvoir d'appréciation à peu près sans limite, ils doivent examiner le caractère de gravité du fait en lui-même, les conditions dans lesquelles il s'est passé, l'âge, et le

(1) Aussi a-t-il été maintes fois jugé qu'en matière de séparation de corps les excès, sévices ou injures graves sont souverainement appréciés par les juges du fait, la loi n'en ayant pas défini les caractères légaux. Cass. 14 janvier 1861, 4 mai 1863, 17 décembre 1872.)

caractère des époux, leur situation respective au sein de la famille, le genre d'éducation qu'ils ont reçu, le rang qu'ils occupent dans la société, etc., etc. Quelques exemples pratiques feront mieux comprendre encore ce qu'il faut entendre par ces mots sévices et injures graves. « Un soufflet ou un coup de poing, dit Pothier, qu'un homme aura donné à sa femme, qui pourrait être une cause de séparation entre des personnes de condition honnête, n'en sera pas une entre des gens du peuple, à moins qu'ils n'aient été souvent réitérés. (*Contrat de mariage*, n° 509.) »

Il a été jugé qu'on ne saurait ranger parmi les sévices pouvant amener la séparation de corps, les actes de correction ou même de vivacité maritale si la femme se les est attirés par une conduite répréhensible (Cour de Chambéry, mai 1872).

La jurisprudence voit encore une injure grave dans le fait d'une femme qui, dès le jour de son mariage, déclare à son mari qu'elle ne cohabitera jamais avec lui, comme dans celui d'un mari qui refuse obstinément et sans motifs à sa femme de lui rendre le devoir conjugal (Paris, 30 décembre 1861. Metz, 25 mai 1869. Cass., 9 février 1863).

La femme peut-elle voir une injure grave dans le refus du mari de faire célébrer leur mariage à l'église ? Nous avons déjà incidemment traité cette question à un autre endroit (p. 158).

La femme, nous l'avons dit, peut certainement dans ce cas refuser la cohabitation, mais peut-elle demander la séparation de corps? Au point de vue des principes, la difficulté est sérieuse, car la loi ne considère le mariage que comme un contrat civil, ainsi ce refus ne peut, pour nous, être par lui, même une cause de séparation de corps; mais, et ici nous partageons l'opinion de la jurisprudence, il peut certainement résulter des circonstance de fait que ce refus constitue pour l'autre conjoint une injure grave, quand celui-ci, sur une promesse expresse ou même tacite a dû compter que le mariage serait célébré à l'église (*Revue critique*, 1853, p. 175. *Revue pratique*, VIII, p. 192. Montpellier, 4 mai 1847. Angers, 29 janvier 1859). Par exemple, un fiancé a promis à sa future de se marier à l'église, il y a fait publier ses bans; par sa conduite, par ses antécédents, par ses relations, il passait pour être un homme religieux, etc.

Si, au contraire, le mari est un homme que l'opinion publique accusait d'athéisme, si c'est par dignité, par convenance, qu'il a refusé d'aller à l'église, il serait bien difficile aux tribunaux de permettre la séparation de corps.

Une maladie honteuse de l'un des époux peut-elle être considérée par l'autre comme une injure grave?

Pothier soutenait la négative (*Contrat de mariage*, n° 515), sous prétexte que ces maladies sont guérissables; mais cette raison ne vaut rien, étant contredite par l'opinion des plus célèbres chirurgiens. Pour nous, nous pensons que ce genre de maladies ne constitue pas par lui-même une injure grave, mais si, par le fait volontaire de l'époux malade, la santé de l'autre a été compromise, si par exemple, par suite de relations imposées par la violence, le mari a communiqué à sa femme le mal dont il est atteint, les tribunaux voient là un caractère d'injure et de sévices suffisant pour prononcer la séparation de corps. Si au contraire, au moment du mariage, l'époux se croyant guéri, la communication de la maladie a été involontaire et exempte de toute injure, la séparation de corps ne pourra être obtenue (Rennes, 11 juillet 1866. Paris 5 Février 1870).

Une action en désaveu de paternité du mari, quoiqu'elle ait été rejetée par le tribunal, ne peut être regardée comme une injure grave pour la femme, quand la conduite de celle-ci a été de nature à motiver les soupçons du mari (Paris 7 mai 1835).

Il en serait de même d'une plainte en adultère fondée sur des motifs sérieux (Paris 13 juillet 1870. Paris 27 février 1871).

L'adultère du mari qui ne tomberait pas sous le coup de l'article 230, peut être pour la femme une cause juste de séparation, si cet adultère non délictueux est accompagné de circonstances blessantes pour celle-ci, par exemple, si le mari loue un appartement au nom de sa concubine, au vu et su de tous, s'il se promène avec elle sur les places publiques, s'il l'accompagne au théâtre, etc., la femme peut parfaitement voir dans ces actes une injure grave et demander de ce chef la séparation de corps (Cassation, 11 mai 1872).

Il s'est aussi posé devant les tribunaux la question de savoir si le fait du mari d'insérer dans les journaux qu'il ne paierait pas les dettes de sa femme, peut être considéré par celle-ci comme une injure grave dans le sens de l'article 231. La cour de Douai, par un arrêt du 14 j[illegible] 1857, a jugé que la femme ne pouvait voir là un motif suffisant à séparation de corps.

Mais la cour de Colmar, tout en s'appuyant sur les mêmes principes que celle de Douai, a déclaré que si aucune réclamation de sommes dépensées follement par la femme, n'avait été jusque là adressée au mari, si c'était uniquement par méchanceté ou vengeance que le mari avait fait cette insertion, la femme aurait droit de demander et d'obtenir la séparation de corps (Colmar 1er juillet 1858).

Comme on le voit par ces différents exemples, les cas de sévices et d'injures graves peuvent varier à l'infini : c'est aux tribunaux à apprécier si le fait allégué a, par lui-même, une gravité suffisante pour motiver la séparation de corps.

Mais il ne faut point oublier que la séparation de corps cause un préjudice sérieux aux intérêts les plus sacrés de la famille, aussi ne devra-t-on l'autoriser qu'en cas de nécessité absolue.

L'article 232 donne la troisième cause de séparation de corps, la condamnation de l'un des époux à une peine infamante. Le législateur a jugé que, dans ce cas, la cohabitation pourrait devenir trop pénible pour l'époux innocent. Cette pensée de la loi est louable sans aucun doute, mais si l'on étudie quelque peu la classification des délits et des crimes dans notre code pénal, on s'aperçoit que l'article 232 conduit à des conséquences qui sont tout simplement absurdes.

Chez nous les crimes politiques peuvent entraîner une peine infamante; c'est ainsi que les épouses des ministres de Charles X, auraient pu demander la séparation de corps (et même à cette époque souffrir les effets si durs de la mort civile).

La femme d'un maire qui, aux termes des articles 127 et 130 du code pénal, aura excédé ses pouvoirs, pourra également demander la séparation de corps. D'un autre côté, les femmes des individus coupables de vol et d'escroquerie ne pourront voir se relâcher pour elles le lien qui les unit à des hommes déshonorés. L'opinion et les mœurs protestent contre de telles solutions, mais enfin la loi est formelle.

Il est bien entendu qu'en règle générale ne donnent lieu à la séparation de corps que les condamnations postérieures au mariage et passées en force de chose jugée.

II. — Quant aux effets dérivant de la séparation de corps, nous n'avons à voir ici que ceux concernant la personne des époux, les effets concernant les biens trouveront leur place dans les chapitres traitant de l'autorisation maritale.

Relativement aux personnes, la séparation de corps, comme son nom l'indique, fait cesser la vie commune et le devoir de cohabitation; tous les autres effets du mariage subsistent.

Ainsi 1° le devoir de fidélité, mais ce devoir n'a plus de sanction du côté du mari; 2° le devoir de secours qui se traduit par la dette alimentaire. En matière de divorce disparaissait l'obligation de la dette alimentaire, car le mariage était dissous, mais l'époux innocent pouvait obtenir encore des aliments non plus à titre d'époux, mais comme dommages intérêts (301). La cour de Paris a tiré de ce principe une conséquence fort importante, c'est que, en matière de séparation de corps la pension alimentaire de l'époux innocent peut aussi être regardée comme donnée à titre de dommages-intérêts; dès lors elle ne cesse pas à la mort de l'époux coupable et peut être due par les héritiers de celui-ci (cour de Paris 27 novembre 1873. Gazette des tribunaux n° des 2, 3 mars 1874.)

Quant au devoir d'assistance il disparaît parce que les soins personnels qu'impose ce devoir, supposent la vie commune.

Enfin, au point de vue de sa capacité, la femme séparée de corps reste, en principe, dépendante de son mari : nous le verrons en traitant de l'autorisation maritale.

DEUXIÈME PARTIE

DES DROITS DU MARI SUR LES ACTES DE LA FEMME, OU DE L'AUTORISATION MARITALE

CHAPITRE I.

Fondements et motifs de l'autorisation maritale dans le code civil.

Dans la partie de ce travail qui traite du droit coutumier, nous avons donné d'une façon aussi complète que possible les origines et l'historique de l'autorisation maritale, nous n'avons donc plus à y revenir. Lors de la confection du code civil, les jurisconsultes chargés de l'accomplissement de ce vaste travail se trouvèrent en présence de grandes difficultés : nous avons vu combien nos anciens auteurs étaient divisés, et avec quelles interprétations variées, ils avaient envisagé les motifs de l'autorisation maritale.

Entre les différentes opinions de ces vieux jurisconsultes, les rédacteurs du code auraient dû se prononcer nettement, ils n'osèrent ou ne voulurent pas le faire, craignant peut-être de mécontenter les population des pays de droit écrit, ou celles des pays coutumiers qui avaient sur cette importante question des vues si différentes. Toujours est-il que le système du code civil est un amalgame confus de règles contradictoires qu'il est bien difficile d'expliquer. Avec un zèle fort louable d'ailleurs, la plupart des auteurs ont cependant essayé de trouver dans la théorie de l'autorisation maritale, telle qu'elle se trouve dans le code civil, un système, un principe autour duquel on aurait pu grouper les diverses conséquences que donne la loi, mais, et c'est là ce qui prouve clairement les défauts de notre législation, ces auteurs n'ont pu s'entendre, et l'on peut ramener tous les systèmes qui ont été exprimés à trois opinions générales : ces opinions d'ailleurs ne sont guère que la reproduction des doctrines du droit coutumier (1).

Premier système. — L'incapacité de la femme, et par suite la nécessité de l'autorisation maritale n'a d'autre base que la situation de dépendance de la femme, vis-à-vis du mari. Comme le dit Pothier : « l'autorisation du mari dont la femme a besoin pour contracter valablement n'est pas requise en faveur de la femme, mais en faveur du mari, pour maintenir la puissance qu'il a sur sa femme.... La nécessité de l'autorisation du mari n'est donc fondée que sur la puissance que le mari a sur la personne de sa femme, qui ne permet pas à

(1) Il est bon de remarquer ici que si cette diversité d'opinions se comprenait dans le droit coutumier, à une époque où, selon l'expression de Voltaire, on changeait de lois aussi souvent que de chevaux de poste, cette incertitude n'a plus d'excuse dans notre code civil, car quelle était la mission des jurisconsultes de 1804, si ce n'était de codifier la législation?

sa femme de rien faire que dépendamment de lui. (Poth., puiss. marit., n° 3, 4). »

Tel est encore, disent quelques auteurs, le système suivi par le code. La direction de la famille, la prééminence dans le ménage, dit-on, appartiennent au mari; or cette prérogative du mari ne serait qu'un vain mot, s'il était permis à la femme d'ester en justice, de s'engager, de disposer de ses biens sans son autorisation. (Merlin, *Quest. de dr.* v° *puissance maritale. Toul.*, liv. II, n° 615; *Delvincourt*, I, p. 79).

Ce système peut être excellent en législation, mais est-ce celui du code? Nous ne le croyons pas, et les raisons sur lesquelles nous basons notre opinion seront difficilement écartées. 1° Si l'incapacité de la femme était uniquement organisée dans l'intérêt du mari, lui seul aurait le droit de faire annuler l'acte passé par la femme, et cependant l'article 225 donne à celle-ci la faculté d'opposer elle-même la nullité résultant du défaut d'autorisation; c'est donc que le principe de cette nullité ne réside pas seulement dans la violation de la puissance maritale, et que la loi ne s'est pas uniquement préoccupée de l'intérêt du mari. 2° Si le mari est mineur, la femme, dit l'article 224, doit demander à la justice l'autorisation qui lui est nécessaire. et cependant Pothier, qui ici était logique, accordait au mari mineur le droit d'autoriser sa femme; il était logique, car la puissance maritale ne dépend pas de la majorité, mais uniquement du mariage; « le mari doit protection à sa femme, la femme obéissance à son mari » dit l'article 214, peu importe leur âge. Les rédacteurs du code, en refusant au mari mineur le droit d'autoriser sa femme, étaient donc guidés pas d'autres motifs que Pothier lui-même. 3° Si le mari est absent, s'il est interdit (222), la femme au point de vue de l'autorisation ne recouvre pas son indépendance, et cependant l'autorité du mari n'est plus en cause. 4° Si le mari a été frappé d'une peine afflictive ou infamante, il est de par la loi déchu de la puissance maritale, et par suite, du droit d'autorisation. La femme peut-elle contracter librement? non, dit l'article 221, l'autorisation de justice est toujours nécessaire. Pourquoi, si le fondement de l'incapacité de la femme ne réside que dans le respect qu'elle doit à son mari?

5° La femme peut sans autorisation maritale accomplir un

certain nombre d'actes qui rentrent dans les droits de famille. Ainsi elle peut seule faire son testament (226), consentir au mariage des enfants nés d'un premier lit, (148, 149), reconnaître un enfant naturel né, avant son mariage, d'un autre homme que de son mari (337); au point de vue pécuniaire, sous le régime de séparation de biens, elle peut administrer sa fortune; sous le régime dotal, elle conserve l'administration de ses paraphernaux; comment donc pourrait-elle faire tous ces actes sans l'autorisation de son mari? la puissance maritale, la prééminence du mari n'est-elle pas en jeu ici comme ailleurs?

5° Enfin, si le respect dû au mari était le seul motif de l'autorisation maritale, nul doute que nos lois n'eussent pas permis à la femme de manquer à ce respect, et de braver son mari, en lui donnant le moyen de remplacer l'autorisation de celui-ci par l'intervention de la justice (218).

Deuxième système. — Tout en reconnaissant que la puissance du mari, le respect que la femme lui doit est une cause de l'autorisation maritale, une autre opinion affirme que le motif le plus important de ladite autorisation, celui qui a guidé nos législateurs dans la réglementation de l'incapacité de la femme mariée, n'est autre que la vieille croyance romaine à la fragilité du sexe, *imbecillitas sexus*, *muliebris fragilitas*. C'est, disent ces auteurs, pour protéger la femme contre sa faiblesse, c'est pour la garantir contre l'inexpérience et la légèreté inhérentes à son sexe, que les rédacteurs du code civil ont organisé l'autorisation maritale. Voilà, dit cette opinion, pourquoi le mari mineur ne peut donner à sa femme l'autorisation qui lui est nécessaire, voilà pourquoi l'epouse d'un homme absent, interdit, ou frappé d'une condamnation afflictive ou infamante ne peut, malgre cela, agir à sa guise et doit, pour ce qui concerne sa capacité, s'adresser à la justice. Les travaux préparatoires, ajoute-t-on, donnent une grande force à ce système. M. Favard n'a-t-il pas dit au tribunat : « il est constant que la loi a déclaré la femme incapable de s'engager afin de la garantir de sa faiblesse et sauver sa fortune. » M. Mouricault est aussi affirmatif : « Pothier, dit-il, soutient que l'incapacité de la femme est etablie, non point dans son intérêt, mais comme une déference due à son mari; mais cet assujettissement n'a-t-il donc pas aussi pour objet de donner un guide à l'inexpérience de la femme, de lui donner une protection contre la surprise. » (Voir Proudhon, t. p. 454. Nouveau Denisart, v° *Autorisation*). » Fort bien, mais alors :

1° Pourquoi, si la légèreté du sexe est le motif dominant de l'incapacité de la femme mariée, pourquoi cette même femme est-elle, par nos lois, jugée digne de se conduire elle-même et d'agir à sa guise, quand elle n'est encore que fille ou devenue veuve?

2° Pourquoi, si la loi croyait la femme mariée incapable par suite de faiblesse d'esprit, pourquoi confierait-elle à cette même femme la tutelle de ses enfants mineurs ou même de son mari interdit? (art. 390. 507).

3° Bien plus, (et ceci détruit toute l'économie de ce système), quand il s'agit d'un être naturellement incapable, prenons comme exemple le mineur, la personne chargée par la loi de veiller à ses intérêts, le tuteur, ne peut être, selon l'expression romaine, *auctor in rem suam*, en d'autres termes, il ne peut autoriser le mineur à faire un acte qui l'intéresse, lui tuteur. La loi agit ainsi avec une souveraine sagesse; elle évite de mettre le tuteur entre son devoir et son intérêt, chose toujours grave, et elle empêche le mineur de passer un acte préjudiciable à ses propres affaires (art. 420).

En est-il de même pour la femme? Non! quelque intérêt qu'ait le mari dans l'acte que va faire sa femme, quand même celle-ci voudrait contracter avec lui, le mari aura toujours droit d'autorisation. (Arg. art. 1431, 218, 224, etc.) Qu'est-ce à dire, si ce n'est que la loi n'a évidemment pas eu pour but, en organisant l'autorisation maritale, de protéger la femme contre ses propres faiblesses, car s'il était une hypothèse où la femme avait besoin d'être protégée, c'était bien celle-là.

Troisième système. — La troisième opinion dit que sans doute l'intérêt de la puissance maritale a été de quelque poids dans l'organisation de l'incapacité de la femme mariée, mais ajoute-t-elle, et en cela elle ne fait que répéter les paroles de Laurière, ce qui a surtout déterminé le législateur, c'est l'intérêt de la famille dont le mari est le protecteur naturel. « En effet, la conservation des biens de la femme importe non pas seulement à elle, mais aussi au mari et aux enfants, à toute la famille en un mot; c'est pour cela que le mari, chef de la famille et gardien de ses intérêts collectifs a pour mission d'empêcher tout ce qui pourrait la compromettre » (Dalloz. répert. jurisp. v° autorisation. Zachariæ I. p. 231. comp. M. M. Aubry et Rau. V § 471. Demolombe II n° 115 et s. Valette, cours de c. c. p. 232). Et l'on ajoute que les travaux préparatoires donnent un fort argument pour cette opinion: « L'indépendance absolue des paraphernaux, disait le tribun Gillet au tribunal, blesserait cette unité (de la famille), cette communication indivisible de toutes les choses de la vie, qui est un des principaux caractères du mariage. »

On peut encore faire à ce système des objections bien fortes, pour ne pas dire irréfutables.

1° Comment comprendre, si telle était la pensée de la loi, comment comprendre que la femme pût faire seule son testament, car certes, on ne peut nier que ce testament n'intéresse la famille au plus haut degré.

2° Comment, si l'intérêt de la famille était le principal motif de l'incapacité de la femme mariée, comment cette femme pourrait-elle se réserver l'administration de ses revenus, par suite d'une disposition insérée dans son contrat de mariage !

3° Dans ce système, le mari devrait seul avoir le droit de demander la nullité de l'acte passé par la femme, sans autorisation, puisqu'il est le seul représentant des intérêts pécuniaires de la famille.

4° Enfin, il nous semble bien difficile de soumettre la femme à la nécessité de l'autorisation maritale, dans l'intérêt de la famille, quand, dans aucun texte, le Code ne parle de cet intérêt, même pour le mentionner.

Enfin, citons pour terminer, un quatrième système qui paraît bien difficilement soutenable. Cette opinion, qu'on pourrait faire rentrer dans la seconde, dit que la femme n'est pas incapable à raison de son sexe, puisque la femme majeure, fille ou veuve, peut agir librement; mais, dit-elle, la femme qui se marie cherche un protecteur dans le mariage, un guide dans l'époux qu'elle choisit. Ne se sentant pas assez expérimentée pour gérer elle-même ses affaires, elle préfère prendre un soutien habile, elle proclame publiquement son incapacité, de là la nécessité de l'autorisation maritale. Deux mots de réponse suffisent.

1° Pourquoi la loi ne donne-t-elle pas un nouveau protecteur à la veuve qui, en se mariant, a reconnu sa faiblesse?

2· Pourquoi cette même loi permet-elle à la femme de choisir par contrat de mariage le régime de séparation de biens ou le régime dotal, et par suite de se défier de celui qu'elle a pourtant pris pour protecteur?

De tout ceci, quelle est notre conclusion? Quelle opinion choisissons-nous? Nous avouons franchement que nous ne prenons parti ni pour l'un ni pour l'autre de ces systèmes, et pour une raison qui nous semble péremptoire, c'est que le législateur lui-même n'a pas su choisir entre ces différentes opinions : se trouvant en présence d'interprétations diverses il a voulu tout concilier; il a pris des règles à chacun de ces systèmes, sans remarquer que ces mêmes règles, partant de principes différents, faisaient de l'incapacité de la femme et de son corollaire l'autorisation maritale une théorie qui, pour avoir trop de bases, finissait par ne plus en avoir du tout. Du reste, ce n'est pas le seul reproche qu'on puisse faire dans notre droit à l'organisation de l'incapacité légale de la femme mariée : il est en effet, dans la réglementation de cette incapacité, et l'on peut s'en convaincre à la simple lecture des articles du code civil sur ce sujet, il est, disons-nous, un vice capital; c'est qu'on peut se demander si dans notre droit la femme mariée est véritablement incapable en principe, ou si elle n'est incapable que pour certains actes limitativement déterminés. En effet, il est facile de construire ici un dilemme dont il est impossible d'éluder la force : ou bien la femme est essentiellement incapable en tant que femme mariée, ou bien elle n'est incapable que pour certains actes déterminés, conservant en principe toute sa capacité.

Si la femme est incapable en tant que femme mariée, quel est dans notre sujet le but des articles 217 et suivants qui viennent nous dire que la femme ne peut faire tels et tels actes : donner, aliéner, hypothéquer, ester en justice, etc., actes que la loi nous énumère complaisamment? Ces articles, si la femme est incapable, sont complétement inutiles, et ne font que fausser l'esprit. De plus, que veulent dire alors ces termes de l'article 1124 « les femmes mariées sont incapables dans les cas déterminés par la loi? »

Prenons l'autre proposition du dilemme : si la femme n'est incapable que pour certains actes déterminés, et cités par la loi, pourquoi le code vient-il encore nous énumérer les actes à l'égard desquels la femme mariée est pleinement capable : par exemple, faire un testament (226), révoquer une donation faite entre époux (1096).

Ce n'est pas tout : la loi nous citant d'un côté certains actes que la femme peut faire seule, et d'un autre côté d'autres actes pour lesquels la femme a besoin d'autorisation, que doit-on décider pour les actes que la loi passe sous silence ? La femme a-t-elle besoin de l'autorisation maritale, ou, au contraire, est-elle pleinement libre quant à l'exercice des droits de famille dont la loi ne parle pas : a-t-elle besoin ou non d'autorisation pour se faire naturaliser à l'étranger, pour contracter un engagement dramatique, etc. ? Le code ne dit rien. Que faire? Amalgame de règles, lutte de principes contraires, antinomie dans les textes, tel est le tableau que nous présente dans le code civil la théorie de l'incapacité de la femme mariée ; et si l'on nous demandait de caractériser cette théorie, nous répondrions assez volontiers que c'est la théorie de la confusion. car pour donner des règles quelque peu certaines, il faudrait savoir si, oui ou non, la femme mariée est incapable dans notre droit, et aucun texte ne le dit.

CHAPITRE II

De l'étendue de l'incapacité de la femme mariée, et des actes pour lesquels l'autorisation maritale est nécessaire.

La femme, comme l'indiquent clairement les articles 215 et s. ne devient incapable dans notre droit qu'à partir du moment du mariage. Une fois le contrat célébré, et alors seulement, elle est frappée d'incapacité légale. Le code a ainsi tranché un point diversement réglé dans l'ancien droit. Diverses coutumes, peu nombreuses, il est vrai, parmi lesquelles nous remarquons les coutumes d'Artois (art. 87,) Bourbonnais (art. 232), Auvergne (ch. XXV, art. 1), édictaient que la femme « dès qu'elle était fiancée, ne pouvait contracter ni disposer de ses biens par testament ni autrement sans l'autorisation de son fiancé. »

Dumoulin trouvait cette disposition inepte : « hoc ineptum est, cum possit majus, scilicet discedere a sponsalibus », mais comme le fait remarquer Pothier, cete disposition n'en devait pas moins être suivie sur le territoire de ces coutumes (Pothier *Puiss. du mari*, n° 8).

— De ce que l'incapacité de la femme est un corollaire du mariage, il en faut conclure qu'elle ne disparait qu'à la dissolution de ce même mariage par la mort de l'un ou l'autre des conjoints. La séparation de corps elle-même n'a point d'influence sur ce principe de l'incapacité de la femme : la séparation de corps fait cesser l'obligation de communauté de vie, et les conséquences directes qui en dérivent, mais elle laisse subsister le lien du mariage dans toute sa force, elle maintient les rapports de dépendance qui unissent la femme au mari, et par suite la nécessité de l'autorisation maritale. Sans doute, cette autorisation ne laissera pas que de recevoir quelque atteinte, mais ce ne sera qu'au point de vue pécuniaire, et par suite de la séparation de biens entre les époux, qui, on le sait, est une conséquence forcée de la séparation de corps.

Aussi retrouvons-nous le principe de l'autorisation maritale sous quelque régime matrimonial que puissent adopter les époux par leur contrat de mariage. Ici encore, l'incapacité de la femme sera plus ou moins étendue selon qu'elle se sera réservé plus ou moins de droits sur son patrimoine mais le principe de l'incapacité n'en conserve pas moins toujours toute sa force.

Toute femme mariée est-elle frappée de l'incapacité légale? Nous croyons qu'il faut sans hésiter répondre affirmativement pour la femme française, mais négativement pour la femme étrangère, à moins que les lois de son propre pays n'aient également organisé un système d'incapacité, dans ce cas, nos tribunaux devraient lui appliquer la loi de sa nation. En effet, quoiqu'on l'ait autrefois contesté, le principe de l'incapacité de la femme mariée, tel qu'il est organisé dans notre droit, tient essentiellement au statut personnel : quelle loi en effet peut être plus personelle que celle qui règle la capacité d'une personne et les conditions sous lesquelles elle peut s'obliger? Il faut donc ici appliquer l'article 3 du code civil et ses conséquences.

On l'a nié en disant que l'autorisation maritale a souvent pour objet de rendre la femme habile à disposer de ses biens, et que sous ce rapport elle touche au statut réel, mais à cet argument on peut répondre victorieusement avec Merlin et le chancelier d'Aguesseau « que le statut de l'autorisation n'a aucune relation directe aux biens : il ne se réfère qu'à la personne. Il n'établit point dans la personne une incapacité relative à certains biens ; il y établit une incapacité générale et absolue, il affecte l'état tout entier de la personne pour toutes sortes de biens, dans toutes sortes d'actes, envers toutes sortes de personnes. Donc, *persona magis quam res respicitur. Imo persona tantum, nullo modo res respicitur.*

La jurisprudence est au fond de cet avis ; on peut s'en convaincre en lisant les arrêts des cours de Bruxelles 23 février 1808, 26 août 1811 : Bastia, 16 février 1844. Mais ces divers arrêts semblent plutôt basés sur ce principe que les droits dérivant de la puissance maritale telle que l'a constituée le code, participent de la nature des droits civils dont les Français peuvent seuls se prévaloir, principe fort discutable en présence des termes si controversés de l'article 11.

Et maintenant pour savoir quels sont les actes que la femme ne peut faire sans l'autorisation du mari, il nous faut faire une distinction générale entre les actes qui supposent un procès et ceux qui n'en comportent pas, c'est-à-dire entre les actes judiciaire et les actes extrajudiciaires.

SECTION I. — DES ACTES JUDICIAIRES

L'article 215 s'exprime en ces termes : « La femme ne peut ester en jugement, sans l'autorisation de son mari quand même elle serait marchande publique ou non commune (1), ou séparée de biens. »

Ainsi la femme mariée ne peut ester en jugement (stare in judicio), tel est le principe général. La loi pour les procès ne fait donc pas de distinction : l'incapacité de

(1) Le mot, non commune, est ici de trop de même que dans l'article 217 ; car non-seulement la femme non commune n'a pas plus de droits qu'une autre, mais elle est au contraire, comme on peut s'en convaincre par la lecture des articles 1530 et suivants, moins favorablement traitée au point de vue de l'administration de ses biens que la femme mariée sous le régime de communauté.

la femme y est bien plus rigoureuse que pour les actes extrajudiciaires dont le code parle plus loin. Ici, peu importe le régime matrimonial sous lequel les époux sont mariés, peu importe la séparation de corps, peu importe même que la femme doive ester en justice comme demanderesse ou défenderesse (à moins que ce ne soit en matière pénale), la règle est générale, l'autorisation du mari est nécessaire. Cette obligation se comprend d'elle-même. En effet, quand la femme a droit d'administrer ses biens par suite de son régime matrimonial ou de sa qualité de commerçante, la loi a pu et dû même lui permettre d'agir sans autorisation pour certains cas déterminés ; la nécessité d'une autorisation pour chaque acte en particulier aurait entraîné des lenteurs préjudiciables aux nécessités du commerce ou à la bonne administration d'un patrimoine ; mais il n'en est plus de même quand il s'agit d'un procès : un acte de cette nature est toujours chose grave, aussi la loi veut-elle que le mari puisse apporter à la femme son concours et ses lumières, pour la guider à travers les difficultés si nombreuses de la chicane, et au besoin l'arrêter dans une ridicule obstination. (Observons en passant que le code ne suit pas ici la doctrine de l'ancien droit : ainsi la coutume de Paris (article 224) permettait à la femme séparée de biens d'ester en jugement sans l'autorisation de son mari ; les coutumes de Dourdan, art. 80 ; de Mantes, article 25 ; Bretagne, art. 448 ; Bordeaux, art. 3 ; Saintonge, art. 74 ; donnaient le même droit à la femme commerçante, pour les faits relatifs à son commerce.) Il est cependant à cette règle générale quelques exceptions qui se trouvent explicitement ou implicitement renfermées dans les textes de la loi. Ainsi l'article 216 nous dit : « l'autorisation du mari n'est pas nécessaire lorsque la femme est poursuivie en matière criminelle ou de police. » Faisons ici deux observations : La loi ne parle pas du cas où la femme serait poursuivie en matière correctionnelle, mais il est évident qu'il faut étendre à cette hypothèse l'exception de l'article 216. La raison le veut d'abord : si la femme a libre défense en matière de police, elle doit *à fortiori* être libre en matière correctionelle ; en second lieu, ce silence du code s'explique par une raison historique : lors de la confection de nos lois civiles, le code pénal n'était même pas encore à l'état de préparation, et nous voyons souvent les législateurs du code civil confondre dans le même mot les délits et les crimes : le terme « matière criminelle » est ici une expression générale.

2° Pour bénéficier de l'article 216, la femme doit remplir au procès le rôle de défenderesse (1). La raison de la différence que fait la loi entre les qualités de demanderesse et de défenderesse est toute naturelle, dit Valin (cout. de la Rochelle, art. 22 n° 43).

« Lorsqu'une femme est accusée, elle est partie nécessaire, quoiqu'elle soit innocente ou coupable ; ainsi, il est naturel qu'elle ait droit de se défendre. Au lieu que, lorsqu'elle se plaint, il n'est pas sûr qu'elle ait raison ; il convient donc que, pour agir, elle soit autorisée de son mari ou de la justice. » Dans l'exposé des motifs, Portalis exprime à peu près les mêmes idées : « L'autorité du mari disparaît devant celle de la loi, et la nécessité de la défense naturelle dispense la femme de toute formalité. *Locré*, IV, p. 383. » Mais alors, dit-on, pourquoi n'en est-il pas de même au civil ? La défense y est également de droit naturel. On répond en disant : on ne pouvait sans injustice refuser à la femme de se défendre au pénal, car même coupable, elle a encore intérêt à se défendre, pour faire diminuer par les juges la peine qui la frappera ; en matière civile au contraire, il n'y a point de déshonneur à perdre un procès ; il se peut de plus que la femme s'entête à plaider sur une mauvaise affaire que son mari considère comme perdue d'avance, aussi la loi donne-t-elle et avec raison le droit à ce dernier d'empêcher toute procédure, et d'éviter ainsi des frais considérables, en refusant à sa femme l'autorisation de plaider (2). En résumé donc, la femme ne peut plaider sans autorisation maritale, que quand elle est défenderesse en matière crimi-

(1) Sous l'empire du droit coutumier, certaines coutumes étaient plus larges : ainsi la coutume d'Orléans art. 200, permettait aux femmes d'ester en jugement sans leur mari, tant en défendant qu'en demandant, pour les actions qui naissaient des délits (Poth. puis. du mari 65). Les coutumes de Saintonge, art. 74 ; Bourbonnais, art. 169 ; Berri, titre I, art. 15 ; Montargis, ch. I, art. 7 ; Châtellenie de Lille, titre XII, art. 8 ; Cambrésis, art. 4, titre VII ; etc. ; donnaient la même solution.

(2) Lorsque la femme défenderesse ne provoque pas l'autorisation du mari, aux termes des articles 861 et suivants du code de procédure civile, le demandeur peut provoquer cette autorisation (Carré, n° 2911).

nelle, correctionnelle, ou de police. Cependant, quelques difficultés se présentent. Quelle solution donner pour le cas où la femme ayant commis un crime ou un délit, l'action civile en dommages-intérêts et l'action pénale sont intentées en même temps devant le tribunal criminel? La femme pourra-t-elle sans autorisation se défendre contre toutes les deux? La généralité des auteurs est d'accord pour reconnaître que la femme n'a nullement besoin dans ce cas d'autorisation. Pouvant aux termes de la loi se défendre seule pour le fait principal, elle doit avoir le moyen de se défendre également pour le fait accessoire: accessorium sequitur principale. Le refus du mari ne ferait du reste qu'embarrasser la défense et entraver l'action publique (Cass. 9 mai 1846).

Si, au contraire, l'action civile et l'action pénale ne sont pas en même temps portées devant le tribunal criminel, la plupart des auteurs font une distinction. Si la partie civile forme sa demande devant le tribunal civil, en invoquant l'article 1382, nul doute que l'autorisation maritale ne soit indispensable à la femme pour pouvoir se défendre, car il ne s'agit plus ici que d'un simple procès civil.

Si, au contraire, l'action civile est portée devant le tribunal criminel (art. 145 et 182 instr. crim.), la solution est fort controversée. Quelques commentateurs (MM. Zachariæ, Aubry et Rau, Marcadé, etc.), affirment que l'autorisation du mari est nécessaire, car, disent-ils, l'action est complétement civile, et rien d'ailleurs n'empêche la partie lésée d'assigner le mari en même temps que la femme. De plus, ajoute-t-on, la loi semble bien n'exempter de l'autorisation que la femme poursuivie par le ministère public, et exposée à recevoir un châtiment; elle n'a pas voulu parler de la condamnation aboutissant à des dommages-intérêts : « Exceptiones sunt strictissimæ interpretationis. »

D'autres auteurs (MM. Valette, *Explic. somm.*, Demante, Demolombe. Mourlon, etc.) disent que l'article 216 est général, qu'il s'applique à toute matière criminelle, correctionnelle ou de police. De plus, ajoute-t-on, le tribunal, avant d'accorder à la partie lésée des dommages-intérêts, doit faire la constation du délit, et dès lors, le ministère public présent à l'audience pourrait immédiatement poursuivre la femme et la faire condamner correctionnellement par le tribunal. Dès lors, la femme étant sous le coup d'une peine n'a point besoin de recourir à l'autorisation maritale (216).

La règle qui déclare que l'autorisation maritale est nécessaire à la femme pour ester en jugement ne souffre que les exceptions prévues formellement par la loi, dit la Cour de cassation (21 janvier 1845). Nous avons déjà vu dans l'article 216 une exception au principe général, y en a-t-il d'autres? telle est la question que nous allons examiner.

Nous savons qu'aux termes de l'article 490, la femme peut provoquer l'interdiction de son mari, quand il se trouve dans un état habituel d'imbécillité, de démence ou de fureur. On s'est demandé si, pour pouvoir provoquer cette interdiction, la femme devait se munir auparavant d'une autorisation de son mari.

Quelques auteurs pensent que l'autorisation du mari est ici inutile. C'est la loi elle-même, dit-on, qui permet à la femme d'agir directement, puisque l'article 490 lui donne l'autorisation expresse de provoquer l'interdiction de son mari (Lyon, 5 mars 1863; Merlin, v° *Autorisation*; Aubry et Rau, v, p. 141).

Une seconde opinion que nous croyons plus juridique dit que la femme, ici comme dans tous les cas non prévus par la loi, a besoin de l'autorisation de son mari. Les termes de l'article 215 sont généraux et l'article 490 n'y déroge en rien : il indique simplement les personnes qui pourront demander l'interdiction, mais il ne mentionne pas les formalités qui devront précéder cette demande (trib., Lyon, 8 janvier 1872, *Demol.*, II, n° 126).

En sens inverse, si c'est le mari qui demande l'interdiction de la femme, celle-ci pour y défendre devra-t-elle encore se munir de l'autorisation maritale? Sans doute, car la femme défenderesse au civil ne peut jamais plaider sans autorisation. D'ailleurs nous ne voyons dans cette solution rien qui puisse choquer le bon sens, comme on l'a dit; car si c'est le mari qui provoque l'interdiction de la femme, on regarde généralement cette intervention directe du mari comme une autorisation virtuelle pour la femme de se défendre, si au contraire la demande a été formée par un tiers, les motifs de l'autorisation pour plaider subsistent dans toute leur rigueur.

Mais faut-il aller plus loin, et dire que la femme a besoin d'autorisation, même pour demander la nullité de son propre mariage? La solution de cette question est discutée encore. Le système de la négative (Cubain, *Droit des femmes* n° 163), dit qu'on a peine à comprendre que la femme soit obligée de demander à son prétendu mari l'autorisation de former contre lui une demande en nullité de mariage, car demander cette autorisation serait précisément reconnaître ce qui fait l'objet du procès, l'existence et la validité du mariage (Cass., 31 août 1824). Dès l'instant que la validité du mariage est contestée, les effets de ce mariage, et par suite l'incapacité de la femme, doivent également être mis en doute. De plus, ajoute-t-on, si vous forcez la femme à demander au mari son autorisation, et que celui-ci la donne, il y aura accord des deux parties, et l'on sait que le code est absolument opposé à cette entente dans des questions du même genre, par exemple en matière de séparation de biens et de corps, et autrefois en matière de divorce. (Voir, sur ce point, un remarquable article de M. Labbé dans Sirey, sous l'arrêt de la Cour de cass. du 18 mars 1878.)

L'opinion contraire à laquelle nous nous rangeons, est représentée par la presque unanimité des auteurs, et par une jurisprudence désormais constante (Cass., 21 janvier 1845; 11 février 1851; 19 mai 1858; 18 mars 1878). Cette opinion invoque encore dans notre hypothèse les termes généraux de l'article 215. Un mariage a été célébré; la loi le considère comme valable, et dès lors, l'autorisation maritale est nécessaire jusqu'à ce que la nullité de ce mariage ait été prononcée, car jusque-là le mariage existe, et ses effets doivent se produire. On ne peut argumenter de la dispense d'autorisation accordée à la femme qui demande la séparation de corps ou de biens, car, dans ces matières, l'autorisation du mari est remplacée par l'autorisation du président du tribunal, (articles 865, 878, code de procéd. civ.); tandis que pour une demande en nullité de mariage, on ne pourrait appliquer cette procédure particulière. (Aubry et Rau, v, p. 139; Demolombe, II, n° 127; Merlin, v° *mariage*.) Mariée de fait, la femme est censée l'être de droit, tant qu'un jugement n'a pas déclaré son mariage nul.

Cette controverse nous amène à l'examen d'une question plus générale qui est de savoir si la femme peut sans autorisation plaider contre son mari. Nous croyons, pour notre part, que la femme doit demander cette autorisation ; l'article 215 est général, peu importe contre qui plaide la femme. Cependant la jurisprudence admet que quand c'est le mari lui-même qui assigne la femme, celle-ci sera de plein droit déliée de la nécessité de l'autorisation, car par le fait même, dit-elle, que le mari intente une action contre sa femme, il l'autorise à se défendre (Toulouse, 8 fév. 1823 : Paris, 26 avr. 1872).

Une femme a commencé un procès avant la célébration de son mariage, ce mariage la rendant inhabile à ester en justice, peut-elle continuer ce procès sans demander l'autorisation de son mari ? Les auteurs et la jurisprudence sont divisés sur cette question. A notre avis, il faut faire ici une distinction : si l'affaire était en état au moment du mariage, la femme pourra la poursuivre sans autorisation ; en effet, aux termes de l'article 342 du code de procédure civile, « le jugement de l'affaire qui sera en état ne sera différé, ni par le changement d'état des parties, etc. » : or, le mariage de la femme n'est autre chose pour elle qu'un changement d'état.

Si, au contraire, l'affaire n'était pas en état, le procès n'était pas engagé ; la femme (344 procéd.) ne pourra plus procéder ultérieurement sans être autorisée (Cass. 7 août 1815 ; *Aubry et Rau.*, v, p. 140 ; *Demolombe*, II, n° 138).

L'article 215 ne parle que du cas où la femme doit ester en justice ; la femme pourra donc, sans l'autorisation de son mari faire tous les actes conservatoires de ses droits, même ceux où le ministère d'huissier est nécessaire : elle peut donc seule faire transcrire l'acte de célébration de son mariage, inscrire son hypothèque légale, faire des protêts, sommations, oppositions, etc.

La femme, dans tous ces cas, *non stat in judicio;* d'ailleurs, les motifs qu'avait la loi pour défendre à la femme d'ester en justice, avant d'avoir obtenu l'autorisation de son mari, sont ici sans valeur, la suprématie du mari n'étant pas en jeu. Ces actes de la femme ne peuvent nuire ni au mari, ni à la femme, ni à l'autorité maritale (*Demolombe*, n° 130).

C'est par application de ce principe qu'il a été jugé que la femme pouvait introduire seule une instance en référé (trib. civ. de la Seine, 10 juin, 1863). Mais bien entendu, cette exception doit rester dans les limites de l'acte conservatoire, et toutes les fois qu'il y aura pour la femme nécessité ou possibilité prochaine d'ester en justice, elle devra requérir l'autorisation de son mari. Ainsi, l'on décide généralement que la femme doit être autorisée pour ester ou répondre en conciliation devant le juge de paix, car le préliminaire de conciliation n'est autre chose que le début obligatoire des instances judiciaires (*Aubry et Rau*, V, p. 139, *Demolombe*, II, n° 129). Il en est de même dans le cas où la femme doit figurer dans une procédure d'ordre, exercer une action possessoire et y défendre, ainsi que pour répondre à une poursuite en expropriation forcée (quoique la jurisprudence ait soutenu le contraire. Cass. 14 janv. 1844), car les poursuites en expropriation forcée sont un véritable procès.

Enfin, mentionnons en terminant, que la femme n'a pas besoin de l'autorisation de son mari pour intenter une demande en séparation de corps et de biens. Cette autorisation est remplacée par une ordonnance du président du tribunal, qui permet à la femme d'ester en justice. Cette procédure fort simple se trouve réglée dans les articles 865, 875 et s. du code de procéd. civ.

SECTION II. — DES ACTES EXTRAJUDICIAIRES

Nous nous proposons d'étudier dans cette section plusieurs points très-importants : en premier lieu, quels sont les actes extrajudiciaires que la femme ne peut passer sans l'autorisation de son mari, en second lieu quels sont les actes qu'elle a droit de faire librement. Nous étudierons et discuterons ensuite les controverses qui s'élèvent au sujet de certains actes que le code a passés sous silence; enfin, dans un dernier paragraphe nous examinerons quelles sont les circonstances exceptionnelles qui peuvent modifier la capacité générale de la femme mariée.

A. — L'article 217 nous énumère quels sont les actes à l'occasion desquels la femme mariée ne peut se passer de l'autorisation maritale : « La femme, même non commune ou séparée de biens, ne peut donner, aliéner, hypothéquer, acquérir à titre gratuit ou onéreux, sans le concours du mari dans l'acte, ou son consentement par écrit. » Les termes de cet article sont généraux et absolus : il faut cependant se garder de croire que l'article 217 frappe la femme sous quelque régime qu'elle soit mariée. L'article 1124 fait en effet supposer à cet article quelque dérogation, et il suffit de lire l'article 1449 pour se convaincre que la règle de l'article 217 ne s'applique plus quand la femme conserve l'administration de ses biens personnels. Quoi qu'il en soit, il résulte de l'article 217 que la femme ne peut :

1° Donner. Qu'est-ce à dire? Souvent, dans le langage juridique, le mot *donner* indique un transport de propriété, il est alors la traduction du mot latin *dare*. Telle est, par exemple, l'acception de ce mot dans les articles 1126 et suivants du code civil.

Ici le mot *donner* a, croyons-nous, une signification plus large, il est pris dans le sens de faire une donation : qu'il s'agisse d'un transport de propriété ou d'une obligation à titre gratuit, peu importe. Il faut encore, dans ce terme, faire rentrer toute renonciation que la femme ferait au profit d'un tiers, car la renonciation n'est qu'une donation déguisée.

2° Aliéner. — Aliéner, c'est transférer à quelqu'un la propriété d'une chose soit mobilière, soit immobilière, *rem suam alienam facere*. Ce mot comprend ordinairement l'aliénation à titre gratuit, c'est-à-dire le transport de propriété sans compensation, et l'aliénation à titre onéreux qui suppose un équivalent pécuniaire attribué par l'acheteur au vendeur. Ici, le code paraît bien n'avoir pris ce mot que dans ce dernier sens, l'aliénation à titre gratuit rentrant dans le mot *donner*.

3° La femme ne peut hypothéquer. C'est une conséquence forcée de l'article 2124 « les hypothèques conventionnelles ne peuvent être consenties que par ceux qui ont la capacité d'aliéner les immeubles qu'ils y soumettent. » Cette règle est profondément juste, car l'hypothèque est un droit réel sur un immeuble, en vertu duquel le créancier qui l'obtient a un double droit : 1° il peut se faire indemniser sur le prix de cet immeuble des sommes qui lui sont dues et cela préférablement aux autres créanciers; 2° il peut également, malgré l'aliénation de l'immeuble par le débiteur, saisir le bien dans quelque main qu'il passe, pour le faire vendre. L'hypothèque n'est donc, pour ainsi dire, que le prélude de l'aliénation.

4° Enfin la femme ne peut sans l'autorisation de son mari, acquérir à titre gratuit ou onéreux. Toute acquisition à titre gratuit lui est défendue : ainsi la femme ne peut seule accepter une succession (776), ni une donation (934). Il faut, dit-on, que le mari puisse apprécier la convenance du don fait à son épouse par un tiers, et l'on ajoute que les convenances et les bonnes mœurs sont intéressées à ce qu'une femme ne puisse recevoir de libéralités d'une personne étrangère, sans que son mari en soit averti (1). Cette raison n'est pour la femme qu'un injurieux soupçon : De plus, elle n'empêche rien, car si un individu veut séduire une femme mariée, il pourra légalement prendre un détour qui sera pour la femme peut-être une cause plus prochaine de séduction, il fera la donation à son enfant, chose toujours si douce au cœur d'une mère ! Celle-ci aux termes de l'article 935 aura alors le droit d'accepter la donation, sans que le père puisse s'y opposer.

La femme ne peut non plus acquérir à titre onéreux, c'est une conséquence de ce qu'elle ne peut aliéner, car l'acquisition à titre onéreux suppose un équivalent donné en retour.

Tels sont les actes que le code défend à la femme mariée de passer sans l'autorisation de son mari. La loi ne dit rien de l'obligation à titre onéreux (2), que penser de cette lacune? La question n'est plus guère controversée aujourd'hui. et l'on admet généralement que la femme ne peut s'obliger : mais sur quels motifs repose cette interdiction que ne donne pas la loi? Quelques auteurs répondent : La femme, malgré le silence de l'article 217 ne peut s'obliger à titre onéreux, car s'obliger ce n'est pas autre chose que contracter une dette, devenir débiteur, or aux termes de l'article 2092 « Quiconque s'est obligé personnellement est tenu de remplir son engagement sur tous ses biens mobiliers et immobiliers présents et à venir; » et l'article 217 défend à la femme d'aliéner (Marcadé).

(1) Ce motif prouve que, dans l'autorisation maritale, le législateur n'a pas eu seulement en vue, comme on voudrait le faire croire, l'intérêt pécuniaire des époux et de la famille.

(2) L'article 231 de la coutume de Paris, faisait mention de cette incapacité « une femme mariée ne se peut obliger sans le consentement de son mari... »

Ce motif ne nous semble pas juridique. De ce qu'une personne ne peut aliéner ses biens, on ne peut conclure en droit qu'elle ne puisse s'obliger, il n'y a pas corrélation entre ces deux idées. Un exemple fera comprendre la justesse de cette assertion. Le tuteur peut aliéner seul les meubles du mineur (457) et cependant, il ne peut seul contracter des dettes pour ce même mineur. Et, en sens inverse, le tuteur qui ne peut aliéner seul les immeubles du mineur peut seul cependant contracter certaines dettes. Il n'y a donc pas corrélation exacte entre le droit de s'obliger et le droit d'aliéner. Mais alors, dira-t-on, pourquoi la femme ne peut-elle s'obliger à titre onéreux? La réponse est facile. S'obliger à titre onéreux, impliquerait pour la femme la nécessité de recevoir quelque chose. Emprunte-t-elle, par exemple, elle devient débitrice de la somme qu'elle a empruntée, parce que cette somme lui a été remise entre les mains, or la loi défend à la femme d'acquérir à titre gratuit ou onéreux, donc elle ne peut non plus s'obliger à titre onéreux, cette obligation impliquant nécessairement une acquisition. Nous avons d'ailleurs des textes formels qui montrent que la femme ne peut sans autorisation s'obliger à titre onéreux, ainsi l'article 220 permet à la femme commerçante de s'obliger sans l'autorisation de son mari pour tout ce qui concerne son négoce; donc, dit-on, la femme ne peut s'obliger seule, si elle n'est point commerçante. De plus, en disant que la femme, à défaut de l'autorisation du mari, doit obtenir l'autorisation de justice pour *contracter*, les articles 222 et 224 montrent bien par la généralité de leurs termes que la femme seule ne peut pas plus s'obliger à titre onéreux qu'à titre gratuit. Enfin l'article 1427 tranche formellement la difficulté.

Les adversaires de notre système, après avoir argué du silence de l'article 217 croient trouver dans les travaux préparatoires un argument convaincant (Locré IV. p. 453). Le tribunat avait demandé l'insertion dans l'article 217 d'une disposition par laquelle il fût déclaré que la femme serait incapable de s'obliger sans l'autorité de son mari, et le Conseil d'État refusa d'obtempérer à cette demande. — Cet argument perd toute sa force quand on considère quels motifs firent agir le Conseil d'État. Les législateurs, bien à tort sans doute, craignaient que l'insertion de ce mot « s'obliger » dans l'article 217 ne fît croire que la femme ne pourrait, sans autorisation du mari, s'obliger même en matière de quasi-contrats, délits ou quasi-délits.

B. — Et maintenant, quels sont les actes que la femme peut faire, sans avoir besoin pour cela de recourir à l'autorisation maritale?

On peut dire d'abord que la femme conserve son entière capacité quant aux actes qui concernent l'exercice d'un droit de famille. C'est ainsi que la femme peut seule consentir au mariage des enfants nés d'un premier lit (148, 149), accepter au nom de son enfant la donation qui pourra lui être faite (936), reconnaître un enfant naturel né avant son mariage d'un autre que son époux (337), etc. La femme conserve encore sa capacité pour certains actes concernant des droits pécuniaires.

Ainsi, dit l'article 226 « La femme peut tester sans l'autorisation de son mari (1). » Cette dérogation à la règle générale s'explique par deux motifs principaux : 1° le testament est un acte de dernière volonté essentiellement personnel, il doit donc émaner de la pleine indépendance de la personne qui le fait; 2° le testament n'a son effet qu'à la mort de la femme, il ne reçoit donc l'être qu'au moment de la dissolution du mariage, c'est-à-dire à un moment où la puissance maritale n'existe plus (2).

2° La femme peut révoquer également sans autorisation, la donation qu'elle a faite à son mari pendant le mariage (1096); autrement le paragraphe premier de cet article : « Toutes donations faites entre époux pendant le mariage.... seront toujours révocables, » serait entravé dans son application par les résistances du mari.

(1) Il faut assimiler au droit de faire un testament, le droit de révoquer un testament que la femme aurait déjà fait (arg. 1096, 2°).

(2) Ce motif n'est bon que dans le système qui donne comme base à l'incapacité de la femme mariée le respect de la puissance du mari. Celles des coutumes de notre ancien droit qui voyaient le motif de cette incapacité dans la faiblesse de la femme ou l'intérêt de la famille étaient donc logiques avec elles-mêmes, en défendant à la femme de tester sans l'autorisation du mari (Nivernais, Normandie, Bourgogne, etc.).

Il est une troisième catégorie d'actes que la femme peut faire encore dans la plénitude de sa capacité, ce sont les actes conservatoires de la fortune acquise. Pour tous ces actes, comme nous l'avons déjà dit plus haut, du moment où pour les accomplir, elle n'est pas obligée d'ester en justice, la femme peut se passer de l'autorisation maritale : ainsi pour opérer la transcription de la donation d'un bien susceptible d'hypothèque (940), requérir l'inscription de son hypothèque légale (2139), etc., etc.

La loi ne pouvait en effet défendre à la femme de passer seule des actes qui, en définitive, ne peuvent qu'être utiles aux intérêts de la famille.

On range dans une quatrième catégorie les obligations dont la femme est tenue indépendamment de toute volonté. Nous avons vu jusqu'ici qu'en principe, la femme ne peut s'obliger par sa volonté personnelle sans l'autorisation de son mari, en un mot qu'elle ne peut seule contracter, faire une convention où la volonté personnelle joue un rôle actif; mais il est dans notre droit des obligations dont on est tenu indépendamment de tout contrat : ces obligations, d'après la classification scientifique qu'on en a faite, dérivent de la loi, des quasi-contrats, des délits et des quasi-délits.

On conçoit que la femme quoique mariée soit liée par ces obligations; ici l'intérêt du mari, son autorité ne sont pas en jeu, et de plus, comme le font remarquer MM. Aubry et Rau « la règle de l'autorisation maritale est étrangère aux obligations dont la validité n'est pas subordonnée à la capacité personnelle de l'obligé. » L'article 217 donne du reste la même solution en ne défendant à la femme de s'obliger sans autorisation qu'en matière de contrats (arg. 222, 224, 1124).

Comme obligations résultant de la loi nous pouvons mentionner : 1° l'obligation pour la femme de gérer une tutelle à laquelle elle a été appelée, et de répondre, soit du défaut de gestion, soit de la mauvaise administration de cette tutelle (390, 395, 396);

2° Les obligations qui existent entre propriétaires voisins aux termes des articles 640 à 685 (1370);

3° Telle est encore l'obligation de payer la dette alimentaire (203-211).

Parmi les quasi-contrats, ou pour dire plus justement avec

les jurisconsultes romains, les obligations nées *quasi ex contractu*, il faut, croyons-nous, faire une distinction qu'admettent d'ailleurs la plupart des commentateurs. Si le contrat provient du fait propre de la femme, celle-ci ne peut être engagée sans avoir obtenu l'autorisation de son mari. Prenons un exemple. Une femme s'est obligée envers un tiers *quasi ex contractu negotiorum gestorum*, en d'autres termes elle a géré sans en avoir reçu mandat, et pour lui rendre service, les affaires d'un individu que nous appellerons Primus; la femme, si elle n'est pas autorisée, ne sera tenue, ni envers les tiers, ni envers Primus lui-même des obligations qu'elle aura contractées à l'occasion de sa gestion d'affaires, comme serait tenu tout autre gérant d'affaires (1372-1375). Il y a eu ici fait personnel de la femme, et la femme mariée, on le sait, ne peut s'engager personnellement sans l'autorisation du mari.

Si, au contraire, le quasi-contrat résulte du fait de Primus, la femme sera obligée, nonobstant le défaut d'autorisation maritale. Exemple : Pendant l'absence du mari et de la femme, Primus a fait faire des réparations urgentes à une maison faisant partie des propres de la femme. La femme ici est certainement obligée *quasi ex contractu negotiorum gestorum*; c'est le fait de la gestion d'affaires, qui oblige la femme, sa volonté n'a pas été en jeu; dès lors, elle doit être considérée comme obligée par le quasi-contrat (1372-1375).

Notons encore ici que la femme non autorisée est tenue des obligations qui ont leur source dans ce principe d'équité : personne ne doit s'enrichir injustement aux dépens d'autrui. Par exemple, la femme emprunte sans autorisation, elle devra rendre au prêteur, non pas toute la somme, mais ce dont elle s'est enrichie, *quatenus locupletior facta est*. C'est ce que dit Pothier en termes très-nets.

« J'ai prêté à une femme mariée une somme de mille écus, sans qu'elle ait été autorisée à l'emprunter; mais elle en a profité, étant justifié qu'elle l'a employée en entier à l'acquittement de ses dettes; pourrai-je exiger cette somme? La réponse est, qu'elle n'a pu à la vérité contracter l'obligation de me rendre cette somme qui naît du contrat de prêt, car n'ayant pu valablement faire ce contrat sans être autorisée, elle est incapable de l'obligation qui naît de ce contrat; mais si elle n'est pas capable de cette obligation qui naît du contrat de prêt, elle est capable de celle de la loi naturelle seule, et indépendamment d'aucun contrat. Cette loi ne permet pas qu'on puisse s'enrichir aux dépens d'un autre ; *Neminem æquum est cum alterius detrimento locupletari* (L. 206, de reg. juris.), et elle oblige en conséquence cette femme à me rendre la somme qu'elle a reçue de moi, et qui lui a servi à acquitter ses dettes, sans quoi elle s'enrichirait à mes dépens ; ce que la loi naturelle ne permet pas (Pothier, *puiss. du mari*, n° 51).

La femme enfin est obligée par ses délits et quasi-délits. Le code en effet n'a pas pu protéger la femme contre des actes illicites qui nuisent à des tiers (1310). Ces tiers n'ont aucune faute à se reprocher; ils n'avaient pas contracté avec la femme, on ne peut donc en justice leur laisser supporter les conséquences d'un dommage qu'il ne leur a pas été loisible d'éviter. Par exemple, si, même en contractant, la femme s'est rendue coupable de manœuvres frauduleuses pour dissimuler son incapacité, le tiers ne sera pas tenu de subir la nullité de l'acte, car la femme doit l'indemniser du préjudice qui lui a été fait : *fraus omnia corrumpit*.

Mais le fait par la femme de se déclarer veuve ne suffirait pas pour exonérer les tiers de toute responsabilité (1307). Ceux-ci doivent vérifier par eux-mêmes les assertions de la femme, car selon l'expression d'un brocard bien connu, « *nemo ignarus esse debet conditionis ejus cum quo contrahit.* »

Il faut qu'il y ait eu de la part de la femme des manœuvres frauduleuses contre lesquelles les tiers n'aient pu se prémunir : la femme, par exemple, leur a présenté un faux acte de décès de son mari.

C. — Nous en arrivons maintenant à l'étude d'une question extrêmement délicate qui divise aussi bien la jurisprudence que les auteurs. Que décider pour les faits dont ne parle pas la loi et qu'on ne peut faire rentrer ni dans les actes judiciaires, ni dans les contrats, seuls points sur lesquels le code civil s'est prononcé, et qu'il a défendu à la femme de faire sans l'autorisation du mari ? La controverse est vive, elle durera longtemps encore, car, comme nous l'avons déjà fait remarquer, la loi contient de regrettables lacunes dans cette matière si importante pourtant de l'autorisation maritale. On ne saurait véritablement dire quelle est sur ce point la pensée de la loi.

Celle-ci a-t-elle voulu affecter la femme mariée d'un état d'incapacité générale; a-t-elle voulu, au contraire, ne la frapper d'incapacité que pour les actes limitativement déterminés qu'elle énumère? on ne peut le dire à priori: les textes étant aussi formels en faveur de la première opinion qu'en faveur de la seconde. De là de grandes difficultés, de là aussi de retentissants procès qui ont plusieurs fois déjà passionné l'opinion publique.

Une des plus importantes questions qui se soulèvent ici est celle de savoir si la femme peut se faire naturaliser à l'étranger sans l'autorisation de son mari (1).

Pour mettre plus d'ordre dans l'examen de cette controverse si importante, nous distinguerons deux situations différentes dans la condition de la femme: 1° Elle est mariée purement et simplement; 2° elle est mariée, mais vit séparée de corps et de biens.

1° La femme est mariée purement et simplement. Deux opinions se trouvent ici en présence, car théoriquement la question est discutée, quoiqu'elle ne l'ait jamais été pratiquement, du moins que nous sachions.

Le premier système permet à la femme mariée de se faire naturaliser à l'étranger sans l'autorisation de son mari. Aucun obstacle, dit-on, ne peut s'opposer à la naturalisation de la femme. C'est l'Etat étranger et non pas le mari qui accorde à la femme le bénéfice de la naturalisation. Chaque Etat a droit

(1) Nous ne voulons évidemment pas ici traiter à fond cette controverse qui, à propos de l'affaire récente de la princesse de Beauffremont, a si profondément ému les jurisconsultes de différents pays. Nous nous contentons de citer les principaux arguments mis en lumière, renvoyant pour plus complets développements aux savants articles ou plaidoiries de MM. J. de Holzendorff, professeur à Munich (*Journal de droit international privé*, 1876); de Folleville, professeur à Douai (*De la naturalisation des femmes séparées de corps en France*); Labbé, (*Journal de droit international privé*, 1875); Bluntschli professeur à Heidelberg (*Rev. pratique*, tome XLI); Gabba, professeur à Pise (*Rev. pratique*, XLII); Filomusi-Guelsi, professeur à Catane; Bétolaud (*Gazette des tribunaux*, 15 juillet 1876); Stoltzell (*Journ. de droit international privé*, 1876); Teichmann, professeur à Bâle (*Etude sur l'affaire de Beauffremont*); Hammond, professeur à Jowa (Etats-Unis); Cf. Blondeau (*Revue de droit français*, 1845, p. 151).

d'établir les conditions sous lesquelles il veut concéder sa nationalité aux étrangers, et l'Etat auquel appartenait autrefois la personne naturalisée n'a pas le droit d'empêcher cet acte de l'Etat naturalisant, ni de s'en plaindre. De plus, il est un principe universellement admis, c'est que toutes personnes peuvent se faire naturaliser à l'étranger, sauf celles que la loi a déclarées incapables d'exercer ce droit; or aucun texte prohibitif ne vient contrecarrer sur ce point la volonté de la femme mariée. L'autorisation maritale en effet n'existe qu'au point de vue pécuniaire, les articles 217 et suiv. du code civil en sont la preuve; d'ailleurs, aux termes de l'article 1124, les femmes mariées ne sont incapables que dans les cas déterminés par la loi. Enfin, admettrait-on même qu'il faut étendre l'autorisation maritale à tous les actes de la femme concernant le droit privé, celle-ci n'en pourrait pas moins se faire naturaliser à l'étranger, la naturalisation étant un acte de droit public.

Malgré la force des arguments présentés par ce premier système, nous préférons pour notre part la seconde opinion qui raisonne ainsi : Quel'que soit le parti que l'on prenne sur le fondement dans notre code de l'incapacité de la femme mariée, on ne peut méconnaître que l'autorité du mari, et le respect que la femme doit à son pouvoir, n'aient été regardés comme d'un grand poids dans la question par nos législateurs, les travaux préparatoires le prouvent surabondamment. Sans doute, la partie de nos lois qui traite de l'autorisation maritale contient de regrettables lacunes et des textes contradictoires, mais est-ce une raison suffisante pour exempter de l'autorisation maritale tous les actes de la femme dont la loi ne parle pas? Il faut répondre non, sans hésiter. L'article 214 est le principe général de la matière : « Le mari doit protection à sa femme, la femme obéissance à son mari. » Cet article, la loi l'a placé en tête du chapitre « des droits et devoirs respectifs des époux » pour bien montrer que cette dépendance de la femme était le droit commun, et que les seuls actes que la femme pourrait faire dans la plénitude de son indépendance seraient ceux qu'un texte formel seul lui donnerait le droit d'accomplir. La femme ne peut faire échec à la puissance maritale qui est une institution d'ordre public (1388).

Après tout, les articles 217 et suivants, quels que soient les reproches qu'on puisse leur faire, ne s'occupent que des biens;

le principe de dépendance de la personne de la femme à l'égard du mari, qui est inscrit dans l'article 214, subsiste donc dans toute son intégrité. Quant à l'article 1124 sur lequel le système contraire fonde une grande partie de son argumentation, cet article n'a rien à faire dans la question, il ne parle que du plus ou moins de capacité des femmes pour *contracter*. Enfin qu'on n'oublie pas que le code civil en matière d'autorisation maritale, a voulu suivre les traces de l'ancien droit, et qu'on se rappelle ces paroles de Pothier : « Nos coutumes ont mis la femme dans une telle dépendance de son mari, qu'elle ne peut rien faire de valable, et qui ait quelque effet civil, si elle n'a été habilitée et autorisée par lui à le faire (*Puiss. du mari*, n° 2).

2° La femme est séparée de corps et de biens. Ici la controverse est plus ardente encore, et les plus savants commentateurs n'ont pas craint de descendre dans l'arène (1). Deux systèmes sont toujours en présence, on peut les résumer ainsi :

Premier système. — La femme, par suite de la séparation de corps, peut avoir une résidence et un domicile distincts de celui du mari, c'est pour elle un droit que les auteurs ne contestent plus aujourd'hui. Personne ne peut l'empêcher de se choisir ce domicile à l'étranger. Or, dans quelques pays, la naturalisation s'acquérant par le domicile, si la femme se rend dans une de ces contrées, la naturalisation s'ensuivra de plein droit, et le mari ne pourra s'y opposer. D'un autre côté, faire persister l'autorité du mari sur la personne de la femme malgré la séparation de corps, c'est enlever à cette séparation son véritable caractère, c'est de plus abandonner complétement la femme à la haine et aux caprices du mari. Enfin, en accordant même la nécessité pour la femme mariée de se pourvoir de l'autorisation maritale, on ne peut exiger cette autorisation que pour certaines affaires d'intérêt, et non pas pour la naturalisation dont les conséquences sont purement personnelles.

(1) Les commentateurs qui ont tant discuté sur le cas de la princesse de Beauffremont n'ont jamais examiné que cette partie de la question, ladite princesse ayant obtenu en France un jugement emportant séparation de corps et de biens.

Deuxième système. — Le second système s'appuie sur des arguments qui nous paraissent plus forts et plus juridiques.

C'est une grande erreur, dit-il, de croire que la séparation de corps soit à peu près la même chose que le divorce, à cette exception près que les deux conjoints désunis ne peuvent se remarier ; la séparation de corps ne brise pas le mariage, elle en laisse au contraire subsister tous les effets sauf un, l'obligation de vie commune.

Les époux pourront désormais avoir non seulement deux résidences, mais même, on l'admet généralement, deux domiciles distincts. De cette séparation corporelle des époux découle nécessairement et logiquement la séparation des fortunes, mais voilà tout ; hors cela, les effets découlant du mariage subsistent dans toute leur rigueur, l'autorisation maritale est donc toujours nécessaire à la femme pour les actes de la vie civile.

Sans doute, de ce que la femme a recouvré l'administration de son patrimoine, il s'ensuivra nécessairement qu'elle pourra faire librement certains actes indispensables à une bonne administration : par exemple, elle pourra vendre ses meubles, faire tous actes conservatoires, etc. Mais en dehors de ce cercle restreint, pour les actes plus importants, et même déjà pour ester en justice à l'occasion de ces actes d'administration, la femme ne peut se passer de l'autorisation maritale elle reste donc, quoique séparée de corps, toujours soumise à cette autorisation (Arg. de 1449).

Comme le dit Laurent : « Les époux sont séparés de corps, mais ils restent époux, le mariage subsiste. Par suite, tous les effets du mariage subsistent, à l'exception des seuls effets que la séparation détruit, l'obligation de la vie commune cesse. » (III, p. 396.)

La femme séparée de corps ne pourra donc se faire naturaliser à l'étranger sans l'autorisation de son mari, car la naturalisation n'est certes pas un acte qui ressort de l'administration de son patrimoine. De plus, n'y eût-il pas d'arguments de texte en notre faveur, qu'on pourrait encore invoquer un argument de raison. Le but du législateur de 1816, en substituant la séparation de corps au divorce, a été, tout en faisant cesser la vie commune devenue insupportable, de conserver l'espoir, de maintenir la possibilité d'une réconciliation entre les époux.

Si vous permettez à la femme de s'affranchir de l'autorité du mari, et de se créer une nouvelle patrie, la réconciliation devient matériellement impossible, et par là vous allez contre le but même du législateur.

La femme mariée peut-elle, sans l'autorisation de son mari, contracter un engagement dramatique?

Quoiqu'on l'ait souvent soutenu, nous ne croyons pas que la question puisse se discuter sérieusement quand la femme mariée n'est point séparée de corps, car enfin, il y a un principe qui domine toute la matière du mariage, c'est l'obéissance que la femme doit à son mari, et la protection que celui-ci doit à sa femme (art. 214). Sans doute, on nous fera l'éternelle objection que les articles 217 et suivants et l'article 1124 montrent clairement que la femme est capable pour tous les actes qui ne lui sont pas défendus par un texte formel, mais cela n'empêche pas, en plus des réponses que nous avons déjà faites à cet argument, que la femme doit toujours obéissance à son mari; or ici, ce devoir d'obéissance ne serait-il pas étrangement compris, si, sans l'autorisation de son mari, une femme pouvait, pendant une période déterminée, engager son temps et ses travaux à un directeur de théâtre quelconque? Au fond d'abord, un tel acte serait une obligation de faire, et nous avons vu que la femme non séparée ne peut s'obliger sans l'autorisation de son mari. N'y a-t-il pas aussi un motif de morale et de convenance à ce que le mari soit consulté par sa femme avant que celle-ci entreprenne une carrière si délicate surtout *pour une femme mariée?* Le mari a le droit imprescriptible de veiller à son bonheur, et il faut qu'il ait à un moment donné les moyens légaux d'écarter de sa famille tout ce qui pourrait venir en troubler l'unité et l'harmonie.

Quand la femme est séparée de corps et de biens, la question est plus épineuse. Elle peut, dit-on, administrer sa fortune, elle peut contracter dans une certaine mesure, de plus elle est obligée de pourvoir par elle-même à sa subsistance; elle doit donc pouvoir choisir le genre de vie qui convient le mieux à ses goûts et à ses intérêts. D'ailleurs, qu'est-ce qu'un engagement dramatique? ce n'est qu'un louage d'ouvrage, dans le sens de l'article 1780, et personne ne va jusqu'à défendre à une femme séparée de contracter ce genre d'obligations.

Le système contraire nous paraît préférable. La femme ne peut en aucun cas contracter un engagement dramatique, sans l'autorisation de son mari. Cette décision nous la tirons d'un argument *à pari* de l'article 4 du code de commerce : « la femme ne peut être marchande publique sans l'autorisation de son mari. » En vain allègue-t-on que l'artiste exerce un art, et que faire jouir le public de son talent moyennant une rétribution nécessaire, ce n'est point là faire acte de profession mercantile. (Favard de Langlade v° acte de commerce. — Agnel. code des artistes dramatiques). On peut répondre que la loi range parmi les actes de commerce toute entreprise de spectacles publics (632, code de comm.), et que les acteurs faisant partie essentielle de l'entreprise dramatique qui ne peut subsister sans eux, accomplissent par conséquent des actes de commerce dans l'exercice de leur état, ils sont donc commerçants. D'ailleurs, cet argumentation fut-elle déclarée erronée, les raisons morales dont nous avons parlé plus haut, et le grand principe de la subordination de la femme au mari, seraient encore ici assez puissants pour défendre à la femme séparée de contracter un engagement dramatique sans l'autorisation de son mari.

La femme mariée peut-elle, sans cette même autorisation, remplir les fonctions de mandataire? Il faut, croyons-nous, faire ici une distinction. La femme non autorisée sera à l'égard du mandant frappée de l'incapacité légale qui découle de l'article 1990 ; le mandant n'aura donc contre elle, à moins de fraude ou de malversation (1307, 1310.), aucun des recours que la loi donne au mandant contre un mandataire ordinaire. Au contraire, quant aux rapports de la femme mandataire avec les tiers, celle-ci, quoique non autorisée, doit être cependant regardée comme pleinement capable. Rien de plus juste en effet; le mandant, dans le choix du représentant qu'il fait, agit à ses risques et périls; sa confiance peut être déçue, lui seul en souffrira, et les tiers n'auraient dans ce cas aucun motif plausible pour se plaindre de l'incapacité de la femme.

Telles sont les principales difficultés qui se posent sur cette question si importante de savoir quelle est l'étendue de l'incapacité de la femme mariée. Sans doute, il peut se présenter dans la pratique, bien d'autres hypothèses, mais les principes généraux que nous avons donnés suffiront pour résoudre ces difficultés.

D. — Il nous reste en dernier lieu à examiner quelles sont les circonstances exceptionnelles qui peuvent modifier la capacité générale de la femme mariée.

L'article 217 semble par ses termes impératifs ne vouloir faire aucune exception au principe qu'il pose : « La femme, même non commune ou séparée de biens, ne peut donner, aliéner, hypothéquer, acquérir à titre gratuit ou onéreux, sans le concours du mari dans l'acte, ou son consentement par écrit. » Cependant il est à cette règle deux dérogations fort remarquables qui doivent attirer notre attention, parce qu'elles modifient profondément l'incapacité de la femme mariée.

La première de ces dérogations est le fait pour la femme d'être marchande publique. « La femme, si elle est marchande publique, peut, sans l'autorisation de son mari, s'obliger, pour ce qui concerne son négoce, etc., 220 ». Nous pouvons faire remarquer de suite que cette dérogation au droit commun de l'article 217 est au fond, peut-être, plus apparente que réelle, car la femme mariée ne peut être marchande publique sans l'autorisation de son mari, autorisation qui, même, ne peut jamais être remplacée par celle de justice (art. 5, c. com ; art. 234, *Cout. de Paris*), dès lors, peut-on dire, la règle générale de l'article 217 subsiste toujours ; la dérogation consiste uniquement en ce qu'il ne s'agit plus ici d'une autorisation spéciale pour chaque acte déterminé, mais d'une autorisation générale s'étendant à tous les actes de commerce que pourra faire la femme. Cette disposition exceptionnelle s'explique fort bien ; comme le dit un proverbe : « qui veut la fin veut les moyens. » Le commerce ne pourrait s'accommoder des lenteurs d'une autorisation spéciale pour chaque acte. « L'utilité du commerce, selon l'expression de Pothier, et la nécessité, ont fait dispenser la marchande publique de l'autorisation pour ces actes ; cette femme n'ayant pas toujours son mari à ses côtés qui puisse l'autoriser pour ces actes, lesquels, souvent, ne souffrent pas de retardement. » (Poth., *Puiss. du mar.*, n° 21.)

Mais cette règle doit être sagement restreinte aux cas prévus par la loi. La femme, pour bénéficier de l'article 220, doit exercer pour son compte la profession de marchande publique ; cet article n'a plus d'application si la femme ne fait que détailler les marchandises de son mari, elle n'est plus qu'un commis, une sorte de mandataire, et dès lors il est inutile de s'inquiéter de sa capacité, car elle ne fait qu'agir pour le compte de son mari (art. 220, 2°) et de même que toute autre femme, elle ne peut faire valablement, en son propre nom, aucun contrat sans l'autorisation maritale. Ceci posé, il est facile de déterminer quelle est, au point de vue de l'autorisation maritale, la situation de la femme marchande publique.

Et d'abord, pour tous les actes entraînant pour la femme nécessité d'ester en justice, l'incapacité légale subsiste, l'autorisation du mari sera toujours nécessaire ; ester en justice n'est pas un acte journalier, et c'est, de plus, un acte qui peut, sans grand préjudice pour la femme, subir quelque retard ; aussi, dans ce cas, les motifs de l'autorisation reprennent toute leur force.

Quant aux actes de la vie civile, la loi fait une distinction fort rationnelle. Si l'acte concerne le commerce de la femme, l'autorisation maritale n'est pas requise ; si, au contraire, l'acte dont il s'agit est étranger au commerce, il ne sera valable que s'il a été passé avec l'autorisation maritale. Mais quels sont les actes qui concernent le négoce de la femme? Ils sont extrêmement nombreux : « Ce sont, comme dit Pothier, les ventes et les achats des marchandises de son commerce, les achats des ustensiles, les louages des ouvriers et ouvrières qu'elle emploie pour son commerce, les lettres de change qu'elle donne, qu'elle endosse ou qu'elle accepte pour le fait de son commerce, etc. » (Poth., *Puiss. du mari*, n° 21.) Les femmes marchandes publiques peuvent également engager, hypothéquer et aliéner leurs immeubles, dit l'article 7 du code de commerce (ajoutons, *dans les limites des besoins de leur profession*). Mais, ici, une grave difficulté se présente. La femme a fait un acte qui ne porte pas d'une façon intrinsèque le caractère commercial ; elle a, par exemple, emprunté 10,000 fr. à un banquier sans que l'acte d'emprunt indique la destination des deniers. Est-ce pour les besoins de son commerce, est-ce au contraire pour les nécessités de la vie civile que la femme a emprunté cette somme? on ne le sait ; dès lors, dans ce cas et dans ceux du même genre, se pose la question de savoir à qui incombe la charge de prouver que l'emprunt a été fait pour les besoins du commerce. Est-ce au tiers, au banquier dans l'hypothèse, ou à la femme? La solution de cette question est vivement controversée.

Un premier système enseigne que le principe général de la matière est l'incapacité de la femme mariée. La capacité de la femme, comme marchande publique, n'est qu'une exception ; comme le dit M. Bravard (t. I, p. 97) : « La capacité de la femme, comme marchande publique, est restreinte ; elle n'est relevée de son incapacité que par exception, et pour les opérations qui se rattachent à son commerce. Pour toutes les autres, elle reste incapable ; dans le doute, il faut donc plutôt se prononcer en faveur de la règle que pour l'exception. »

Le second système, que nous adoptons, part d'une idée tout opposée. Cette opinion argumente de l'article 638 2° du code de commerce, ainsi conçu : « Les billets souscrits par un commerçant seront censés faits pour son commerce..... lorsqu'une autre cause n'y sera pas énoncée. » Donc, dit-on, par un raisonnement *a pari*, tout acte passé par une femme commerçante est présumé fait dans l'intérêt de son commerce, par conséquent on ne pourra faire annuler cet acte que si l'on parvient à prouver qu'il a été fait par la femme dans un autre but que pour les besoins de son négoce. Le système contraire aurait en pratique un grand inconvénient, il serait en effet extrêmement nuisible au crédit de la femme commerçante ; les tiers hésiteraient à traiter avec elle, ils seraient toujours inquiets sur le sort de l'acte qu'ils auraient passé, car, qu'on ne l'oublie pas, une déclaration de la femme ne suffirait même pas pour que l'acte fût considéré comme fait pour les besoins du négoce, il faudrait encore que les tiers vérifiassent l'emploi des fonds. Enfin notre opinion semble admise par l'article 7 du code de commerce, qui, après avoir énuméré les actes permis à la femme marchande publique, n'ajoute pas « en ce qui concerne son négoce » ; c'est donc qu'il y a présomption que ces actes sont faits pour les besoins du commerce.

Il est une deuxième catégorie de faits qui viennent modifier et étendre la capacité de la femme mariée, nous voulons parler des différents régimes matrimoniaux sous lesquels les époux peuvent être mariés. L'idée générale est ici très-simple à dégager. on peut l'énoncer ainsi : Dans les cas où par suite du regime matrimonial qu'elle a choisi, la femme conserve l'administration de ses biens, elle est, par le fait même, dispensée de l'autorisation maritale pour tous les actes concernant l'administration de ces mêmes biens.

Dans notre législation, les époux peuvent se marier sous tel régime matrimonial qu'ils jugent à propos d'adopter (1387), la loi leur laisse sur ce point la plus grande latitude ; cependant pour faciliter leur choix, et leur épargner la peine et les difficultés de rédiger des clauses trop nombreuses, elle organise quatre principaux régimes matrimoniaux : le régime de communauté, le régime exclusif de communauté, le régime de séparation de biens, le régime dotal.

Sous les deux premiers régimes, le mari a l'administration des biens personnels de la femme, celle-ci ne peut donc dans ces hypothèses faire aucun acte d'administration. N'allez pas croire cependant que cette impossibilité de faire des actes d'administration provienne de son incapacité en tant que femme mariée, cette impossibilité est la conséquence de ce que la femme a adopté un régime qui transporte au mari l'administration de sa fortune. On peut donc dire qu'alors la capacité de la femme ne change pas, et que la nécessité de l'autorisation subsiste dans toute sa rigueur. Mais il n'en est plus de même quand les époux sont mariés sous le régime dotal, ou sous celui de la séparation de biens.

Sous le régime dotal, la fortune de la femme se décompose en deux grandes catégories : 1° les biens dotaux dont le mari a tout à la fois l'administration et la jouissance, et dont la femme ne conserve que la nue propriété ; 2° les biens paraphernaux dont la femme au contraire garde à la fois la jouissance et l'administration ; c'est, on le comprend, pour cette dernière catégorie de biens, que la rigueur de l'autorisation maritale doit fléchir. La femme peut faire sur ses biens tous actes d'administration, sans avoir besoin de demander l'autorisation de son mari. Mais une difficulté se soulève : que faut-il entendre par actes d'administration ? Cette question se représentant sous le régime de la séparation de biens, c'est là que nous la discuterons.

C'est surtout sous le régime de la séparation de biens que le principe de l'autorisation maritale reçoit des modifications profondes, car les époux conservent chacun leur patrimoine; la femme se réserve donc l'administration et la jouissance de ses biens personnels. Il y a dans notre législation deux espèces de séparation de biens : la séparation contractuelle, c'est-à-dire celle qui résulte des conventions matrimoniales, d'une disposition expresse du contrat de mariage, et la séparation de biens judiciaire ou résultant d'un jugement qui la prononce au cours du mariage.

On a voulu, au point de vue qui nous occupe, établir une différence entre ces deux séparations, et l'on a dit que la séparation de biens judiciaire conférait à la femme des droits plus étendus quant à l'administration de sa fortune, que la séparation contractuelle. En effet, ajoute-t-on, l'article 1449 permet à la femme séparée judiciairement d'aliéner son mobilier, sans avoir besoin pour cela de recourir à l'autorisation maritale. L'article 217, au contraire, défend à la femme séparée contractuellement l'aliénation d'une façon absolue, et ce qui le prouve, c'est l'article 1536 qui, parlant de la femme séparée contractuellement, ne mentionne que le droit d'administrer, et ne dit rien du pouvoir d'aliéner les meubles (Vazeille, II, n° 315). Nous n'admettons pas cette distinction, et pensons que la femme peut, dans les deux hypothèses, aliéner ses meubles. En effet, quoi qu'on puisse dire, l'article 1536 semble donner à la femme un pouvoir aussi étendu que l'article 1449. D'après l'article 1536 la femme conserve *l'entière* administration de ses biens meubles et immeubles; et l'article 1449 donne à la femme *la libre* administration de ses biens : n'est-ce point dire la même chose en termes différents? D'ailleurs, l'article 1538 conclut implicitement à ce que la femme séparée de biens contractuellement ait le droit d'aliéner ses meubles, car, dit-il, « dans aucun cas, ni à la faveur d'aucune stipulation, la femme ne peut aliéner ses immeubles sans le consentement spécial de son mari, ou, à son refus, sans être autorisé par justice. » S'il est seulement défendu à la femme d'aliéner ses immeubles sans autorisation, c'est qu'elle a le droit d'aliéner seule son mobilier. Et maintenant, voici la règle générale qu'il convient de poser. Pour les biens paraphernaux du régime dotal comme pour tous les biens de la femme sous le régime de la séparation de biens, en un mot pour les biens dont la femme conserve l'administration, sa capacité n'est plus soumise aux règles restrictives de l'article 217, elle est étendue : la femme n'a plus besoin de demander pour chaque acte d'administration l'autorisation de son mari, et cela se comprend, car exiger toujours l'autorisation du mari, c'était vouloir rendre impossible l'administration qui se compose d'une série d'actes de peu d'importance sans doute, mais qui se représentent à chaque instant. Il y a donc antinomie entre les articles 217 et 1449. Quelques auteurs ont cependant essayé de les concilier au moyen de la considération suivante : Quelle a été ici la pensée de la loi ? Ç'a été, dit-on, d'organiser, comme pour la femme marchande publique, une sorte d'autorisation générale qui résultera tantôt des conventions matrimoniales, tantôt de l'autorité de la justice. Dans le premier cas, ce sera le mari qui donnera cette autorisation, tantôt implicite par le choix du régime de la séparation de biens, tantôt expresse, dans les termes de l'article 223. Dans le second cas, ce sera la justice qui, à défaut du mari, donnera cette autorisation générale : l'article 217 est toujours appliqué en principe.

Mais quelle sera l'étendue de cette capacité de la femme ? L'idée générale est fort simple : la femme sera capable dans la mesure et pour les actes d'administration ; pour tout autre acte, la femme restera soumise au principe commun de l'autorisation maritale (1448, 1576).

Cette règle s'applique aussi bien aux paraphernaux de la femme dotale qu'au patrimoine de la femme séparée de biens. Il en était autrement dans notre ancienne jurisprudence. Celle-ci empruntait le régime dotal romain qui ne connaissait pas l'incapacité de la femme mariée ; aussi dans les pays de droit écrit, la femme était-elle pleinement capable en ce qui concerne les paraphernaux, elle pouvait en disposer sans aucune restriction. Aujourd'hui l'article 1576 a fait disparaître ces usages, la femme dotale n'a conservé sa capacité que pour les actes d'administration.

Mais que faut-il entendre par acte d'administration ? Il est impossible de donner à priori une réponse à cette question. Et d'abord, on peut dire en thèse générale que rentrent dans les limites de l'administration tous actes qui sont faits en vue d'une de ces trois idées : conserver les biens, les améliorer, les faire fructifier.

Les actes qui n'auront pas pour but un de ces trois motifs ne sont pas des actes d'administration. Mais ceci ne donne pas encore absolument la solution de la question, car il est assez difficile de déterminer la nature de certains actes.

Et d'abord, il en est quelques-uns pour lesquels aucune difficulté ne peut s'élever, la loi s'exprimant à leur égard d'une façon formelle. Ainsi, par exemple, la femme ne peut jamais aliéner ses immeubles soit à titre gratuit, soit à titre onéreux (1449, 1538.) Elle ne peut hypothéquer ses immeubles (2124). Elle ne peut aliéner son mobilier à titre gratuit; l'article 1449 semble bien dire le contraire par cette expression : « la femme peut *disposer* de son mobilier. » Mais à cela on répond que la capacité accordée à la femme par l'article 1449 est uniquement une conséquence du droit qu'elle a d'administrer librement ses biens ; cet article ne lève donc pour la femme l'incapacité d'aliéner que dans le sens restreint de l'article 217, c'est-à-dire pour l'aliénation à titre onéreux ; l'aliénation à titre gratuit ne peut être un acte d'administration (Cf. 905).

La femme ne peut jamais non plus ester en justice sans l'autorisation du mari, quand même le procès serait relatif aux actes d'administration (215, 1576). La loi qui n'a pas voulu et avec raison, gêner la libre administration du patrimoine de la femme, ne pouvait ici déroger au principe général de l'article 215 ; les motifs dont se sont inspirés nos législateurs en rédigeant cet article, sont aussi forts en effet quand la femme est séparée que quand elle est commune en biens.

La femme ne peut non plus acquérir des immeubles à titre gratuit, elle ne peut même en acquérir à titre onéreux (217) sans autorisation, à moins que ce ne soit avec ses économies, ou avec les deniers provenant de la rentrée de ses capitaux, que cet achat ait été fait, car dans ce cas, cette acquisition est de la part de la femme un acte de sage administration dont la loi ne saurait la blâmer (Aubry et Rau V. § 516. Demol. II. N° 151-157).

Dans les actes que la femme a sans aucun doute le droit de faire seule comme relevant de l'administration, nous pouvons citer le droit pour la femme de recevoir ses fermages, et même ses capitaux, et d'en donner décharge, avec mainlevée des inscriptions hypothécaires prises pour leur sûreté; elle peut encore toucher ses revenus, et louer ses immeubles; peut-elle les louer pour une durée dépassant neuf ans? Un grand nombre d'auteurs admettent la négative en s'appuyant sur les articles 595, 1429, 1718 (Aubry et Rau V. § 516. Rodière et Pont, III. 2189.) Tel n'est pas notre avis. La femme a sur ses biens un pouvoir assez étendu, elle n'a pas la *pure* administration, mais la *libre*, l'*entière* administration. (1449, 1536.); dès lors, il nous semble plus juridique de laisser aux tribunaux le droit d'apprécier si, oui ou non, le bail de longue durée fait par la femme doit être regardé comme un acte de bonne administration.

Tels grands magasins, par exemple, dont la femme est propriétaire, pourront être avantageusement loués pour 27 ans. et ne pourront pas trouver preneur pour 9 ans seulement.

Enfin, la femme séparée peut vendre son mobilier. Mais pourquoi cette dérogation à l'article 217? Il est très-probable que la loi a regardé le fait d'aliéner les meubles comme un simple acte d'administration. La loi est partie de cette idée qu'on retrouve à chaque pas dans notre législation, à savoir que les meubles sont chose de peu de valeur: *Vilis mobilium possessio.* L'adage pouvait être vrai dans l'ancien droit, car alors la propriété mobilière n'était pas très-développée, et de plus, les meubles de quelque importance étaient rangés par la loi dans les diverses classes d'immeubles. Mais aujourd'hui il n'en est plus ainsi; la propriété mobilière a pris une extension telle qu'on peut, sans craindre de se tromper, affirmer qu'elle est beaucoup plus considérable et plus importante que la propriété immobilière; de plus, toutes ces valeurs, rentes foncières, rentes constituées, etc., que les coutumes avaient fait rentrer dans les immeubles, sont aujourd'hui classées par notre législation dans la catégorie des meubles, aussi le code a-t-il eu grand tort de regarder l'aliénation des meubles par la femme comme un acte d'administration, car on arrive ainsi à des conséquences ridicules: la femme à qui il est impossible d'aliéner un coin de terre d'une valeur de 100 fr., sans avoir obtenu l'autorisation de son mari, peut d'un autre côté vendre librement pour deux cents ou cent mille francs d'actions de sociétés financières ou industrielles. Nous ne sommes pas, bien au contraire, partisans de l'extension de l'autorisation maritale, cependant ici, il serait bon d'imposer à la femme la nécessité de cette autorisation, si les aliénations mobilières qu'elle se propose de faire, dépassaient un certain chiffre que la loi fixerait, chiffre qui varierait en raison de la fortune de la femme.

Quoi qu'il en soit, la femme séparée de biens a la libre disposition de son mobilier (1449). Quelques auteurs proposent cependant de ne permettre à la femme d'aliéner son mobilier que dans le cas où cette aliénation serait véritablement un acte d'administration, et la jurisprudence s'est rangée à cet avis (Demol. II. p. 168. Paris, 12 mai 1859. Poitiers 3 février 1858). Ce système pourrait être excellent en législation ; malheureusement il se heurte au texte formel de l'art. 1449 Comme le disent MM. Aubry et Rau (V. § 516, note 56) : « La loi considère l'aliénation d'objets mobiliers, corporels ou incorporels, comme rentrant de sa nature dans les attributs d'une libre administration. »

Il est maintenant des actes dont on ne parvient pas à préciser nettement le caractère. Doit-on les faire rentrer dans les actes d'administration, doit-on au contraire les regarder comme des actes de disposition? on ne saurait le dire d'une façon certaine, et la loi est muette.

La femme peut-elle transiger sur les contestations relatives à son mobilier? Nous le croyons, car aux termes de l'article 2045 « Pour transiger, il faut avoir la capacité, de disposer des objets compris dans la transaction ; » et l'article 1449 déclare que la femme peut disposer de son mobilier.

Pourra-t elle compromettre sur ces mêmes biens? La question est vivement débattue.

Un système accorde à la femme le droit de compromettre ; il s'appuie sur l'article 1003 du code de procédure civile. « Toutes personnes peuvent compromettre sur les biens dont elles ont la libre disposition » ; or, dit-on, la femme peut disposer de son mobilier et l'aliéner (1449). De plus le compromis est un arbitrage, et non un véritable procès.

Le système contraire nous semble plus juridique. Il répond que l'article 1003 n'est pas applicable ici : 1° la femme n'a pas la libre disposition de son mobilier, puisqu'elle ne peut l'aliéner à titre gratuit (905) ; 2° le compromis est un véritable jugement et il offre même pour la femme plus de danger, car la justice ne sera point là pour la protéger; 3° l'article 83 6° du code de procédure civile déclare communicables au ministère public les causes des femmes non autorisées par leurs maris, et l'article 1004 du même code déclare « qu'on ne peut compromettre sur aucune des contestations qui seraient sujettes à communication au ministère public » (Dalloz, répert. v°, arbitrage).

La femme séparée peut-elle s'obliger, peut-elle contracter des dettes, sans l'autorisation de son mari? Nous répondons sans hésiter oui, mais pourvu que cette obligation ait été contractée pour et dans la mesure de l'administration permise à la femme (1). Alors l'obligation est valable, elle pourra être exécutée sur tous les biens de la femme, même sur ses immeubles; car, quoique la femme n'ait pas le droit d'aliéner seule cette catégorie de biens, les dettes qu'elle a contractées dans la mesure de l'administration étant valables, tous ses biens doivent en répondre (2092).

Des auteurs ont soutenu une théorie contraire. Partant de cette idée que la femme ne peut s'obliger quand elle ne peut aliéner, ils tirent les conséquences suivantes :

1° La femme séparée étant incapable d'aliéner ses immeubles sans l'autorisation de son mari, ne pourra s'obliger sur lesdits immeubles;

2° Ayant au contraire le droit d'aliéner son mobilier, les obligations qu'elle contractera pourront être exécutées sur ses meubles. (Cass. 18 mai 1819. Marcadé, art. 1449.)

Nous avons démontré qu'il est absolument faux de dire que le droit de s'obliger est le corollaire du droit d'aliéner (Supra, page 207), aussi sommes-nous convaincu que la femme séparée de biens, étant légalement capable d'administrer seule son patrimoine, doit pouvoir s'obliger dans la mesure de cette même administration. Comme le disait notre ancien droit : « qui s'oblige, oblige le sien, » et l'article 2092 est aussi formel : « Quiconque s'est obligé personnellement, est tenu de remplir son engagement sur tous ses biens, mobiliers et im-

(1) Car ce serait rendre impossible à la femme toute administration que de lui interdire le droit de s'obliger : ce droit est une conséquence forcée du droit d'administrer.

mobiliers, présents et à venir. » (Caen, 6 mars 1844. Aubry et Rau., V, § 516.)

Qu'arrive-t-il si la dette n'a pas été contractée par la femme en vue de l'administration de ses biens? Certains pensent que la dette est valable, en ce sens qu'elle pourra être exécutée sur les meubles de la femme, mais sur les meubles seulement; en effet, la femme étant capable d'aliéner son mobilier, et d'en disposer pour quelque cause que ce soit, les obligations qu'elle aura ainsi contractées devront être poursuivies sur le mobilier. (Arg. 2092; en ce sens Zachariæ; Paris, 3 mars 1832.)

Tel n'est pas notre avis : la femme est *en principe* incapable de s'obliger aussi bien sur ses meubles que sur ses immeubles. La loi fait une exception pour la femme séparée de biens, elle lui laisse l'administration de sa fortune, et elle lui permet alors de s'obliger; mais cette permission n'est pas absolue, la femme ne peut s'obliger que dans les limites de l'administration de ses biens : s'engage-t-elle au delà de ces limites, son obligation n'est pas valable, car le principe de l'article 217 reprend alors toute sa force : « la femme ne peut s'obliger sans l'autorisation de son mari. »

Quant à la question de savoir à qui incombe la preuve du caractère de l'emprunt, nous renvoyons pour la solution de cette difficulté à ce que nous avons dit pour la femme marchande publique, les raisons de décider étant les mêmes.

CHAPITRE III.

Par qui et de quelle manière l'autorisation doit-elle être accordée?

SECTION I. — QUI DONNE L'AUTORISATION?

Le principe qui règle la matière se trouve dans l'article 218. « Si le mari refuse d'autoriser sa femme à ester en jugement le juge peut donner l'autorisation. »

En règle générale donc, c'est le mari qui donne l'autorisation, en cas de refus de la part du mari, la femme peut en appeler à la justice. La loi ici n'a pas uniquement considéré l'intérêt du mari, elle s'est également inspirée des intérêts de la femme, elle n'a pas voulu la laisser à la discrétion complète d'un époux qui aurait pu lui refuser une autorisation nécessaire, par caprice ou par mauvais vouloir.

Toute règle a ses exceptions : nous trouvons au principe que nous venons d'énoncer deux catégories de dérogations :

1° des cas où l'autorisation du mari est indispensable à la femme, et ne peut être remplacée par l'autorisation de justice.

2° des cas, au contraire, où la femme n'a nul besoin de s'adresser à son mari, et peut directement recourir à l'autorisation du tribunal. Nous allons successivement étudier ces exceptions.

A.— Les cas où la femme à défaut de l'autorisation du mari ne peut demander celle de justice sont très-peu nombreux dans notre droit, encore ne sont-ils pas tous admis sans discussion.

1° La femme mariée qui n'est pas séparée de biens ne peut accepter l'exécution testamentaire qu'avec le consentement de son mari (1029).

Les motifs de cette règle sont assez difficiles à donner. Voici cependant de quelles idées les législateurs se sont probablement inspirés. La femme qui n'est point séparée de biens n'a pas la jouissance de sa fortune, elle n'en a que la nue propriété. Dès lors les obligations contractées par elle avec la seule autorisation de justice n'engageraient que la nue propriété de ses biens, et non pas la jouissance qui appartient au mari (1426). Dès lors, il y aurait là une garantie insuffisante pour les créanciers et légataires de la succession, à qui le *de cujus* aurait imposé cette femme. C'eût été compromettre gravement leurs intérêts, car par l'effet de la saisine dont parle l'article 1026, la femme exécutrice testamentaire peut appréhender les meubles de la succession, les faire vendre jusqu'à concurrence de ce qui est nécessaire pour l'acquittement des legs, elle touche les capitaux et intérêts dus par les débiteurs de la succession, etc., etc. (1025 et s.) Il n'en serait plus de même dans le cas où la femme serait contractuellement ou judiciairement séparée de biens. Elle peut alors s'obliger sur la totalité de sa fortune, elle présente donc aux héritiers autant de garanties que le premier venu ; aussi la loi lui permet-elle alors d'accepter une exécution testamentaire, même avec l'autorisation de justice.

2° Quand la femme veut aliéner ses biens dotaux pour l'établissement d'enfants communs, l'autorisation du mari est indispensable pour cette aliénation ; en cas de refus du mari, la femme ne pourrait s'adresser à la justice. Cette exception se comprend facilement : le père a toujours le droit de s'opposer au mariage de ses enfants, nonobstant le consentement de la mère (148). La loi a confiance dans la sagesse et dans la froide raison du père, comme aussi dans son affection pour ses enfants ; s'il refuse de les établir, la loi présume qu'il a de bonnes raisons pour cela, aussi ne permet-elle pas à la justice de venir s'ingérer dans les affaires de la famille. On a voulu contester cette solution (Toullier XIV. 191). Notre système cependant nous paraît inattaquable ; il résulte de la différence de rédaction, des articles 1555 et 1556, et aussi de ce que le législateur s'est occupé dans deux articles distincts des enfants communs et des enfants issus d'un précédent mariage.

3° L'article 4 du code de commerce s'exprime ainsi : « La femme ne peut être marchande publique sans l'autorisation de son mari. » Cette disposition est si impérative dans ses termes que la plupart des auteurs en ont conclu que la femme ne peut jamais devenir marchande publique sans l'autorisation de son mari. Outre l'argument de l'article 4, on peut encore tirer parti dans ce système 1° du texte de l'article 219 du code civil, qui ne permet à la femme de recourir à l'autorisation de justice que quand le mari refuse de l'autoriser à *passer un acte*; 2° des articles 222, et 224 qui emploient le terme à peu près identique de *contracter*, tandis que la profession de marchande publique se compose d'un ensemble d'actes quotidiens et répétés. Les travaux préparatoires donnent aussi un fort argument à ce système (Locré XVII, p. 132 et s.). Cette opinion d'ailleurs est conforme à la logique et à la raison ; il ne s'agit pas en effet ici d'un acte isolé, mais d'une profession qui, outre qu'elle va changer complétement le genre de vie de la femme et la position de la famille dans la société, demande encore de celle qui l'entreprend des connaissances spéciales.

On comprend que, pour un acte isolé, le tribunal ait droit d'agir si le mari refuse, car le tribunal peut apprécier cet acte et voir s'il sera utile ou non à la femme; mais ici les tribunaux sont impuissants, ils ne peuvent être juges de l'opportunité d'un changement de vie, ils ne peuvent non plus apprécier le plus ou moins de dispositions de la femme pour faire le commerce. Et ce n'est pas tout; si les époux sont mariés sous le régime de communauté, les obligations de la femme marchande publique vont engager la communauté, le mari par suite sera obligé malgré lui, car aux termes des article 220 et 1426 les actes faits par la femme, lorsqu'elle contracte comme marchande publique, et pour les besoins de son commerce, obligent le mari. Le législateur a donc agi sagement en laissant au mari le droit exclusif d'autoriser sa femme à faire le commerce.

Il est certain que cette règle peut produire de fâcheux résultats, dans certains cas; par exemple, un mari ne vit plus avec sa femme, il ne s'occupe plus de ses enfants, et il refuse systématiquement à cette malheureuse l'autorisation de faire un petit commerce qui lui permettrait de vivre honorablement, elle et ses enfants : ou bien, le mari est absent ou interdit, et la femme ne pourrait trouver que dans le commerce les moyens de subsistance qui lui sont nécessaires : le tribunal n'aura-t-il point le droit par son autorisation de tirer la femme de ces situations intolérables? Quelques auteurs ont voulu le soutenir. (Demol. II, 320. Marcadé art. 220.) Leur opinion, excellente sans doute en législation, se soutient difficilement devant le texte formel des articles 220 et 1426, et de l'article 4 du code de commerce. La loi aurait dû faire des distinctions, mais elle ne les a pas faites. Dura lex, sed lex.

4° Il est une quatrième exception. Le mari, sous le régime de la communauté n'a point le droit d'aliéner les immeubles propres de la femme sans le consentement de celle-ci; si nous supposons qu'en fait le mari a fait cette aliénation, la femme, après la dissolution de la communauté, pourra revendiquer cet immeuble indûment vendu; elle le pourra même durant la communauté, mais dans ce cas, l'autorisation de son mari lui sera nécessaire, l'intervention de la justice ne pourrait y suppléer. En effet, il serait contraire à l'esprit du code que la femme pût pendant le mariage intenter une action qui réfléchirait contre le mari, et pourrait ainsi troubler la paix du ménage. L'article 2256 2° confirme cette solution.

5° Enfin, la femme ne peut contracter un engagement dramatique sans l'autorisation de son mari ; nous avons déjà dit les motifs qui nous faisaient adopter cette solution, nous n'y revenons pas.

B. — Notre dernière catégorie d'exceptions est d'un genre tout différent ; elle comprend les cas où la femme peut s'adresser directement à la justice, sans demander auparavant l'autorisation du mari.

a. Indignité du mari. Cette exception se trouve dans l'article 221 : « Lorsque le mari est frappé d'une condamnation emportant peine afflictive ou infamante, encore qu'elle n'ait été prononcée que par contumace, la femme, même majeure, ne peut, pendant la durée de la peine, ester en jugement, ni contracter qu'après s'être fait autoriser par le juge, qui peut, en ce cas, donner l'autorisation, sans que le mari ait été entendu ou appelé. »

Quand le mari a été condamné à une peine grave, la loi le jugeant indigne, permet à la femme de s'adresser directement à la justice ; le mari par sa faute est déchu aux yeux de la loi ; il serait donc mal vu à se prévaloir encore de son rôle de maître et de protecteur. D'après cet article 221, toute peine afflictive ou infamante entraîne cette déchéance du mari. Signalons ici un vice de rédaction dans cet article. Après nous avoir dit que la déchéance n'aura lieu que pendant la durée de la peine, c'est-à-dire finira avec la peine elle-même, il ajoute que cette déchéance sera subie par le mari même en cas de condamnation par contumace ; pourtant une peine n'est jamais subie en vertu d'une condamnation par contumace. Cet article, croyons-nous, veut simplement dire que pendant *l'existence juridique* de la peine, le mari sera privé de la prérogative de l'autorisation maritale.

A propos de cet article, on s'est demandé si la dégradation civique rendait aussi le mari incapable d'autoriser. Le premier mouvement est de répondre affirmativement, car la dégradation civique est une peine infamante (art. 7, code pénal) ; cependant, un grand nombre d'auteurs et la jurisprudence se sont prononcés en sens contraire, en invoquant les considérations suivantes : 1° l'article 221, en disant que le mari sera déchu du droit d'autoriser *pendant la durée de sa peine*, indique bien que, dans la pensée de la loi, cette déchéance n'est que temporaire, et doit résulter par conséquent d'une peine criminelle temporaire : or, les peines temporaires entraînent la dégradation civique qui, elle, est une peine perpétuelle (art. 28, C. pén.). Si donc la dégradation civique entraînait cette déchéance du mari, celle-ci serait toujours perpétuelle, sauf le cas fort rare de la réhabilitation ou de l'amnistie ; mais la législation, dans l'article 221, déclare que cette déchéance est temporaire ; donc, elle ne doit pas être attachée à la dégradation civique.

2° L'article 34 du code pénal qui énumère minutieusement tous les effets de la dégradation civique ne fait point mention de l'autorisation maritale.

Ce premier point étant admis, on devait nécessairement aller plus loin, et on en a conclu qu'alors même qu'elle serait peine principale, la dégradation civique ne devait pas entraîner la déchéance de l'article 221, étant une peine perpétuelle.

b. Le mari est absent, sous la période de présomption ou de déclaration d'absence (222). On ne sait alors si le mari vit encore, ou s'il est décédé ; il est donc de toute impossibilité pour la femme d'obtenir son autorisation, mais comme elle ne peut encore se regarder comme veuve, le mari pouvant revenir à un moment donné, la femme ne recouvre pas sa capacité, c'est la justice qui aura mission de l'autoriser, jusqu'à ce qu'on ait sur le mari des renseignements positifs. Quid en cas de simple non-présence du mari ? Il semble au premier abord que cet état de non-présence ne suffise pas pour justifier l'impossibilité d'obtenir l'autorisation du mari ; de plus l'article 222 ne parle que du mari *absent* et l'article 863 du code de procédure civile est plus formel encore. Cependant, après bien des hésitations, la jurisprudence a fini par céder aux nécessités pratiques, elle permet aujourd'hui à la femme de s'adresser à la justice, quand le mari est trop éloigné pour pouvoir lui donner son autorisation en temps utile. Les travaux préparatoires autorisent cette interprétation de la jurisprudence : une observation fut faite au conseil d'État par laquelle on fit remarquer que l'article 222 devait s'appliquer toutes les fois qu'il y avait *impossibilité constatée* d'obtenir en temps utile l'autorisation du mari.

c. Le mari est incapable lui-même, il est mineur (1) ou interdit. Ici encore, la femme s'adressera directement à la justice; ceci est très-raisonnable : le mari incapable de se conduire lui-même ne peut prétendre diriger sa femme. Pour le mari mineur, plusieurs auteurs ont voulu distinguer entre les actes que ledit mari peut ou ne peut pas faire : pour les premiers, il aurait le droit d'autorisation. Nous rejetons cette distinction, car, outre qu'elle n'a qu'une importance pratique très-minime, elle ne peut être admise en présence des termes formels et généraux de l'article 221.

Si le mari, sans être interdit, était placé dans une maison d'aliénés, nous croyons que, pour se conformer à l'esprit général de la loi du 30 juin 1838, il faudrait appliquer à cet époux les dispositions de l'article 222.

Que décider pour le mari pourvu d'un conseil judiciaire? La loi est muette à son égard. De là, quelques auteurs, partant de ce principe que la capacité est la règle et l'incapacité l'exception, accordent au mari pourvu d'un conseil judiciaire le droit d'autorisation. Nous sommes d'un avis contraire. Sans doute la nomination d'un conseil judiciaire ne place pas la personne qui en est pourvue dans un état d'incapacité complète, comme l'interdit, mais cependant l'esprit de la loi est que cette nomination du conseil judiciaire équivaut à une interdiction restreinte. Aussi sommes-nous ici porté à faire une distinction. S'il s'agit d'un acte que le mari peut faire seul, nous lui permettrons de donner à la femme l'autorisation qui lui est nécessaire ; s'il s'agit d'un acte qu'il ne peut faire qu'avec l'assistance de son conseil, la femme devra s'adresser directement à la justice (Cass. 16 *décembre* 1876. *Droit*, 7 *février* 1877.)

d. Pour demander la séparation de corps la femme au lieu de demander l'autorisation du mari, doit s'adresser au président du tribunal (878. procéd. civ.)

Enfin, on s'est demandé si à cette liste d'exceptions il fallait en ajouter une autre : quand le mari est directement

(1) Nous trouvons une solution différente dans les coutumes de notre ancien droit qui regardaient la puissance du mari comme base unique de l'incapacité de la femme mariée.

intéressé dans l'acte que fait la femme, peut-il néanmoins l'autoriser?

Prenons des hypothèses remarquables : 1° la femme consent à s'obliger envers un tiers au profit de son mari, par exemple, elle se porte caution pour lui. Nous croyons que dans cette hypothèse aucun motif ne peut empêcher le mari d'autoriser sa femme. On nous oppose la maxime romaine « *nemo potest esse auctor in rem suam.* » Cet objection ne nous touche pas, car elle n'est juste que quand il s'agit d'un incapable que la loi veut protéger; mais ici, telle n'est pas l'hypothèse : l'autorisation n'intervient que pour protéger la puissance du mari. Du reste, l'article 143 conclut implicitement dans notre sens, ses termes fort clairs n'ont pas besoin de commentaires. Enfin l'article 217 est général, la femme peut contracter du moment où elle a l'autorisation de son époux.

2° Il s'agit d'un contrat entre le mari et la femme. La première question qui se pose ici est celle de savoir si les contrats sont permis entre époux. Nous n'hésitons pas à répondre affirmativement; sans doute, la loi défend aux époux de faire un certain nombre de contrats que nous trouvons mentionnés dans les articles 1394, 1395, 1595, 2140, etc., mais ce n'est qu'un argument de plus en notre faveur. La législation française proclame bien haut le grand principe de la liberté des conventions (1123), donc tous contrats entre époux qui ne sont pas défendus par la loi sont permis (1).

Mais dans ce genre de contrats, le mari peut-il autoriser lui-même sa femme à contracter avec lui? Pourquoi pas? Les articles 215 et 217 ne distinguent pas si le mari est oui ou non partie contractante. Mais, dit-on, l'intérêt du mari est en jeu; sans doute, mais aucun texte de loi n'empêche le mari d'être *auctor in rem suam*. car, comme le dit Pothier, « si un tuteur ne peut être auctor in rem suam, c'est que l'autorité du tuteur étant requise pour veiller à l'intérêt du mineur, un tuteur n'est pas propre à autoriser son mineur pour des contrats dans lesquels le tuteur a un intérêt contraire à

(1) La généralité des coutumes interdisait les contrats entre époux (Normandie, art 410 ; Niveraais, art. 27; Pothier, *des donations entre mari et femme.*)

celui du mineur, ce qui ne reçoit aucune application à l'autorisation du mari, qui n'intervient pas pour qu'il veille aux intérêts de la femme qui est capable d'y veiller elle-même; mais pour habiliter la femme à contracter : or il peut également l'habiliter pour un contrat qui intervient entre lui et sa femme, comme pour des contrats que la femme fait avec des tiers. (Poth., *Puiss. du mari*, nº 42).

SECTION II. — FORMES DE L'AUTORISATION.

Il y a sur ce point une première règle essentielle qu'il importe de bien poser : l'autorisation doit être spéciale. C'est ce qu'il faut conclure de l'article 223, car, dit cet article : « Toute autorisation générale, même stipulée par contrat de mariage, n'est valable que quant à l'administration des biens de la femme. » (C. f. les articles 1388, 1538). Il faut donc de la part du mari une autorisation particulière pour chacun des actes que voudra passer la femme. Cette prescription se comprend d'elle-même, car s'il était permis au mari de donner à la femme une autorisation générale de faire tous actes qui lui plairaient, les deux buts que paraît avoir poursuivis la loi dans l'organisation de l'autorisation maritale seraient complétement manqués, car d'un côté le mari abandonnerait son autorité aux caprices et à la discrétion de sa femme, et d'un autre côté celle-ci serait privée de la protection qu'on juge lui être nécessaire en l'état de mariage, car pour protéger efficacement quand il s'agit d'un acte, il faut pouvoir apprécier cet acte lorsqu'il se présente. L'article 223 n'est du reste en cette matière que la répétition de l'article 1388 « Les époux ne peuvent déroger aux droits résultant de la puissance maritale sur la personne de la femme ou qui appartiennent au mari comme chef. » La puissance maritale est d'ordre public.

Telle était également l'opinion de notre ancien droit. Un acte de notoriété du Châtelet de Paris en date du 22 février 1693 s'exprime ainsi : « Nous attestons que l'article 223 de la coutume de Paris s'observe exactement et à la lettre sans aucune restriction, de manière que toute femme mariée ne peut vendre, aliéner, ni hypothéquer ses immeubles, sans l'autorisation expresse de son mari; que tous les actes faits sans une autorisation expresse, sont nuls, et que par conséquent toutes les autorisations générales, par des procurations, par contrat de mariage, ou autres actes, ne peuvent jamais suppléer, ce que la coutume demande, etc. »

Nous venons de donner la doctrine qui ressort de l'interprétation sainement entendue de l'article 223. Mais au point de vue spécial qu'il traite cet article est fort mal rédigé, et il n'est guère facile de lui donner un sens plausible, car de deux choses l'une : ou la femme a conservé l'administration de ses biens par suite du régime matrimonial que les époux ont adopté en se mariant (séparation de biens, régime dotal quant aux paraphernaux), et alors, elle n'a nul besoin d'une autorisation qui se trouve dans le contrat de mariage lui-même (1536, 1576) ; ou bien c'est le mari qui a l'administration et la jouissance de la fortune de la femme (régime de communauté, exclusif de communauté, dotal quant aux biens dotaux) et alors, si celui-ci délègue à sa femme l'administration de son propre patrimoine, la femme administrera, mais ce sera comme mandataire et non plus comme femme mariée; or nous savons que la femme en tant qu'elle agit comme mandataire n'a pas besoin d'autorisation, elle ne s'engage pas, elle n'engage que le mari (1998). Mais, dira-t-on, la femme ne peut-elle pas administrer sa fortune *au cours du mariage* avec une autre qualité que celle dérivant d'un mandat? La négative est certaine, car notre loi est absolue sur le grand principe de l'immutabilité des conventions matrimoniales (1395). Cet article 223 est donc rationnellement inexplicable. Quoi qu'il en soit, nous pouvons dire que la première règle concernant l'autorisation maritale est la spécialité. Mais que faut-il entendre par autorisation spéciale? D'après les principes, et l'esprit de la loi, il faut faire à cette question la réponse suivante : L'autorisation sera spéciale toutes les fois qu'elle aura été donnée par le mari en connaissance de cause, c'est-à-dire toutes les fois qu'au moment de l'autorisation le mari aura pu apprécier l'importance de l'acte ou des actes dont il s'agit, et prendre tous les renseignements qui lui sont nécessaires, en un mot, quand l'autorisation sera, selon l'expression de d'Aguesseau, *ad rem quæ agitur accommodata*, car ainsi le mari aura conservé dans toute son intégrité la prérogative de la puissance maritale, et suffisamment protégé la femme et les intérêts de la famille. Inutile d'ajouter que ce que nous avons dit de l'autorisation du mari, doit également être entendu de l'autorisation de justice: les motifs de décider sont les mêmes(1).

Quant à la forme proprement dite de l'autorisation. nous devons distinguer suivant qu'il s'agit de l'autorisation du mari ou de l'autorisation de justice.

I. — *C'est le mari qui autorise.*

La loi ne nous parle que des actes extrajudiciaires : « La femme, même non commune ou séparée de biens, ne peut donner, etc....., sans le concours du mari dans l'acte ou son consentement par écrit, 217. »

Dans notre ancien droit, on avait entouré cette autorisation d'un formalisme rigoureux, d'une grande ressemblance avec les célèbres formules du droit romain.

1° On exigeait que le mari donnât son autorisation par écrit : son simple concours dans l'acte n'était point regardé comme indiquant suffisamment ses intentions; 2° on exigeait que dans cet écrit le mari employât les termes sacramentels *j'autorise* ou *j'habilite*; sans cela, comme dit Pothier (n° 68) : « le consentement formel, donné par le mari au contrat de sa femme, n'empêcherait pas le contrat d'être absolument nul, faute d'autorisation. »

Ainsi que le prouve l'article 217, le code est beaucoup moins formaliste : aujourd'hui, l'autorisation peut se manifester sous deux formes : 1° le concours du mari dans l'acte fait par la femme, 2° son consentement par écrit (217).

La loi regarde le concours du mari dans l'acte comme équivalent à une autorisation expresse, car le mari qui concourt à un acte est présumé l'approuver, ce qui est conforme au bon sens. Comme exemples de ce concours, on peut citer le mari et la femme qui achètent un bien en commun, qui empruntent solidairement une somme d'argent, qui se font des donations réciproques, etc., etc.

Ce concours du mari n'est en réalité qu'un cas de consen-

(1) Nous avons déjà vu que la spécialité de l'autorisation n'est plus exigée : 1° lorsque la femme est mariée sous le régime de la séparation de biens, ou sous le régime dotal (quant aux paraphernaux); 2° lorsque la femme exerce la profession de marchande publique.

tement, d'autorisation tacite, aussi s'est-on demandé s'il ne conviendrait pas de généraliser la règle, et de regarder comme preuve suffisante d'autorisation le consentement du mari, de quelque manière qu'il fût donné. Voici, par exemple, une hypothèse qui fera clairement comprendre cette importante question. Primus est architecte; un tiers achète un terrain à la femme non autorisée de Primus; puis, le contrat de vente passé, ce tiers voulant construire un édifice sur le terrain qu'il a acheté, propose à Primus d'être son architecte, et celui-ci accepte la proposition. Cette acceptation de Primus est sans doute, au point de vue rationnel, une adhésion tacite à la vente faite par sa femme, nous ne croyons cependant pas que cette acceptation vaille autorisation au point de vue juridique; l'article 217 est formel, il faut, ou le concours du mari dans l'acte, ou son consentement par écrit, et, d'après nous, il faut interpréter d'autant plus restrictivement cet article 217, qu'on était, sur cette matière, bien plus rigoureux dans notre ancien droit que sous notre législation actuelle. (Marcadé, art. 217. Demol. II, 197. Cassat. 26 juin 1839).

Cependant, la question est vivement controversée. La jurisprudence surtout a une tendance de plus en plus marquée à entendre d'une façon fort large les termes de l'article 217 (1) (*Aubry et Rau* V, § 472, note 58. Bourges 9 juillet 1831. Paris 9 juin 1837).

Presque tous les auteurs admettent encore que, quand il s'agit d'autoriser la femme à être marchande publique, la loi est plus large. « La femme, disent-ils, qui se livre au commerce au vu et su du mari, sans opposition de la part de celui-ci, est par cela même autorisée à exercer la profession de marchande publique » (*Aubry et Rau* V, § 472. *Demante*, art. 220, n° 302 bis II. Cass. 27 avril 1841).

Pour donner une telle solution, on s'appuie sur l'article 4 du code de commerce qui n'exige que le consentement du

(1) Il est évident qu'au point de vue pratique, cette solution de la jurisprudence est la meilleure. Mais il ne faudrait pas oublier que les magistrats doivent appliquer la loi et non la créer, c'est ce que parfois la jurisprudence semble un peu oublier. Nous ne lui en faisons pas un crime, nos législateurs ne trouvant pas le temps de faire et encore moins de réformer les lois d'intérêt privé.

mari. Pour nous, après bien des hésitations, nous préférons adopter l'opinion contraire.

L'article 217 qui contient le principe général est formel, et pour y déroger, il nous faut un texte plus explicite que l'art. 4 du code de commerce.

L'ancien droit du reste, quoi qu'on en ait dit, ne faisait pas de distinction sous ce rapport (Poth. nos 67, 71).

Le mari, ajoute l'article 217, peut encore autoriser sa femme par un consentement donné par écrit.

Par ce mot, consentement écrit, la loi n'exige pas évidemment de termes sacramentels, peu importe même que ce consentement soit rédigé dans la forme sous seing privé, ou dans la forme authentique.

Ici se pose la question de savoir si le consentement verbal du mari serait suffisant. La grande généralité des auteurs admet l'affirmative. L'expression « consentement par écrit », dit-on, a principalement pour but de repousser la preuve par témoins; de plus on ne peut concevoir que notre législation, qui admet l'autorisation tacite, repousse l'autorisation expresse verbale (Demante 1, n° 300 bis, VII; Aubry et Rau, V; §472, note 32).

Telle n'est pas notre opinion. L'article 217 exige un écrit, et rien, dans ses termes, ne fait supposer qu'il s'agisse là d'une question de preuve.

La loi ne parle pas des actes judiciaires. En présence de ce silence on suit en pratique le système suivant :

1° Quand la femme est défenderesse au procès, le demandeur assigne à la fois le mari et la femme : si le mari intervient au procès, il autorise par le fait même la femme; s'il ne se présente pas, on regarde son abstention comme un refus d'autorisation, et alors le tribunal saisi du procès, décide s'il doit ou non autoriser la femme à se défendre (Arg. art. 218, 2°, art. 2208.). Si c'est le mari lui-même qui intente un procès à sa femme, on regarde en pratique cette attaque comme une autorisation implicite.

2° Si la femme est demanderesse, le mari pourra l'autoriser expressément en lui donnant son consentement par écrit, et tacitement en intervenant au procès, si le mari refuse de donner son autorisation, la femme pourra s'adresser à la justice en suivant la procédure que nous allons examiner.

II. — *C'est la justice qui autorise.*

1° Si la femme est demanderesse, les diverses formalités nous sont données par l'article 219 quand il s'agit d'actes extrajudiciaires, et par les articles 861 à 864 du code de procédure civile, quand il s'agit d'actes judiciaires.

Mais comme ces derniers articles sont plus détaillés, on étend en pratique aux actes extrajudiciaires la procédure qu'ils donnent pour les actes judiciaires. D'ailleurs, en agissant ainsi, on ne se met pas en contradiction véritable avec l'article 219.

Voici sur ce sujet les règles principales. Le mari qui a refusé son autorisation (dans les cas où la femme devait d'abord s'adresser à lui) est appelé devant le tribunal, non en séance publique, mais en chambre du conseil (on a voulu éviter les inconvénients de la publicité), afin qu'il y expose les motifs qui l'ont poussé à refuser à la femme l'autorisation demandée (861). Il est ensuite rendu sur les conclusions du ministère public un jugement qui statue sur la demande de la femme (remarquons que ce jugement est rendu en séance publique : mieux eût valu qu'il fût également rendu en chambre du conseil).

Le tribunal compétent pour autoriser la femme est celui du domicile commun des deux époux, mais quel tribunal devra-t-on choisir s'il n'y a pas de domicile commun, par exemple en cas de séparation de corps? Nous croyons que le tribunal compétent est celui du domicile de la femme, car il ne faut pas oublier qu'il ne s'agit pas ici d'un procès, mais d'un acte de juridiction purement gracieuse, le mari n'y joue pas à proprement parler le rôle de défendeur, dès lors le brocard « *actor sequitur forum rei* » n'a rien à faire dans la question.

Quelles règles devra-t-on appliquer quand la femme est défenderesse? Si elle doit demander d'abord l'autorisation du mari, on doit suivre les règles que nous avons vues plus haut, en étudiant comment se donne l'autorisation du mari pour permettre à la femme défenderesse d'ester en justice. (page 240, in medio.). S'il s'agit au contraire d'un des cas où la femme peut s'adresser directement à la justice, la femme présentera au président du tribunal une requête à laquelle elle joindra les actes prouvant l'impossibilité physique ou légale du mari de donner son autorisation. Le président, après avoir fait communication de ces pièces au ministère public, nommera un juge sur le rapport duquel le tribunal statuera pour accorder ou refuser à la femme l'autorisation demandée (art. 221, 222 code civil, art. 863, 864 code de procédure civile).

CHAPITRE IV.

Effets de l'autorisation et du défaut d'autorisation.

SECTION I. — EFFETS DE L'AUTORISATION.

On peut considérer sous deux aspects les effets de l'autorisation maritale : 1° à l'égard de la femme; 2° à l'égard du mari.

A. — A l'égard de la femme, l'autorisation produit un effet très-important : elle lui enlève l'incapacité de femme mariée, non point en totalité, mais seulement dans la mesure qu'indique l'acte d'autorisation, car, qu'on ne s'y trompe pas, l'autorisation est avant tout spéciale ; pour le cas qu'elle a prévu, la femme recouvre sa capacité pleine et entière, elle doit être alors assimilée à une veuve ou à une fille qui est majeure, mais hors ce cas l'état d'incapacité subsiste dans toute sa rigueur. Quelques exemples seront utiles pour bien faire comprendre cette idée capitale. La femme est autorisée par le mari à acquérir un immeuble : pour cette acquisition elle devient alors complétement capable, elle peut fixer le prix, le mode et les échéances du paiement, elle peut encore exiger des sûretés garantissant l'intégralité de ce paiement, mais sa capacité ne va pas plus loin; si par exemple le tiers acheteur se refuse à payer le prix convenu, nous pensons que la femme ne pourrait le citer en justice, avant d'avoir obtenu de son mari une autorisation nouvelle.

De même la femme qui, par contrat de mariage ou autrement, jouit du droit d'administrer son patrimoine, doit être au point de vue de l'administration regardée comme une majeure; mais, hors ce cas, son incapacité est toujours aussi complète.

La question est donc fort simple pour les actes extrajudiciaires : elle l'est moins pour les actes judiciaires. Quel est en cette matière, à l'égard de la femme, l'effet de l'autorisation qui lui est accordée? Ainsi la femme est autorisée par le mari à ester en justice, pourra-t-elle par le fait même non-seulement plaider en première instance, mais encore, parcourant les différents degrés de juridiction, plaider en appel et en cassation?

La solution nous semble évidente si le mari s'est prononcé en termes formels dans l'acte d'autorisation qu'il a donné à la femme; si par exemple il lui a permis de suivre le procès dans *toutes ses phases*, nous pensons que la femme a droit de plaider à tous les degrés sans autorisation nouvelle.

Si, au contraire, l'autorisation a été restreinte à tel ou tel degré de juridiction, nulle difficulté ne peut non plus s'élever, la femme ne doit pas franchir les limites qui lui ont été assignées. Mais que décider dans le cas où l'acte d'autorisation est conçu en termes vagues et généraux, le mari, par exemple, a autorisé purement et simplement sa femme à ester en justice?

Une première opinion défend à la femme toute seconde instance. Le mari n'ayant point précisé sa pensée, il ne faut pas oublier que l'autorisation est une exception au principe général de l'incapacité de la femme mariée; or, *exceptiones sunt strictissimæ interpretationis*. L'appel d'ailleurs est toujours une mesure grave sur laquelle devra être attirée l'attention du mari.

Une seconde opinion permet à la femme de plaider en première instance, et même de suivre l'affaire en appel mais uniquement pour y défendre. Cette opinion s'appuie d'abord sur l'article 49 § 2 de la loi du 18 Juillet 1837 sur l'administration municipale qui décide « qu'après tout jugement intervenu, la commune ne peut *se pourvoir* devant un autre degré de juridiction, qu'en vertu d'une nouvelle autorisation du conseil de préfecture. » Or, dit-on, il y a ici, identité de motifs; on ajoute que cette règle est fort sage : Il peut se faire en effet que le mari, croyant au bon droit de la femme, l'ait autorisée à plaider, et que par suite des débats contradictoires qui se sont engagés et l'ont fait condamner, ce mari ait reconnu son erreur; il faut donc lui permettre d'arrêter une affaire qui peut entraîner de grands frais et être la cause de nombreux désagréments pour la femme et pour la famille.

Si, au contraire, la femme a gagné en première instance, elle est jusqu'à preuve contraire présumée avoir pour elle le droit, et le mari a dû raisonnablement lui permettre de défendre en appel une cause qu'elle a déjà une fois gagnée.

Enfin une autre opinion que nous adoptons part d'un point de vue tout différent. Du moment où le mari n'a rien dit, la femme est présumée autorisée à plaider en première instance et en appel. Qu'est ce en effet que l'appel, « sinon la suite ou plutôt la continuation devant une juridiction supérieure d'une affaire qui a été jugée par un tribunal inférieur? Mourlon. » L'appel est une voie ordinaire de recours ; habilitée à ester en jugement, la femme est juridiquement habilitée à défendre sa cause par tous les moyens ordinaires. Si le mari se défiait de sa femme, il n'avait qu'à préciser sa volonté dans les termes de l'acte d'autorisation.

Quant au recours en Cassation, auquel nous assimilons la requête civile et la prise à partie, nous ne permettrons à la femme d'en user que si elle y a été formellement autorisée par le mari : ce ne sont plus en effet des voies ordinaires de défense, le procès une fois plaidé en appel est véritablement terminé, la cassation, la requête civile, la prise à partie ne peuvent être considérées comme un troisième degré de juridiction, ce sont des voies extraordinaires de recours. (Voir sur cette controverse. MM. Aubry et Rau, V, § 472, note 50. Mimerel revue critique 1858. XII. Demolombe II, 285 et s. Cass. 16 Mars 1848.)

Disons enfin que l'autorisation de plaider n'emporte point pour la femme le droit de transiger (Cass. 3 Mai 1808), ni celui d'acquiescer à une demande ou de s'en désister (Paris 10 Mars 1839) car ces deux actes ne sont évidemment pas compris dans le terme «*plaider*» et dans les deux cas, il y a aliénation, ce que défend l'article 217. Nous n'accordons pas non plus à la femme le droit de déférer à son adversaire le serment décisoire que les Romains appelaient une espèce de transaction : *jusjurandum speciem transactionis continet.* (Loi 2. *de jure jurando*) Nous lui défendons également l'aveu, car selon l'expression de Pothier, *qui potest non donare non potest confiteri* (obl. n° 915) (1).

B. — Effets de l'autorisation à l'égard du mari.

Comme nous l'avons déjà dit en maints endroits, le mari qui autorise sa femme n'engage nullement sa responsabilité. Le mari, en effet, ne devient pas par son autorisation partie dans le procès ou dans l'acte juridique soutenu par la femme; comme le dit un brocard célèbre « qui auctor est non se obligat. » Le mari n'est donc pas obligé envers les tiers à raison des obligations qu'aura contractées sa femme autorisée par lui-même, ou par la justice. Telle est la règle générale, mais elle n'est pas absolue, et il convient de noter quelques exceptions d'une grande importance pratique.

1° Quand les époux sont mariés sous le régime de communauté, le mari est obligé lui-même et sur ses propres biens, à raison et jusqu'à concurrence des obligations que sa femme a contractées avec son autorisation, sauf bien entendu, la récompense dans les cas où elle serait due, lors de la dissolution de la communauté. Cette exception n'est qu'une conséquence de la nature et des caractères du régime de communauté, car le mari, étant chef des biens de cette communauté dont il a la jouissance et l'administration, est personnellement tenu des obligations dont est grevée ladite communauté, et d'un autre côté la loi permet à la femme copropriétaire d'engager celle-ci avec l'autorisation de son mari (1409, 2°, 1419) (2).

2° Toutes les fois que, par suite du régime matrimonial qu'ont adopté les époux, le mari aura la jouissance de biens dont la femme a conservé la nue propriété, le mari, par

(1) Nous n'avons pas distingué dans cette matière entre l'autorisation du mari et celle de justice, toutes deux produisant les mêmes effets à l'égard de la femme.

(2) L'article 220 qui déclare que la femme marchande publique peut s'obliger, sans l'autorisation de son mari pour ce qui concerne son négoce, et qu'elle oblige aussi audit cas son mari s'il y a communauté entre eux, semble être une dérogation au droit commun : il n'est donc, comme on le voit, qu'une application pure et simple du principe énoncé au texte.

l'autorisation qu'il donnera à sa femme, se trouvera engagé jusqu'à concurrence de cette jouissance. Le mari n'est plus, sans doute, comme dans l'hypothèse précédente *personnellement* tenu des obligations de sa femme, mais comme celle-ci dûment autorisée par son mari peut s'engager sur la totalité de ses biens, il en résulte nécessairement que le droit de jouissance du mari devra s'effacer devant l'intérêt des tiers (arg. 1555). Ces deux exceptions n'existent plus, quand ce n'est point le mari, mais la justice qui autorise la femme ; en ce cas en effet, le mari ne doit pas souffrir d'un consentement qu'il n'a point donné, aussi les obligations contractées par la femme autorisée par justice ne pourront engager que la nue propriété de ses biens dans tous les cas où son mari en aura la jouissance (1426, 1535). L'article 1427 donne cependant à cette règle deux dérogations de peu d'importance : la femme en cas d'absence du mari, et avec l'autorisation de justice, pourra s'obliger et engager les biens de la communauté pour tirer son mari de prison (1) ou établir ses enfants. La loi fait ici fléchir la rigueur du principe devant l'intérêt manifeste du mari et des enfants : le mari d'ailleurs dans les deux hypothèses n'aurait point lieu de se plaindre ; dans le premier cas, l'aliénation n'a été faite que pour lui rendre la liberté, et dans le deuxième cas, elle a été faite dans l'intérêt de ses enfants, intérêt qui doit lui être au moins aussi cher que le sien propre.

SECTION II. — EFFETS DU DÉFAUT D'AUTORISATION.

A. — *Par qui la nullité peut-elle être invoquée ?*

La femme a fait un acte sans avoir préalablement obtenu l'autorisation de son mari ou, à son défaut, l'autorisation de justice. Quelle est la sanction de ce défaut d'autorisation, quelle est la valeur de cet acte ainsi passé par la femme ? Dans notre ancien droit, comme nous l'avons vu, cette question comportait différentes solutions suivant que l'on donnait

(1) Ce premier cas ne peut plus guère se présenter depuis la loi de 1867, qui a aboli presque totalement la contrainte par corps.

telle ou telle base à la théorie de l'incapacité de la femme mariée. L'opinion qui finit par prévaloir fut, au dire de Merlin, que l'acte de la femme était entaché d'une nullité absolue, nullité qui, par suite, n'était susceptible ni de confirmation, ni de ratification, et qui pouvait être invoquée par tous ceux à qui cet acte portait un préjudice quelconque. Aujourd'hui, l'acte passé par la femme sans autorisation est bien encore nul, mais il ne s'agit plus là que d'une nullité relative; c'est-à-dire que cette nullité pourra être couverte par une ratification ou confirmation postérieure, et qu'il n'est pas donné à toute personne de l'invoquer. Ont seuls ce droit, dit l'article 225, le mari, la femme, et leurs héritiers (ajoutons, leurs ayants cause ou créanciers).

Ces personnes seules peuvent opposer la nullité de l'acte, et les tiers eux-mêmes qui ont traité avec la femme sont liés par le contrat qu'ils ont passé avec elle, car ce n'est pas dans l'intérêt des tiers que la loi a organisé l'autorisation maritale; de plus, ceux-ci n'auraient aucun droit de se plaindre, ils n'avaient qu'à s'informer de la condition juridique de la femme; *nemo ignarus esse debet conditionis ejus cum quo contrahit*. Ils doivent supporter les suites de leur négligence (1125 2°). Cependant, il faut admettre à ce principe quelques restrictions : 1° Si la femme ou le mari a employé des manœuvres frauduleuses pour tromper les tiers et les jeter dans une erreur invincible, ceux-ci invoqueront la nullité en s'appuyant sur les termes de l'article 1382, car : *fraus omnia corrumpit*; 2° si le tiers n'a pas exécuté l'obligation à laquelle il s'était engagé envers la femme; par exemple, il a vendu un objet, mais ne l'a pas livré ; il pourra évidemment refuser l'exécution du contrat jusqu'à ce que le mari ait autorisé sa femme à passer la vente, ou ait intenté devant la justice une demande en nullité de cette même vente.

3° Aux termes de l'article 934, « la femme ne pourra accepter une donation sans le consentement de son mari, ou, en cas de refus du mari, sans autorisation de la justice, conformément à ce qui est prescrit par les articles 217 et 219. » La plupart des auteurs, en présence d'un texte si formel, regardent ici la nullité de la donation comme absolue : cette nullité, d'après eux, pourra, malgré l'article 1125 2°, être opposée non-seulement par le donataire, mais encore par le donateur et les héritiers. (Aubry et Rau, VII, § 652. Merlin, v° *Donation*. Demante, IV, 73 *bis*. Caen, 8 mai 1854; Cass. 11 juillet 1836; Aix, 19 novembre 1837. Pour l'ancien droit, ordonnance de 1731, art. 9.) Cette doctrine est confirmée par un passage des travaux préparatoires : « L'acceptation qui ne lierait pas le donataire, disait M. Jaubert au tribunal, ne saurait engager le donateur. (Locré, XI, p. 206 et s.) Quant aux motifs de cette dérogation au droit commun, chacun des auteurs partisans de cette opinion donne une idée différente. Pour les uns, c'est que la donation entre vifs est un acte solennel qui exige l'accomplissement intégral de toutes les formalités que demande la loi (arg. 1338, 1339). Pour les autres, c'est qu'il est d'intérêt public que les donations soient stables et permanentes.

D'autres auteurs (Demolombe II. 348, Larombière art. 1125 Valette sur Proudhon, II. 479. Alger 31 juillet 1854) font rentrer la donation dans le principe général, et ne voient dans l'article 934 qu'une nullité purement relative. L'article 225, disent-ils, renferme la règle de la matière, il énumère toutes les personnes par qui la nullité sera opposable, et il ne parle pas des tiers. La donation est d'ailleurs parfaite à l'égard du tiers, elle est donc valable à son égard.

Mais revenons aux personnes qui peuvent invoquer la nullité, car l'article 225 n'est pas sans soulever quelques difficultés.

1° La femme peut invoquer la nullité de l'acte qu'elle a fait sans l'autorisation de son mari, et ce n'est que justice, car un des principaux motifs de l'autorisation maritale est la faiblesse, l'inexpérience de la femme, *fragilitas sexus*; dès lors, puisqu'on veut protéger la femme, il faut lui permettre d'attaquer l'acte qu'elle a fait à la légère, et qui peut la léser gravement. Cette action passe sans aucun doute à ses héritiers. L'action en nullité a en effet été accordée à la femme pour la protéger dans ses droits pécuniaires; or ces droits et l'action qui les protège sont essentiellement héréditaires.

2° Le mari a également l'action en nullité. Mais remarquons bien que, pour pouvoir exercer cette action, le mari ne doit pas forcément y avoir un intérêt pécuniaire, l'intérêt moral suffit. En effet, l'autorisation maritale est nécessaire à la femme par suite de l'obéissance que celle-ci doit à son mari : c'est une conséquence de sa subordination, c'est une marque de respect envers le pouvoir qui la protége, aussi le mari peut-il, sans y être pécuniairement intéressé, demander à la justice la nullité de l'acte qu'aura fait la femme en méconnaissant son autorité.

Cette observation est très-importante, car on peut remarquer que le mari n'aura presque jamais un intérêt pécuniaire à demander la nullité. Si la femme a fait un acte sans être autorisée par le mari, elle n'a pu engager que ses propres biens, elle n'a donc pu mettre en péril les droits du mari. Suppose que l'acte fait par la femme lésât les droits du mari, celui-ci, pour faire annuler cet acte n'aurait presque jamais besoin d'arguer du défaut d'autorisation, il lui suffirait de faire remarquer que la femme ne peut disposer d'un droit qui ne lui appartient pas. Voici un exemple:

La femme donne sans autorisation un immeuble à Primus ; puis, elle donne ce même immeuble à son mari.

Celui-ci avait bien un intérêt pécuniaire à demander la nullité de la première donation, mais cet intérêt, il ne le tient pas de sa qualité de mari, il le tient de son titre de deuxième donataire, et d'ayant cause de la femme; fût-il étranger, il aurait encore le droit de demander la nullité de la première donation faite à Primus. Le mari pourrait-il encore demander la nullité après la mort de la femme ? On l'a nié en disant qu'il n'avait plus d'intérêt à intenter cette action : l'intérêt moral n'existe plus, le mariage et l'union des époux étant rompus, l'intérêt pécuniaire existe moins encore, puisque les droits du mari ne peuvent être compromis par la femme (arg. à fortiori de l'article 1428 — Mourlon I n° 819. Bordeaux 30 avril 1872.) Nous préférons l'opinion contraire. L'autorité maritale n'existe plus sans doute, mais elle existait au moment où a été fait l'acte qu'il s'agit d'apprécier, et nulle part la loi ne dit que cette action s'éteigne par la mort de la femme.

3° Les héritiers du mari. Quoique le texte de l'article 225 soit formel, la plupart des auteurs veulent y voir une inexactitude de rédaction, et refusent aux héritiers du mari le droit d'opposer la nullité en notre matière. Ces héritiers, dit-on, n'ont aucun motif pour réclamer la nullité de l'acte fait par la femme. Ils ne peuvent invoquer l'intérêt moral, car le mari est seul juge de cet intérêt; d'ailleurs la puissance maritale n'existe plus; ils ne peuvent non plus invoquer d'intérêt pécuniaire, les actes qu'a faits la femme ne portent point atteinte aux intérêts du mari. Cette argumentation n'est pas juste. Comme l'a fort bien montré Monsieur Valette (Cours de c. civ. I. p. 354) il est des cas, rares sans doute, où les héritiers du mari peuvent avoir un intérêt pécuniaire à demander la nullité de l'acte fait par la femme. En voici un exemple : Une femme a emprunté; 1,000 francs à Primus sans autorisation, le mari meurt, et la femme pour une raison ou pour une autre renonce à la communauté qui est cependant parfaitement solvable. Primus créancier de la femme attaque cette renonciation comme étant faite en fraude de ses droits aux termes des articles 1167 et 1464. Alors les héritiers du mari qui ont intérêt à faire maintenir la renonciation (1492) repousseront l'attaque de Primus en disant que la créance contractée à son égard par la femme n'est pas valable, l'emprunt ayant été fait sans l'autorisation du mari.

4° Les créanciers de la femme et ceux du mari ont-ils aussi le droit d'invoquer la nullité de l'acte qui nous occupe?

Une opinion à peu près abandonnée aujourd'hui a soutenu qu'ils n'avaient point ce droit. (Toullier VII 766. Grenoble 2 août 1827). Cette opinion s'appuie sur le silence de l'article 225 dont les termes, dit-on, sont limitatifs : de plus, ajoute-on, le droit de demander la nullité est un droit attaché à la personne qui, aux termes de l'article 1166, ne peut être exercé par les créanciers.

Tel n'est pas notre avis : on ne peut appliquer ici l'article 1166, car le droit de demander la nullité d'un acte passé par une femme non autorisée n'est pas un droit attaché à la personne, c'est un droit pécuniaire qui rentre dans les biens. Les principes du droit commun nous enseignent que les biens du débiteur sont le gage commun des créanciers (2093). De plus, il n'y a pas ici, comme on l'a dit, de question de conscience, ou du moins, s'il y en a une, elle est beaucoup moins forte qu'en matière de prescription, sous l'article 2225 (Marcadé, art. 225. Aubry et Rau V § 472. Cass. 10 mai 1853.) Donc toutes les fois que les créanciers des époux y auront un intérêt pécuniaire, ils pourront invoquer cette nullité, comme le leur permet la première hypothèse prévue dans l'article 1166.

Quant à la question de savoir comment la nullité est opposable, aucune difficulté ne se présente : s'il s'agit d'actes extrajudiciaires, on suivra les voies ordinaires de procédure ; pour les actes judiciaires, il faut, suivant nous, faire une distinction. Si les jugements ont été rendus contre la femme, ils pourront être attaqués par les moyens ordinaires de recours, l'opposition, l'appel, et même la cassation, car le jugement rendu contre une femme qui n'est pas autorisée est *per se* une violation de l'article 215, et par suite susceptible de donner lieu à un pourvoi en cassation (Cass., 20 janvier 1868). Nous n'admettons pas la requête civile, car l'article 480 2° du code de procédure civile n'est pas applicable en notre matière : la violation des formes dont parle cet article ne s'entend que des formes de procédure.

S'agit-il d'un jugement rendu en faveur de la femme, il n'y a aucun recours possible, si l'affaire est définitivement jugée ; le seul droit du tiers quand la femme l'assigne en première instance, en appel, ou même en cassation, sera de réclamer par fin de non procéder que la femme obtienne auparavant l'autorisation de son mari (Bordeaux, 11 août 1831).

B. — Comment la nullité peut-elle être couverte?

Nous avons vu quelles sont les personnes qui peuvent invoquer la nullité, il nous reste à voir la deuxième question qui se pose dans tout cas de nullité relative : comment peut se couvrir cette nullité ?

L'article 1304 nous donne un premier moyen de confirmation, la prescription de 10 ans, ou prescription ordinaire des actions en nullité, qui ne commencera à courir que du jour de la dissolution du mariage. Le motif de cette règle est fort simple : on ne permet pas que la prescription coure pendant le mariage contre la femme, en vertu de la maxime : « *contra non valentem agere non currit præscriptio.* »

La femme, dit-on, n'est réellement libre qu'après la dissolution du mariage ; jusque-là elle est sous la dépendance du mari ; elle lui a désobéi en contractant sans autorisation ; sans doute, elle s'efforcera de cacher sa faute à ses yeux, dès lors ce serait ne plus la protéger que de faire courir la prescription contre elle, la loi se démentirait elle-même. Mais pourquoi ne pas faire courir la prescription pendant le mariage quand il s'agit du mari? Quelques auteurs pensent que l'article 1304 ne s'applique pas au mari : le mari en effet est absolument libre, il ne doit point craindre, comme la femme, de blesser son conjoint, le délai de la prescription doit donc courir contre lui du jour où il a eu connaissance de l'acte qu'a fait la femme, et cela en vertu du droit commun (Marcadé, sur l'article 1304).

Nous préférons l'opinion contraire. Et d'abord, le texte est complétement en notre faveur; l'article 1304 ne dit-il pas : « que ce délai court pour les actes passés par les femmes mariées du jour de la dissolution du mariage. » Sans doute, la maxime : *contra non valentem agere non currit præscriptio* ne peut s'appliquer en faveur du mari, mais on peut dire avec M. Colmet de Santerre, V, n° 265 (*bis*), II : « que l'inaction du mari pendant le mariage, n'a pas la même signification que l'inaction de quiconque a le droit d'intenter une action en nullité; elle n'est pas toujours la preuve d'une approbation de l'acte, elle peut être le résultat d'un certain calcul de prudence de la part du mari qui redoute pour la paix du ménage les conséquences du procès qu'il intenterait à l'occasion de l'acte accompli par sa femme.

En second lieu, la nullité de l'acte peut se couvrir en vertu d'une ratification après coup faite par les époux. Si la ratification est faite par la femme pendant le mariage, elle ne peut valoir que si elle est accompagnée de l'autorisation du mari, car, faite isolément, cette ratification n'aurait pas plus de valeur que le contrat primitif. La femme ne recouvre la plénitude de sa capacité que par la dissolution du mariage; alors seulement, la ratification qu'elle fera sera valable *erga omnes*.

La ratification du mari peut sans aucun doute être donnée pendant le mariage, mais alors s'élève la délicate question de savoir si cette ratification vaudra seulement à son égard, ou si elle couvrira la nullité de l'acte même à l'égard de la femme et de ses héritiers. La controverse est vive à l'École et au Palais, Une opinion soutient que, par suite de la ratification du mari, la nullité est couverte d'une façon absolue à l'égard de toute personne. La raison pour laquelle l'acte était annulable venait de ce que le mari ne l'avait pas autorisé : à partir de la ratification, l'acte est donc devenu valable, car cette ratification n'est autre chose qu'une autorisation donnée pour ainsi dire après coup; pourquoi ne pas lui donner la même valeur qu'à l'autorisation donnée lors de la passation de l'acte? On ajoute que telle était dans notre ancien droit l'opinion de Pothier (*loc. cit.* n° 74), et de Lebrun (Comm., sect. v, n°s 7-9). Enfin on invoque l'article 183 par analogie, qui nous dit que l'action en nullité de mariage ne peut plus être intentée ni par les époux, ni par les parents dont le consentement était requis, toutes les fois que le mariage a été approuvé expressément ou tacitement par ceux dont le consentement était nécessaire (Aubry et Rau, v, § 472, note 118; Vazeille II, 381; Dijon, 1er août 1818). L'opinion contraire paraît plus juridique. Un acte a été fait sans que l'autorisation maritale requise par la loi ait été demandée. Une action en nullité est ouverte, non pas seulement au profit du mari, dit l'article 225, mais encore au profit de la femme. Comment donc la ratification du mari pourrait-elle ôter à la femme un droit qui est né en sa faveur? Les opinions de Pothier et de Lebrun ne sont d'aucun poids dans la question; on sait que ces auteurs fondaient l'autorisation maritale sur l'idée de la puissance du mari, tandis que, dans notre droit, on semble avoir surtout voulu protéger la femme. Enfin, l'article 183 ne prouve rien, car la théorie des nullités en matière de mariage est, tout le monde l'admet, une théorie absolument spéciale. Enfin, notre solution est la meilleure au point de vue pratique; le mari peut ratifier après coup un acte fait par la femme, poussé par un sentiment de dépit ou de vengeance, car l'acte a peut-être eu de désastreuses conséquences pour la femme; défendre à celle-ci d'en invoquer la nullité, ce serait méconnaître la protection dont la loi a voulu l'entourer.

Nous en avons fini avec l'autorisation maritale. Ce point, si important dans notre droit, aurait pu être plus longuement développé, car il présente, au point de vue pratique, une foule de difficultés que nous avons passées sous silence; nous avons cru bien faire en ne donnant que les grandes lignes de cette vaste matière : à d'autres, de la traiter d'une manière toute spéciale et par suite plus complète!

APPENDICE I

Un mot maintenant de la condition des époux, et des droits du mari sur la personne de sa femme, sous les principales législations de l'Europe.

AUTRICHE

Les devoirs des époux sont égaux pour la prestation du devoir conjugal : ils se doivent réciproquement fidélité et un traitement honnête (art. 90).

Le mari est le chef de la famille, il doit selon sa fortune entretenir et protéger sa femme (1) (91).

La femme prend le nom et les droits de l'état du mari, elle doit le suivre dans son domicile, l'assister selon ses forces dans son ménage et son industrie, exécuter et faire exécuter les mesures qu'il a prescrites pour l'ordre domestique (92).

Le divorce est admis pour des causes déterminées, mais entre non catholiques seulement ; les catholiques ne peuvent user que de la séparation de corps.

L'autorisation maritale est inconnue en Autriche ; la femme y peut librement disposer de sa fortune personnelle, sans que le mari puisse en rien s'y opposer.

ALLEMAGNE

Celte vaste contrée est, au point de vue du droit privé, régie par une foule de législations plus ou moins différentes, car la

(1) Le mari est le tuteur de sa femme jusqu'à ce que celle-ci soit devenue majeure, c'est-à-dire ait atteint l'âge de 24 ans.

Prusse laisse à tous les petits États qu'elle s'est annexés un semblant d'indépendance et l'usage de leurs lois nationales. Mais dans son ensemble, le droit commun de l'Allemagne régit d'une façon fort remarquable les rapports des époux. C'est en Allemagne que subsista le plus longtemps la rigueur des usages que nous avons vus pratiqués dans les anciennes tribus germaines. Ces usages tendent à disparaître complétement. On retrouve cependant encore dans quelques États (Hambourg, Hanovre, provinces Baltiques, etc.) le célèbre mundium germanique. La femme y est en état de tutuelle perpétuelle, qu'elle soit fille, femme mariée ou veuve. Le mari représente sa femme en justice; et dans les actes où il a un intérêt distinct et séparé, la femme doit être pourvue d'un curateur. Sans doute, si la femme n'est point mariée, il ne s'agit plus de la rigoureuse tutelle du moyen âge, ce n'est plus pour la femme qu'une simple formalité peu embarrassante, puisqu'elle peut à son gré changer de tuteur (M. Gide, condition de la femme p. 318). Si elle est mariée, la position de la femme allemande est presque identique à celle de la femme française (Zoepfl. Droit allemand, I. 59) (1).

GRANDE-BRETAGNE

Avant les actes des 9 août 1870 et 11 août 1873, la condition juridique de la femme anglaise était fort dure. Le mari et la femme étaient considérés comme ne faisant qu'une seule personne : le mari, disait-on, doit protection à sa femme comme lui-même, et il a droit aux dommages-intérêts contre ceux qui se rendent coupables de violence ou de diffamation envers elle.

D'après la *common law*, la femme mariée n'avait pas de personnalité civile distincte de celle de son mari, ses biens passaient sous le nom de celui-ci, à moins que, par contrat de mariage, des *trustees* n'aient été institués; le mari avait non-seulement la jouissance, mais la libre disposition des biens de sa femme; celle-ci ne pouvait même pas tester. La femme même séparée ne pouvait seule ni actionner ni être actionnée,

(1) Ces renseignements proviennent du livre de M. Anthoine de Saint-Joseph.

(sauf en matière criminelle), sa personnalité étant confondue dans celle de son mari. Les actes de 1870 et 1875 ont adouci la condition juridique de la femme mariée, mais celle-ci en principe n'en reste pas moins incapable d'ester en justice, et de contracter sans l'autorisation tacite ou expresse de son mari.

ITALIE

La législation Italienne réformée et unifiée depuis 1866 a maintenu, malgré de très-vives attaques le principe de l'autorisation maritale et de l'incapacité légale de la femme mariée; remarquons cependant deux dérogations importantes à nos lois françaises: 1° le mari peut donner à sa femme une autorisation générale qui vaudra non-seulement pour l'administration, mais encore pour les actes d'aliénation; 2° en cas de séparation de corps, prononcée contre le mari, et toutes les fois que celui-ci est incapable *matériellement* ou *moralement* (absence, interdiction, minorité, etc.), la femme recouvre sa pleine indépendance.

RUSSIE

Le mari, dit la loi Russe, doit aimer sa femme comme la chair de sa chair, vivre avec elle en bonne harmonie, la considérer, la protéger, excuser ses imperfections, la soutenir dans ses faiblesses. La femme doit obéissance à son mari, comme chef de famille; elle doit lui vouer amour, déférence, soumission sans bornes. Les époux sont obligés d'habiter ensemble, et la femme doit suivre son mari.

Au point de vue des biens, la communauté est inconnue, et chacun des époux conserve la libre et absolue disposition de son patrimoine; nous n'y connaissons qu'une seule restriction, c'est la défense faite à la femme, qui se trouve à la tête d'un commerce séparé, de souscrire des lettres de change sans l'autorisation de son mari; hors ce cas, l'autorisation maritale n'existe pas en Russie.

APPENDICE II

DE LA CONVENANCE DE LA SUBORDINATION DE LA FEMME AU MARI.

Si nous embrassons d'un coup d'œil l'ensemble de notre travail, nous pouvons nous convaincre comme nous le disions en commençant (page 1) de l'existence d'une incontestable vérité, c'est que, à toutes les époques et chez tous les peuples (1), la femme mariée se trouve sous la dépendance de son mari. Celui-ci a dans le ménage et au sein de la famille l'autorité et la suprématie du chef

Une école qui recrutait déjà quelques adeptes dans la Rome des Césars, a pris de nos jours une extension considérable : cette école partant du principe de l'égalité morale et intellectuelle des deux sexes, en est arrivée à soutenir que la puissance maritale est un despotisme contraire aux plus vulgaires notions de justice et qu'il ne doit y avoir aucun rapport de dépendance, mais l'égalité absolue, dans les relations du mari et de la femme.

Telle est l'opinion que développent, avec beaucoup de force, les défenseurs de l'émancipation de la femme.

C'est ainsi que Condorcet, le célèbre conventionnel disait : « On chercherait en vain des motifs pour justifier l'inégalité des sexes par les différences de leur organisation physique, par celles qu'on voudrait trouver dans la force de l'intelligence, dans leur sensibilité morale. Cette inégalité n'a eu d'autre origine que l'abus de la force, et c'est vainement que l'on a essayé, depuis, de la justifier par des sophismes ». (Esquisse des progrès de l'esprit humain). Et aujourd'hui M. Laurent, profes-

(1) Sauf en Egypte, et encore la question est-elle vivement controversée.

seur à l'Université de Gand, ne soutient pas moins énergiquement les mêmes idées. Après avoir cité les paroles par lesquelles Portalis justifie l'obéissance de la femme au mari, l'éminent jurisconsulte ajoute : « Ce serait parce que l'homme a une constitution plus forte qu'il aurait droit à la prééminence. Voilà un droit naturel contre lequel la conscience moderne proteste. Non! la force ne donne pas la puissance, elle impose des devoirs. La force était la loi du monde ancien, l'humanité l'a remplacée par la loi de l'égalité et de la liberté. La puissance maritale telle que Portalis la défend, est en opposition avec les mœurs, les sentiments et les idées de la société moderne ». (Vol. III, ch. 6.) (1).

Sans méconnaître la valeur des arguments sur lesquels s'appuie ce système, nous adoptons pour notre part l'opinion toute contraire, qui, on peut le dire, est aussi vieille que le monde, ce qui n'est pas son moindre mérite. Mais prenons nos adversaires eux-mêmes à partie et discutons leur opinion. Il est fort aisé de dire : les époux sont égaux, l'autorité maritale est abolie ; mais après avoir détruit, il faut reconstruire quelque chose et c'est alors que nous voyons se diviser les auteurs partisans du système que nous combattons : les uns, (ce sont les moins hardis) disent que l'on devra accorder la suprématie dans le ménage à celui des époux qui sera reconnu le plus capable de le diriger, le mari ou la femme, suivant les circonstances. L'intention est excellente sans doute, mais qui sera juge de cette capacité, les époux eux-mêmes, le tribunal, le conseil de famille? On ne sait que répondre, car, dans chaque hypothèse, se soulèvent d'insurmontables difficultés.

Les autres ne veulent pas d'autorité de quelque côté qu'elle vienne, l'égalité est absolue entre les époux ; et pour montrer la possibilité de l'union conjugale dans de telles conditions, on tire argument des associations industrielles ou commerciales, à la tête desquelles on trouve des administrateurs dont les pouvoirs sont égaux et qui ne sont pas moins prospères pour cela. Mais on oublie que ces administrateurs étant nombreux, s'il y a divergence de vues entre eux, c'est la majorité qui décide ; de plus, l'assemblée générale des actionnaires est

(1) Comparez sur cette question les ouvrages cités par M. Duverger (*condit. civ. et polit. des femmes*, p. 10 et 11).

toujours là pour trancher en dernier appel les différends qui pourront s'élever.

Il n'en est pas de même dans l'association conjugale : vous mettez en face l'une de l'autre deux personnes à qui vous donnez des pouvoirs égaux, elles seront donc en discussion continuelle ; mais en cas de dissentiment, objecte-t-on, on fera intervenir la justice. A cela, nous répondons que cette intervention du juge devra sans cesse se produire, il faudra créer des tribunaux spéciaux à l'effet de juger les différends entre époux. Nulle part d'ailleurs la sagesse du juge ne se heurterait à plus de difficultés, et cette situation serait bien plus intolérable pour les conjoints que leur condition actuelle, quelque défectueuse qu'on puisse la trouver, car l'intervention d'un tiers dans les discussions domestiques blesse presque toujours les deux époux. C'est ce que Molière nous a fort bien montré dans la scène si vraie du *Médecin malgré lui.*

Il faut donc, quoi qu'on puisse dire, une autorité dans le ménage, car cette autorité est nécessaire pour maintenir l'unité dans la famille, et diriger vers un but commun les efforts de tous ses membres. Mais auquel des deux époux ce rôle dirigeant doit-il être confié ? Nous n'examinerons pas ici la question si souvent discutée déjà, de savoir lequel est le plus intelligent, lequel est le plus actif, lequel a le plus d'aptitude pour les affaires, de l'homme ou de la femme.

Nous allons même plus loin, et accordons à nos adversaires ce point qui est cependant fort contestable, à savoir que l'homme et la femme sont sur un pied d'égalité parfait quant aux qualités qu'on doit exiger du chef de la famille, et de l'administrateur du patrimoine commun, mais malgré tout, nous croyons encore qu'il faudrait donner au mari la prééminence dans le ménage. Cela n'enlèvera en rien à la femme la considération et la dignité dont elle doit être, et à juste titre entourée dans la famille. Le mari aura la haute main sur la direction de la famille, mais l'influence de la femme ne sera pas annihilée pour cela. Comme le dit éloquemment M. Leplay (*Réforme sociale*, I, ch. XXVI, p. 267) : « il doit y avoir dans la famille une complète unité d'action, en même temps qu'un judicieux partage d'attributions ; la véritable fonction de la femme est le gouvernement du foyer ; et dans ce domaine si nettement circonscrit, le père doit déléguer sans réserve son autorité à la mère de famille.

Cette délégation est indiquée par la force des choses; car sous le régime des mariages féconds, la femme est retenue dans l'habitation par les devoirs de la maternité. C'est donc l'homme qui en doit sortir pour surveiller la propriété extérieure, et la défendre contre tout empiétement; pour exercer les devoirs de la profession, et pour débattre les intérêts qui s'y rattachent; enfin pour soutenir le droit de la famille devant la commune, la province et l'État.... C'est désorganiser le foyer domestique, que d'enlever la femme à ce domaine, pour la charger des intérêts du dehors. »

N'est-ce pas aussi ce que disait l'épouse infortunée du duc de Choiseul Praslin : « Le but de la vie d'une femme est d'être l'amie, la compagne, la consolation de son mari, d'élever ses enfants, de diriger l'intérieur du ménage : ce sont là les trois missions de la femme sur la terre: si elle ne les remplit pas; elle a manqué sa vie, elle est un être inutile et méprisable. » (Lettres.)

De la considération des fonctions de la femme dans la famille et de ces soins de chaque instant que réclame son état d'épouse et surtout de mère, il faut donc tirer une conclusion, c'est que ce rôle de la femme ne peut se concilier avec les préoccupations et les charges de la vie civile ou de la vie politique. Sans doute, l'homme, dans un cas donné, pourra avoir moins l'expérience des affaires que son épouse, mais il faut remarquer que cette hypothèse est l'exception, et que par suite de l'éducation qu'elle a reçue, la femme presque toujours sera moins apte à diriger les intérêts de la famille que le mari. D'ailleurs, par sa position dans la famille, le mari devra être forcément plus mêlé aux choses extérieures, et il acquerra bien vite l'expérience qui lui manque; l'habitude n'est-elle pas une seconde nature?

De ce que nous avons défendu le principe de la subordination de la femme au mari, il ne s'ensuit pas que nous soyons partisans de toutes les conséquences qu'en a tirées le code civil. Nous avons déjà indiqué (page 210) les réformes que nous voudrions voir être faites dans la législation touchant l'adultère.

Quant à l'autorisation maritale, nous demandons que la loi

n'envisage l'incapacité de la femme que comme une conséquence de la subordination de la femme au mari. Dès lors, nous demandons avec M. Gide (*Condition de la femme*, p. 533) : 1° Que la femme dont le mari est absent ou incapable soit affranchie de toute autorisation ; 2° Que la spécialité de l'autorisation soit supprimée ; 3° Que la femme qui a traité sans autorisation soit privée de l'action en nullité et que cette action soit accordée au mari seul (1).

Dans un autre ordre d'idées, il nous semblerait juste que la mère eût, comme le père, autorité sur ses enfants et qu'elle jouît, quant au droit de consentir à leur mariage, des mêmes pouvoirs que celui-ci. En cas de dissentiment, le conseil de famille pourrait prononcer en dernier ressort.

Enfin, en matière de séparation de corps, le législateur devrait modifier les bases de l'autorisation maritale et tout au moins permettre que l'autorisation du mari pût toujours et dans toutes les hypothèses, être suppléée en cas de refus par celle de la justice.

(1) Quant aux motifs de ces *desiderata*, l'éminent auteur que nous suivons les a éloquemment exprimés au passage indiqué, nous y renvoyons.

ERRATA

Pages	lignes			
8	15	*Au lieu de :* dominibitur		*lisez :* dominabitur
10	21	—	à	— de
18	16	—	règne	— règnent
20	7	—	pourrait	— pouvait
29	23	—	volens	— volentem
39	22	Après le mot *continens* insérez une parenthèse.		
42	31	*Au lieu de :* esset		*lisez :* isset
47	19	—	le	— la
50	15 et 31	—	Jhering	— Ihering
55	21	—	dettes	— dettes d'une autre nature
56	5	—	les manus existaient	— la manus existait
64	25	—	enititur	— exiguitur
108	19	—	balliage	— bailliage
120	10	—	Tiraquean	— Tiraqueau
116	3	Effacez les guillemets.		
196	33	*Au lieu de :* personelle		*lisez :* personnelle
199	4	Effacez 2°		
235	12	*Au lieu de :* 153		*lisez :* 1531
252	22	Mettre des guillemets après le mot *femme*		
137	37	*Au lieu de :* nous serions forcés *lisez :* nous serions forcé.		

De même qu'en plusieurs endroits où se représente une faute de même genre

TABLE DES MATIÈRES

DEUXIÈME PARTIE

LIVRE III

PASSAGE DE L'ANTIQUITÉ AUX TEMPS MODERNES

LIVRE IV

CODE CIVIL

PREMIÈRE PARTIE

DEUXIÈME PARTIE

Droits du mari sur les actes de la femme ou de l'autorisation maritale.

PARIS. — IMP. V. GOUPY ET JOURDAN, 71, RUE DE RENNES.

Paris. — Imp. V. Goupy et Jourdan, rue de Rennes, 71.

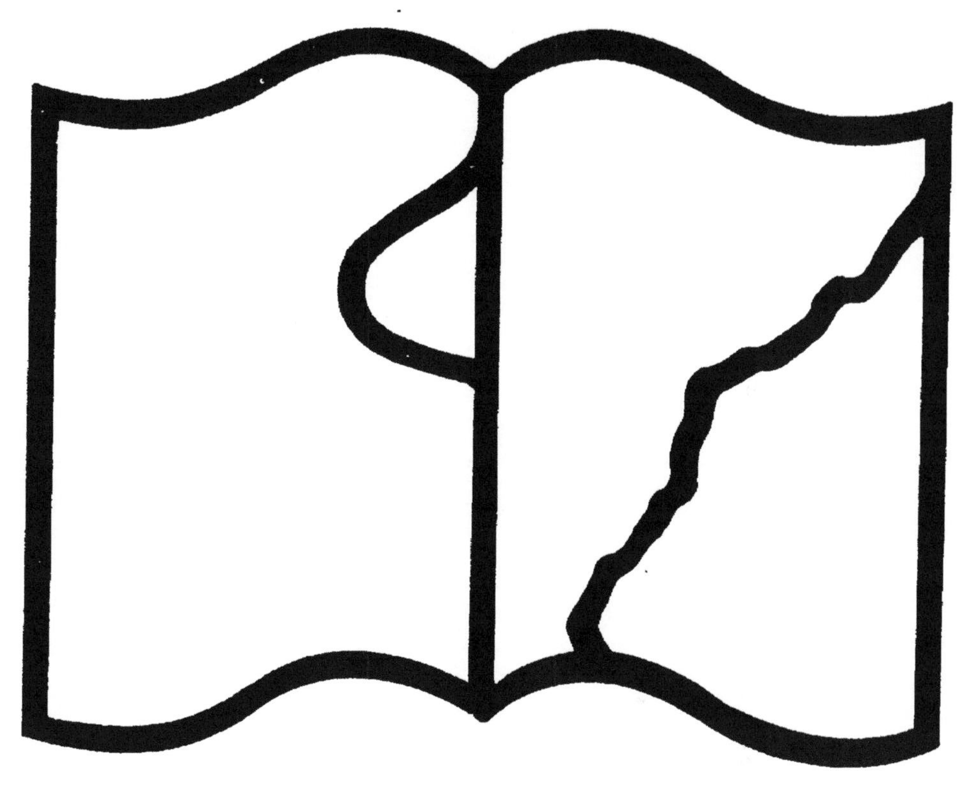

Texte détérioré — reliure défectueuse

NF Z 43-120-11

www.ingramcontent.com/pod-product-compliance
Ingram Content Group UK Ltd.
Pitfield, Milton Keynes, MK11 3LW, UK
UKHW020131220726
13923UKWH00001B/106

9 782016 202906